OEUVRES COMPLÈTES

DE M. LE VICOMTE

DE CHATEAUBRIAND.

—

TOME XV.

DE L'IMPRIMERIE DE CRAPELET,
RUE DE VAUGIRARD, N° 9.

OEUVRES COMPLÈTES
DE M. LE VICOMTE
DE CHATEAUBRIAND,
MEMBRE DE L'ACADÉMIE FRANÇOISE.

TOME QUINZIÈME.
GÉNIE DU CHRISTIANISME.
TOME II.

PARIS.
POURRAT FRÈRES, ÉDITEURS.
M. DCCC. XXXVI.

GÉNIE
DU CHRISTIANISME.

SUITE DE LA SECONDE PARTIE.

LIVRE SECOND.

POÉSIE DANS SES RAPPORTS AVEC LES HOMMES.

CARACTÈRES.

CHAPITRE PREMIER.

CARACTÈRES NATURELS.

Passons de cette vue générale des épopées aux détails des compositions poétiques. Avant d'examiner les caractères *sociaux*, tels que ceux du prêtre et du guerrier, considérons les caractères *naturels*, tels que ceux de l'époux, du père, de la mère, etc., et partons d'abord d'un principe incontestable.

Le christianisme est une religion pour ainsi dire double : s'il s'occupe de la nature de l'être intellectuel, il s'occupe aussi de notre propre nature : il fait marcher de front les mystères de la Divinité et les mystères du cœur humain : en dévoilant le véritable Dieu, il dévoile le véritable homme.

Une telle religion doit être plus favorable à la peinture des *caractères* qu'un culte qui n'entre point dans le secret des passions. La plus belle moitié de la poésie, la moitié dramatique, ne recevoit aucun secours du polythéisme; la morale étoit séparée de la mythologie¹. Un dieu montoit sur son char, un prêtre offroit un sacrifice; mais ni le dieu ni le prêtre n'enseignoient ce que c'est que l'homme, d'où il vient, où il va, quels sont ses penchants, ses vices, ses fins dans cette vie, ses fins dans l'autre.

Dans le christianisme, au contraire, la religion et la morale sont une seule et même chose. L'Écriture nous apprend notre origine, nous instruit de notre nature; les mystères chrétiens nous regardent : c'est nous qu'on voit de toutes parts; c'est pour nous que le Fils de Dieu s'est immolé. Depuis Moïse jusqu'à Jésus-Christ, depuis les Apôtres jusqu'aux derniers Pères de l'Église, tout offre le tableau de l'homme intérieur, tout tend à dissiper la nuit qui le couvre : et c'est un des caractères distinctifs du christianisme d'avoir toujours mêlé l'homme à Dieu, tandis que les fausses religions ont séparé le Créateur de la créature.

Voilà donc un avantage incalculable que les poëtes auroient dû remarquer dans la religion chrétienne, au lieu de s'obstiner à la décrier. Car, si elle est aussi belle que le polythéisme dans le *merveilleux* ou dans les rapports des *choses surnaturelles*, comme nous essaierons de le montrer dans la suite, elle a de plus une partie dramatique et morale que le polythéisme n'avoit pas.

Appuyons cette vérité sur des exemples, faisons des rapprochements qui servent à nous attacher à

---

¹ Voyez la note A, à la fin du volume.

la religion de nos pères par les charmes du plus divin de tous les arts.

Nous commencerons l'étude des *caractères naturels* par celui des *époux*, et nous opposerons à l'amour conjugal d'Ève et d'Adam l'amour conjugal d'Ulysse et de Pénélope. On ne nous accusera pas de choisir exprès des sujets médiocres dans l'antiquité pour faire briller les sujets chrétiens.

CHAPITRE II.

SUITE DES ÉPOUX.

ULYSSE ET PÉNÉLOPE.

Les princes ayant été tués par Ulysse, Euryclée va réveiller Pénélope, qui refuse long-temps de croire les merveilles que sa nourrice lui raconte. Cependant elle se lève; et, *descendant les degrés, elle franchit le seuil de pierre, et va s'asseoir à la lueur du feu, en face d'Ulysse, qui étoit lui-même assis au pied d'une colonne, les yeux baissés, attendant ce que lui diroit son épouse. Mais elle demeuroit muette, et l'étonnement avoit saisi son cœur*[1].

Télémaque accuse sa mère de froideur; Ulysse sourit et excuse Pénélope. La princesse doute encore; et, pour éprouver son époux, elle ordonne

[1] *Odyss.*, lib. XXIII, v. 88.

de préparer la couche d'Ulysse hors de la chambre nuptiale. Aussitôt le héros s'écrie : « *Qui donc a déplacé ma couche?..... N'est-elle plus attachée au tronc de l'olivier autour duquel j'avois moi-même bâti une salle dans ma cour, etc.* »

Ὣς φάτο· τῆς δ'. . . . .
. . . .
. . . . μελέδηματα θυμοῦ [1].

Il dit, et soudain le cœur et les genoux de Pénélope lui manquent à la fois ; elle reconnoît Ulysse à cette marque certaine. Bientôt, courant à lui tout en larmes, elle suspend ses bras au cou de son époux ; elle baise sa tête sacrée ; elle s'écrie : « Ne sois point irrité, toi qui fus toujours le plus prudent des hommes ! . . . . Ne sois point irrité, ne t'indigne point, si j'ai hésité à me jeter dans tes bras. Mon cœur frémissoit de crainte qu'un étranger ne vînt surprendre ma foi par des paroles trompeuses. . . . . Mais à présent j'ai une preuve manifeste de toi-même, par ce que tu viens de dire de notre couche : aucun autre homme que toi ne l'a visitée : elle n'est connue que de nous deux et d'une seule esclave, Actoris, que mon père me donna lorsque je vins en Ithaque, et qui garde les portes de notre chambre nuptiale. Tu rends la confiance à ce cœur devenu défiant par le chagrin. »

Elle dit ; et Ulysse, pressé du besoin de verser des larmes, pleure sur cette chaste et prudente épouse, en la serrant contre son cœur. Comme des matelots contemplent la terre désirée, lorsque Neptune a brisé leur rapide vaisseau, jouet des vents et des vagues

[1] *Odyss.*, lib. XXIII.

immenses; un petit nombre, flottant sur l'antique mer, gagne la terre à la nage, et tout couvert d'une écume salée, aborde, plein de joie, sur les grèves, en échappant à la mort : ainsi Pénélope attache ses regards charmés sur Ulysse; elle ne peut arracher ses beaux bras du cou du héros; et l'Aurore aux doigts de rose auroit vu les larmes de ces époux, si Minerve n'eût retenu le soleil dans la mer. . . . .
. . . .

Cependant Eurynome, un flambeau à la main, précédant les pas d'Ulysse et de Pénélope, les conduit à la chambre nuptiale. . . . .
Les deux époux, après s'être livrés aux premiers transports de leur tendresse, s'enchantèrent par le récit mutuel de leurs peines. . . . .
Ulysse achevoit à peine les derniers mots de son histoire, qu'un sommeil bienfaisant se glissa dans ses membres fatigués, et vint suspendre les soucis de son âme [1].

---

[1] Madame Dacier a trop altéré ce morceau. Elle paraphrase des vers tels que ceux-ci :

Ὣς φάτο· τῆς δ' αὐτοῦ λύτο γούνατα καὶ φίλον ἦτορ, etc.

A ces mots, la reine tomba presque évanouie; les genoux et le cœur lui manquent à la fois, elle ne doute plus que ce ne soit son cher Ulysse. Enfin, revenue de sa foiblesse, elle court à lui le visage baigné de pleurs, et l'embrassant avec toutes les marques d'une véritable tendresse, etc. Elle ajoute des choses dont il n'y a pas un mot dans le texte; enfin elle supprime quelquefois les idées d'Homère, et les remplace par ses propres idées, et c'est ainsi qu'elle change ces vers charmants :

Τὼ δ' ἐπεὶ οὖν φιλότητος ἐταρχήτην ἐρατεινῆς,
Τερπέσθην μύθοισι πρὸς ἀλλήλους ἐνέποντε·

Elle dit : *Ulysse et Pénélope, à qui le plaisir de se retrouver ensemble après une si longue absence, tenoit lieu de sommeil, se racontèrent réci-*

Cette reconnoissance d'Ulysse et de Pénélope est peut-être une des plus belles compositions du génie antique. Pénélope assise en silence, Ulysse immobile au pied d'une colonne, la scène éclairée à la flamme du foyer : voilà d'abord un tableau tout fait pour un peintre, et où la grandeur égale la simplicité du dessin. Et comment se fera la reconnoissance ? par une circonstance rappelée du lit nuptial! C'est encore une autre merveille que ce lit fait de la main d'un *roi* sur le tronc d'un olivier, arbre de paix et de sagesse, digne d'être le fondement de cette couche qu'aucun *autre homme qu'Ulysse n'a visitée.* Les transports qui suivent la reconnoissance des deux époux ; cette comparaison si touchante d'une veuve qui retrouve son époux, à un matelot qui découvre la terre au moment du

---

proquement leurs peines. Mais ces fautes, si ce sont des fautes, ne conduisent qu'à des réflexions qui nous remplissent de plus en plus d'une profonde estime pour ces laborieux hellénistes du siècle des Lefebvre et des Pétau. Madame Dacier a tant de peur de faire injure à Homère, que si le vers implique plusieurs sens renfermés dans le sens principal, elle retourne, commente, paraphrase, jusqu'à ce qu'elle ait épuisé le mot grec, à peu près comme dans un dictionnaire on donne toutes les acceptions dans lesquelles un mot peut être pris. Les autres défauts de la traduction de cette savante dame tiennent pareillement à une loyauté d'esprit, à une candeur de mœurs, à une sorte de simplicité particulière à ces temps de notre littérature. Ainsi, trouvant qu'Ulysse reçoit trop froidement les caresses de Pénélope, elle ajoute, avec une grande naïveté, qu'*il répondoit à ces marques d'amour avec toutes les marques de la plus grande tendresse.* Il faut admirer de telles infidélités. S'il fut jamais un siècle propre à fournir des traducteurs d'Homère, c'étoit sans doute celui-là, où non-seulement l'esprit et le goût, mais encore le cœur, étoient *antiques*, et où les mœurs de l'âge d'or ne s'altéroient point en passant par l'âme de leurs interprètes.

naufrage; le couple conduit au flambeau dans son appartement; les plaisirs de l'amour, suivis des *joies de la douleur* ou de la confidence des peines passées; la double volupté du bonheur présent et du malheur en souvenir; le sommeil qui vient par degrés fermer les yeux et la bouche d'Ulysse tandis qu'il raconte ses aventures à Pénélope attentive, ce sont autant de traits du grand maître; on ne les sauroit trop admirer.

Il y auroit une étude intéressante à faire : ce seroit de tâcher de découvrir comment un auteur moderne auroit rendu tel morceau des ouvrages d'un auteur ancien. Dans le tableau précédent, par exemple, on peut soupçonner que la scène, au lieu de se passer en action entre Ulysse et Pénélope, eût été racontée par le poëte. Il n'auroit pas manqué de semer son récit de réflexions philosophiques, de vers frappants, de mots heureux. Au lieu de cette manière brillante et laborieuse, Homère vous présente deux époux qui se retrouvent après vingt ans d'absence, et qui, sans jeter de grands cris, ont l'air de s'être à peine quittés de la veille. Où est donc la beauté de la peinture? dans la vérité.

Les modernes sont en général plus savants, plus délicats, plus déliés, souvent même plus intéressants dans leurs compositions que les anciens; mais ceux-ci sont plus simples, plus augustes, plus tragiques, plus abondants et surtout plus vrais que les modernes. Ils ont un goût plus sûr, une imagination plus noble : ils ne savent travailler que l'ensemble, et négligent les ornements; un berger qui se plaint, un vieillard qui raconte, un héros qui combat, voilà pour eux tout un poëme; et l'on ne sait comment il arrive que ce poëme, où il n'y a rien, est cependant mieux rempli que nos romans chargés d'incidents et de personnages. L'art d'écrire semble avoir suivi l'art de la peinture : la palette du poëte moderne se couvre d'une variété infinie de teintes et de nuances : le poëte antique compose ses tableaux avec les trois couleurs de Polygnote. Les Latins, placés entre la Grèce et nous, tiennent à la fois des deux manières : à la Grèce, par la simplicité des fonds, à nous, par l'art des détails. C'est peut-être cette heureuse harmonie des deux goûts qui fait la perfection de Virgile.

Voyons maintenant le tableau des amours de nos premiers pères : Ève et Adam, par l'aveugle d'Albion, feront un assez beau pendant à Ulysse et Pénélope, par l'aveugle de Smyrne.

CHAPITRE III.

SUITE DES ÉPOUX.

ADAM ET ÈVE.

Satan a pénétré dans le paradis terrestre. Au milieu des animaux de la création,

> *He saw*
> Two of far nobler aspect erect and tall
> . . . .
> . . . . of daughters, Eve [1].

Il aperçoit deux êtres d'une forme plus noble, d'une stature droite et élevée, comme celle des esprits immortels. Dans tout l'honneur primitif de leur naissance, une majestueuse nudité les couvre : on les prendroit pour les souverains de ce nouvel univers, et ils semblent dignes de l'être. A travers leurs regards divins brillent les attributs de leur glorieux Créateur : la vérité, la sagesse, la sainteté rigide et pure, vertu dont émane l'autorité réelle de l'homme. Toutefois ces créatures célestes diffèrent entre elles, ainsi que leurs sexes le déclarent : IL est créé pour la contemplation et la valeur; ELLE est formée pour la mollesse et les grâces : Lui pour Dieu seulement, Elle pour Dieu, en Lui. Le front ouvert, l'œil sublime du premier, annoncent la puissance absolue : ses cheveux d'hyacinthe, se partageant sur son front, pendent noblement en

---

[1] *Par. lost*, book IV, v. 288 314, un vers de passé. Glasc., édit. 1776.

boucles des deux côtés, mais sans flotter au-dessous de ses larges épaules. Sa compagne, au contraire, laisse descendre comme un voile d'or ses longues tresses sur sa ceinture, où elles forment de capricieux anneaux : ainsi la vigne courbe ses tendres ceps autour d'un fragile appui; symbole de la sujétion où est née notre mère; sujétion à un sceptre bien léger; obéissance accordée par Elle et reçue par Lui plutôt qu'exigée; empire cédé volontairement, et pourtant à regret; cédé avec un modeste orgueil, et je ne sais quels amoureux délais, pleins de craintes et de charmes! Ni vous non plus, mystérieux ouvrages de la nature, vous n'étiez point cachés alors; alors toute honte coupable, toute honte criminelle étoit inconnue. Fille du Péché, Pudeur impudique, combien n'avez-vous point troublé les jours de l'homme par une vaine apparence de pureté! Ah! vous avez banni de votre vie ce qui seul est la véritable vie, la simplicité et l'innocence. Ainsi marchent nus ces deux grands époux dans Éden solitaire. Ils n'évitent ni l'œil de Dieu ni les regards des anges, car ils n'ont point la pensée du mal. Ainsi passe, en se tenant par la main, le plus superbe couple qui s'unit jamais dans les embrassements de l'amour; Adam, le meilleur de tous les hommes qui furent sa postérité; Ève, la plus belle de toutes les femmes entre celles qui naquirent ses filles.

Nos premiers pères se retirent sous l'ombrage, au bord d'une fontaine. Ils prennent leur repas du soir, au milieu des animaux de la création, qui se jouent autour de leur roi et de leur reine. Satan, caché sous la forme d'une de ces bêtes, contemple les deux époux, et se sent presque attendri par leur beauté, leur innocence, et par la pensée des maux qu'il va faire succéder à tant de bonheur : trait admirable. Cependant Adam et Ève conversent doucement auprès de la fontaine, et Ève parle ainsi à son époux :

> That day I often remember, when from sleep
> . . . . her silver mantle threw [1].

Je me rappelle souvent ce jour où, sortant du premier sommeil, je me trouvai couchée parmi les fleurs, sous l'ombrage; ne sachant où j'étois, qui j'étois, quand et comment j'avois été amenée en ces lieux. Non loin de là une onde murmuroit dans le creux d'une roche. Cette onde, se déployant en nappe humide, fixoit bientôt ses flots, purs comme les espaces du firmament. Je m'avançai vers ce lieu, avec une pensée timide ; je m'assis sur la rive verdoyante, pour regarder dans le lac transparent; qui sembloit un autre ciel. A l'instant où je m'inclinois sur l'onde, une ombre parut dans la glace humide, se penchant vers moi, comme moi vers elle. Je tressaillis, elle tressaillit; j'avançai la tête de nouveau, et la douce apparition revint aussi vite, avec des regards de sympathie et d'amour. Mes yeux seroient encore attachés sur cette image, je m'y serois consumée d'un vain désir, si une voix dans le désert : « L'objet que tu vois, belle créature, est toi-même; avec toi il fuit, il revient. Suis-moi, je te conduirai où une ombre vaine ne trompera point tes embrassements, où tu trouveras celui dont tu es l'image; à toi il sera pour toujours, tu lui

[1] *Par. lost*, book IV, v. 449-502 inclusivement; ensuite, depuis le 591e vers jusqu'au 609e

donneras une multitude d'enfants semblables à toi-même, et tu seras appelée *la Mère du genre humain.* »

Que pouvois-je faire après ces paroles? Obéir et marcher invisiblement conduite! Bientôt je t'entrevis sous un platane. Oh! que tu me parus grand et beau! et pourtant je trouvai je ne sais quoi de moins beau, de moins tendre, que le gracieux fantôme enchaîné dans le repli de l'onde. Je voulus fuir; tu me suivis, et élevant la voix, tu t'écrias : «Retourne, belle Ève! sais-tu qui tu fuis? Tu es la chair et les os de celui que tu évites. Pour te donner l'être, j'ai puisé dans mon flanc la vie la plus près de mon cœur afin de t'avoir ensuite éternellement à mon côté. O moitié de mon âme, je te cherche! ton autre moitié te réclame. » En parlant ainsi, ta douce main saisit la mienne : je cédai; et, depuis ce temps, j'ai connu combien la grâce est surpassée par une mâle beauté, et par la sagesse, qui seule est véritablement belle.

Ainsi parla la mère des hommes. Avec des regards pleins d'amour, et dans un tendre abandon, elle se penche, embrassant à demi notre premier père. La moitié de son sein, qui se gonfle, vient mystérieusement, sous l'or de ses tresses flottantes, toucher de sa voluptueuse nudité la nudité du sein de son époux. Adam, ravi de sa beauté et de ses grâces soumises, sourit avec un supérieur amour : tel est le sourire que le ciel laisse au printemps tomber sur les nuées, et qui fait couler la vie dans ces nuées grosses de la semence des fleurs. Adam presse ensuite d'un baiser pur les lèvres fécondes de la mère des hommes. . . . .
. . . .

Cependant le soleil étoit tombé au-dessous des Açores; soit que ce premier orbe du ciel, dans son incroyable vitesse, eût roulé vers ces rivages, soit que la terre, moins rapide, se retirant dans l'orient, par un plus court chemin, eût laissé l'astre du jour à la gauche du monde. Il avoit déjà revêtu de pourpre et d'or les nuages qui flottent autour de son trône occidental; le soir s'avançoit tranquille, et par degrés un doux crépuscule enveloppoit les objets de son ombre uniforme. Les oiseaux du ciel reposoient dans leurs nids, les animaux de la terre sur leur couche; tout se taisoit, hors le rossignol, amant des veilles : il remplissoit la nuit de ses plaintes amoureuses, et le Silence étoit ravi. Bientôt le firmament étincela de vivants saphirs : l'étoile du soir, à la tête de l'armée des astres, se montra long-temps la plus brillante; mais enfin la reine des nuits, se levant avec majesté à travers les nuages, répandit sa tendre lumière, et jeta son manteau d'argent sur le dos des ombres [1].

Adam et Ève se retirent au berceau nuptial, après avoir offert leur prière à l'Éternel. Ils pénètrent dans l'obscurité du bocage, et se couchent sur un lit de fleurs. Alors le poëte, resté comme à la porte du berceau, entonne, à la face du firmament et du pôle chargé d'étoiles, un cantique à l'Hymen. Il commence ce magnifique épithalame, sans préparation et par un mouvement inspiré, à la manière antique :

> Hail, wedded love, mysterious law, true source
> Of human offspring...

« Salut, amour conjugal, loi mystérieuse, source

---

[1] Ceux qui savent l'anglois sentiront combien la traduction de ce morceau est difficile. On nous pardonnera la hardiesse des tours dont nous nous sommes servi, en faveur de la lutte contre

de la postérité ! » C'est ainsi que l'armée des Grecs chante tout à coup, après la mort d'Hector :

Ἤρμεθα μέγα κῦδος, ἐπέφνομεν Ἕκτορα δῖον, etc.

Nous avons remporté une gloire signalée ! Nous avons tué le divin Hector; c'est de même que les Saliens, célébrant la fête d'Hercule, s'écrient brusquement dans Virgile : *Tu nubigenas, invicte, bimembres, etc.* « C'est toi qui domptas les deux cen-
« taures, fils d'une nuée, etc. »

Cet hymen met le dernier trait au tableau de Milton, et achève la peinture des amours de nos premiers pères[1].

Nous ne craignons pas qu'on nous reproche la longueur de cette citation. « Dans tous les autres poëmes, dit Voltaire, l'amour est regardé comme une faiblesse; dans Milton seul il est une vertu. Le poëte a su lever d'une main chaste le voile qui couvre ailleurs les plaisirs de cette passion. Il transporte le lecteur dans le jardin des délices. Il semble lui faire goûter les voluptés pures dont Adam et Ève sont remplis. Il ne s'élève pas au-dessus de la nature humaine, mais au-dessus de la nature hu-

---

le texte. Nous avons fait aussi disparoître quelques traits de mauvais goût, en particulier la comparaison *allégorique* du sourire de Jupiter, que nous avons remplacée par son sens *propre.*

[1] Il y a encore un autre passage où ces amours sont décrites : c'est au vIII^e livre, lorsque Adam raconte à Raphaël les premières sensations de sa vie, ses conversations avec Dieu sur la solitude, la formation d'Ève, et sa première entrevue avec elle. Ce morceau n'est point inférieur à celui que nous venons de citer, et doit aussi sa beauté à une religion sainte et pure.

maine corrompue; et comme il n'y pas d'exemple d'un pareil amour, il n'y en a point d'une pareille poésie[1]. »

Si l'on compare les amours d'Ulysse et de Pénélope à celles d'Adam et d'Ève, on trouve que la simplicité d'Homère est plus ingénue, celle de Milton plus magnifique. Ulysse, bien que roi et héros, a toutefois quelque chose de rustique; ses ruses, ses attitudes, ses paroles ont un caractère agreste et naïf. Adam, quoiqu'à peine né et sans expérience, est déjà le parfait modèle de l'homme : on sent qu'il n'est point sorti des entrailles infirmes d'une femme, mais des mains vivantes de Dieu. Il est noble, majestueux, et tout à la fois plein d'innocence et de génie; il est tel que le peignent les livres saints, digne d'être respecté par les anges, et de se promener dans la solitude avec son Créateur.

Quant aux deux épouses, si Pénélope est plus réservée, et ensuite plus tendre que notre première mère, c'est qu'elle a été éprouvée par le malheur, et que le malheur rend défiant et sensible. Ève, au contraire, s'abandonne; elle est communicative et séduisante; elle a même un léger degré de coquetterie. Et pourquoi seroit-elle sérieuse et prudente comme Pénélope? Tout ne lui sourit-il pas? Si le chagrin ferme l'âme, la félicité la dilate : dans le premier cas, on n'a pas assez de déserts où cacher ses peines; dans le second pas assez de cœurs à qui raconter ses plaisirs. Cependant Milton n'a pas

---

[1] *Essai sur la poésie épique*, chap. IX.

voulu peindre son Ève parfaite; il l'a représentée irrésistible par les charmes, mais un peu indiscrète et amante de paroles, afin qu'on prévît le malheur où ce défaut va l'entraîner. Au reste, les amours de Pénélope et d'Ulysse sont pures et sévères comme doivent l'être celles de deux époux.

C'est ici le lieu de remarquer que, dans la peinture des voluptés, la plupart des poëtes antiques ont à la fois une nudité et une chasteté qui étonnent. Rien de plus pudique que leur pensée, rien de plus libre que leur expression : nous, au contraire, nous bouleversons les sens en ménageant les yeux et les oreilles. D'où naît cette magie des anciens, et pourquoi une Vénus de Praxitèle toute nue charme-t-elle plus notre esprit que nos regards? C'est qu'il y a un beau idéal qui touche plus à l'âme qu'à la matière. Alors le génie seul, et non le corps, devient amoureux; c'est lui qui brûle de s'unir étroitement au chef-d'œuvre. Toute ardeur terrestre s'éteint et est remplacée par une tendresse divine : l'âme échauffée se replie autour de l'objet aimé, et spiritualise jusqu'aux termes grossiers dont elle est obligée de se servir pour exprimer sa flamme.

Mais ni l'amour de Pénélope et d'Ulysse, ni celui de Didon pour Énée, ni celui d'Alceste pour Admète, ne peut être comparé au sentiment qu'éprouvent l'un pour l'autre les deux nobles personnages de Milton : la vraie religion a pu seule donner le caractère d'une tendresse aussi sainte, aussi sublime. Quelle association d'idées! l'univers naissant, les mers s'épouvantant pour ainsi dire de leur propre immensité, les soleils hésitant comme effrayés dans leurs nouvelles carrières, les anges attirés par ces merveilles, Dieu regardant encore son récent ouvrage, et deux Êtres, moitié esprit, moitié argile, étonnés de leurs corps, plus étonnés de leurs âmes, faisant à la fois l'essai de leurs premières pensées et l'essai de leurs premières amours.

Pour rendre le tableau parfait, Milton a eu l'art d'y placer l'esprit de ténèbres comme une grande ombre. L'ange rebelle épie les deux époux : il apprend de leurs bouches le fatal secret ; il se réjouit de leur malheur à venir, et toute cette peinture de la félicité de nos pères n'est réellement que le premier pas vers d'affreuses calamités. Pénélope et Ulysse rappellent un malheur passé ; Ève et Adam annoncent des maux près d'éclore. Tout drame pèche essentiellement par la base, s'il offre des joies sans mélange de chagrins inouïs ou de chagrins à naître. Un bonheur absolu nous ennuie ; un malheur absolu nous repousse : le premier est dépouillé de souvenirs et de pleurs, le second d'espérances et de sourires. Si vous remontez de la douleur au plaisir, comme dans la scène d'Homère, vous serez plus touchant, plus mélancolique, parceque l'âme ne fait que rêver au passé et se repose dans le présent ; si vous descendez, au contraire, de la prospérité aux larmes, comme dans la peinture de Milton, vous serez plus triste, plus poignant, parce que le cœur s'arrête à peine dans le présent, et anticipe les maux qui le menacent. Il faut

2.

donc toujours, dans nos tableaux, unir le bonheur à l'infortune, et faire la somme des maux un peu plus forte que celle des biens, comme dans la nature. Deux liqueurs sont mêlées dans la coupe de la vie, l'une douce et l'autre amère : mais, outre l'amertume de la seconde, il y a encore la lie que les deux liqueurs déposent également au fond du vase.

CHAPITRE IV.

LE PÈRE.

PRIAM.

Du caractère de l'*époux* passons à celui de *père*; considérons la paternité dans les deux positions les plus sublimes et les plus touchantes de la vie, la vieillesse et le malheur. Priam, ce monarque tombé du sommet de la gloire, et dont les grands de la terre avoient recherché les faveurs *dum fortuna fuit*; Priam, les cheveux souillés de cendres, le visage baigné de pleurs, seul au milieu de la nuit, a pénétré dans le camp des Grecs. Humilié aux genoux de l'impitoyable Achille, baisant les mains terribles, les mains dévorantes (ἀνδροφόνους, *qui dévorent les hommes*) qui fumèrent tant de fois du sang de ses fils, il redemande le corps de son Hector :

Μνῆσαι πατρὸς σεῖο. . . . .
. . . .
. . . . . . ποτὶ στόμα χεὶρ ὀρέγεσται.

Souvenez-vous de votre père, ô Achille semblable aux dieux! il est courbé, comme moi, sous le poids des années, et comme moi il touche au dernier terme de la vieillesse. Peut-être en ce moment même est-il accablé par de puissants voisins, sans avoir auprès de lui personne pour le défendre. Et cependant, lorsqu'il apprend que vous vivez, il se réjouit dans son cœur; chaque jour il espère revoir son fils de retour de Troie. Mais moi, le plus infortuné des pères, de tant de fils que je comptois dans la grande Ilion, je ne crois pas qu'un seul me soit resté. J'en avois cinquante quand les Grecs descendirent sur ces rivages. Dix-neuf étoient sortis des mêmes entrailles; différentes captives m'avoient donné les autres; la plupart ont fléchi sous le cruel Mars. Il y en avoit un qui, seul, défendoit ses frères et Troie. Vous venez de le tuer, combattant pour sa patrie... Hector, c'est pour lui que je viens à la flotte des Grecs; je viens racheter son corps, et je vous apporte une immense rançon. Respectez les dieux, ô Achille! Ayez pitié de moi; souvenez-vous de votre père. O combien je suis malheureux! nul infortuné n'a jamais été réduit à cet excès de misère : je baise les mains qui ont tué mes fils!

Que de beautés dans cette prière! quelle scène étalée aux yeux du lecteur! la nuit, la tente d'Achille, ce héros pleurant Patrocle auprès du fidèle Automédon, Priam apparoissant au milieu des ombres, et se précipitant aux pieds du fils de Pélée! Là sont arrêtés, dans les ténèbres, les chars qui apportent les présents du souverain de Troie; et, à quelque distance, les restes défigurés du généreux Hector sont abandonnés, sans honneur, sur le rivage de l'Hellespont.

Étudiez le discours de Priam : vous verrez que le second mot prononcé par l'infortuné monarque est celui de *père*, πατρὸς; la seconde pensée, dans le même vers, est un éloge pour l'orgueilleux Achille, θεοῖς ἐπιείκελ' Ἀχιλλεῦ, *Achille semblable aux dieux*. Priam doit se faire une grande violence pour parler ainsi au meurtrier d'Hector : il y a une profonde connoissance du cœur humain dans tout cela.

Le souvenir le plus tendre que l'on pût offrir au fils de Pélée, après lui avoir rappelé son père, étoit sans doute l'âge de ce même père. Jusque-là Priam n'a pas encore osé dire un mot de lui-même; mais soudain se présente un rapport qu'il saisit avec une simplicité touchante : *Comme moi*, dit-il, *il touche au dernier terme de la vieillesse*. Ainsi Priam ne parle encore de lui qu'en se confondant avec Pélée : il force Achille à ne voir que son propre père dans un roi suppliant et malheureux. L'image du délaissement du vieux monarque, *peut-être accablé par de puissants voisins* pendant l'absence de son fils; la peinture de ses chagrins soudainement oubliés, lorsqu'il apprend que ce fils est *plein de vie;* enfin, cette comparaison des peines passagères de Pélée avec les maux irréparables de Priam, offrent un mélange admirable de douleur, d'adresse, de bienséance et de dignité.

Avec quelle respectable et sainte habileté le vieillard d'Ilion n'amène-t-il pas ensuite le superbe Achille jusqu'à écouter paisiblement l'éloge même d'Hector! D'abord, il se garde bien de nommer le héros troyen; il dit seulement : *il y en avoit un;* et il ne nomme Hector à son vainqueur qu'après lui avoir dit qu'il *l'a tué, combattant pour la patrie;*

Τὸν σὺ πρώην κτεῖνας ἀμυνόμενον περὶ πάτρης :

il ajoute alors le simple mot *Hector,* Ἕκτορα. Il est remarquable que ce nom isolé n'est pas même compris dans la période poétique; il est rejeté au commencement d'un vers, où il coupe la mesure, suspend l'esprit et l'oreille, forme un sens complet; il ne tient en rien à ce qui suit :

Τὸν σὺ πρώην κτεῖνας ἀμυνόμενον περὶ πάτρης
Ἕκτορα.

Ainsi le fils de Pélée se souvient de sa vengeance avant de se rappeler son ennemi. Si Priam eût d'abord nommé Hector, Achille eût songé à Patrocle; mais ce n'est plus Hector qu'on lui présente, c'est un cadavre déchiré, ce sont de misérables restes livrés aux chiens et aux vautours; encore ne les lui montre-t-on qu'avec une excuse *Il combattoit pour la patrie,* ἀμυνόμενον περὶ πατρης. L'orgueil d'Achille est satisfait d'avoir triomphé d'un héros, qui seul défendoit *ses frères et les murs de Troie.*

Enfin Priam, après avoir parlé des hommes au fils de Thétis, lui rappelle les *justes* dieux, et il le ramène une dernière fois au souvenir de Pélée. Le trait qui termine la prière du monarque d'Ilion est du plus haut sublime dans le genre pathétique.

CHAPITRE V.

SUITE DU PÈRE.

LUSIGNAN.

Nous trouverons dans *Zaïre* un père à opposer à *Priam*. A la vérité, les deux scènes ne se peuvent comparer, ni pour la composition, ni pour la force du dessin, ni pour la beauté de la poésie; mais le triomphe du christianisme n'en sera que plus grand, puisque lui seul, par le charme de ses souvenirs, peut lutter contre tout le génie d'Homère. Voltaire lui-même ne se défend pas d'avoir cherché son succès dans la puissance de ce charme, puisqu'il écrit, en parlant de *Zaïre* : « *Je tâcherai de jeter dans cet ouvrage tout ce que la religion chrétienne semble avoir de plus pathétique et de plus intéressant* [1]. » Un antique Croisé, chargé de malheur et de gloire, le vieux Lusignan, resté fidèle à sa religion au fond des cachots, supplie une jeune fille amoureuse d'écouter la voix du Dieu de ses pères : scène merveilleuse, dont le ressort gît tout entier dans la morale évangélique et dans les sentiments chrétiens :

> Mon Dieu! j'ai combattu soixante ans pour ta gloire :
> J'ai vu tomber ton temple, et périr ta mémoire;

---

[1] OEuvres complètes de Voltaire, tom. LXXVIII, *Corresp. gén.*; let. LVII, pag. 119, édit. 1785.

> Dans un cachot affreux abandonné vingt ans,
> Mes larmes t'imploraient pour mes tristes enfants :
> Et lorsque ma famille est par toi réunie,
> Quand je trouve une fille, elle est ton ennemie !
> Je suis bien malheureux ! — C'est ton père, c'est moi,
> C'est ma seule prison qui t'a ravi ta foi...
> Ma fille, tendre objet de mes dernières peines,
> Songe au moins, songe au sang qui coule dans tes veines :
> C'est le sang de vingt rois, tous chrétiens comme moi ;
> C'est le sang des héros, défenseurs de ma loi,
> C'est le sang des martyrs. — O fille encor trop chère !
> Connais-tu ton destin ? Sais-tu quelle est ta mère ?
> Sais-tu bien qu'à l'instant que son flanc mit au jour
> Ce triste et dernier fruit d'un malheureux amour,
> Je la vis massacrer par la main forcenée,
> Par la main des brigands à qui tu t'es donnée ?
> Tes frères, ces martyrs égorgés à mes yeux,
> T'ouvrent leurs bras sanglants, tendus du haut des cieux.
> Ton Dieu que tu trahis, ton Dieu que tu blasphèmes,
> Pour toi, pour l'univers, est mort en ces lieux mêmes,
> En ces lieux où mon bras le servit tant de fois,
> En ces lieux où son sang te parle par ma voix.
> Vois ces murs, vois ce temple envahi par tes maîtres :
> Tout annonce le Dieu qu'ont vengé tes ancêtres.
> Tourne les yeux : sa tombe est près de ce palais,
> C'est ici la montagne où, lavant nos forfaits,
> Il voulut expirer sous les coups de l'impie ;
> C'est là que de sa tombe il rappela sa vie.
> Tu ne saurais marcher dans cet auguste lieu,
> Tu n'y peux faire un pas sans y trouver ton Dieu ;
> Et tu n'y peux rester sans renier ton père...

Une religion qui fournit de pareilles beautés à son ennemi mériteroit pourtant d'être entendue avant d'être condamnée. L'antiquité ne présente rien de cet intérêt, parce qu'elle n'avoit pas un pareil culte. Le polythéisme, ne s'opposant point aux passions, ne pouvoit amener ces combats intérieurs de l'âme, si communs sous la loi évangélique, et d'où naissent les situations les plus touchantes. Le caractère pathétique du christianisme accroit encore puissamment le charme de la tragédie de Zaïre. Si Lusignan ne rappeloit à sa fille que des dieux heureux, les banquets et les joies de l'Olympe, cela seroit d'un foible intérêt pour elle, et ne formeroit qu'un dur contre-sens avec les tendres émotions que le poëte cherche à exciter. Mais les malheurs de Lusignan, mais son sang, mais ses souffrances se mêlent aux malheurs, au sang et aux souffrances de Jésus-Christ. Zaïre pourroit-elle renier son Rédempteur au lieu même où il s'est sacrifié pour elle? La cause d'un père et celle d'un Dieu se confondent; les vieux ans de Lusignan, les tourments des martyrs, deviennent une partie même de l'autorité de la religion : la Montagne et le Tombeau crient; ici tout est tragique, les lieux, l'homme et la Divinité.

CHAPITRE VI.

LA MÈRE.

ANDROMAQUE.

Vox in Rama audita est, dit Jérémie[1], *ploratus et ululatus multus; Rachel plorans filios suos, et noluit consolari quia non sunt.* « Une voix a été entendue sur la montagne, avec des pleurs et beaucoup de gémissements : c'est Rachel pleurant ses fils, et elle n'a pas voulu être consolée, *parce qu'ils ne sont plus.* » Comme ce *quia non sunt* est beau[2]! Une religion qui a consacré un pareil mot connoît bien le cœur maternel.

Le culte de la Vierge et l'amour de Jésus-Christ pour les enfants prouvent assez que l'esprit du christianisme a une tendre sympathie avec le génie des mères. Ici nous proposons d'ouvrir un nouveau sentier à la critique ; nous chercherons dans les sentiments d'une mère *païenne*, peinte par un auteur *moderne*, les traits *chrétiens* que cet auteur a pu répandre dans son tableau, sans s'en apercevoir lui-même. Pour démontrer l'influence d'une

---

[1] Cap. xxxi, v. 15.
[2] Nous avons suivi le latin de l'Évangile de saint Matthieu (c. xi, v. 18). Nous ne voyons pas pourquoi Sacy a traduit *Rama* par *Rama*, une ville. *Rama* hébreu (d'où le mot ῥάδαμνος des Grecs), se dit d'une branche d'arbre, d'un bras de mer, d'une chaîne de montagnes. Ce dernier sens est celui de l'hébreu, et la Vulgate le dit dans Jérémie, *vox in excelso.*

institution morale ou religieuse sur le cœur de l'homme, il n'est pas nécessaire que l'exemple rapporté soit pris à la racine même de cette institution ; il suffit qu'il en décèle le génie : c'est ainsi que l'*Élysée*, dans le *Télémaque*, est visiblement un *paradis chrétien*.

Or, les sentiments les plus touchants de l'Andromaque de Racine émanent pour la plupart d'un poëte *chrétien*. L'Andromaque de l'*Iliade* est plus épouse que mère; celle d'Euripide a un caractère à la fois rampant et ambitieux, qui détruit le caractère maternel; celle de Virgile est tendre et triste, mais c'est moins encore la mère que l'épouse : la veuve d'Hector ne dit pas : *Astyanax ubi est*, mais, *Hector ubi est*.

L'Andromaque de Racine est plus sensible, plus intéressante que l'Andromaque antique. Ce vers si simple et si aimable :

Je ne l'ai point encore embrassé d'aujourd'hui,

est le mot d'une femme chrétienne : cela n'est point dans le goût des Grecs, et encore moins des Romains. L'Andromaque d'Homère gémit sur les malheurs futurs d'Astyanax, mais elle songe à peine à lui dans le présent ; la mère, sous notre culte, plus tendre, sans être moins prévoyante, oublie quelquefois ses chagrins, en donnant un baiser à son fils. Les anciens n'arrêtoient pas long-temps les yeux sur l'enfance ; il semble qu'ils trouvoient quelque chose de trop naïf dans le langage du berceau. Il n'y a que le dieu de l'Évangile qui ait osé nommer sans rougir les *petits enfants*[1] (*parvuli*), et qui les ait offerts en exemple aux hommes :

Et accipiens puerum, statuit eum in medio eorum : quem cum complexus esset, ait aliis :

« Quisquis unum ex hujusmodi pueris receperit in nomine meo me recipit. »

Et ayant pris un petit enfant, il l'assit au milieu d'eux, et l'ayant embrassé, il leur dit :

« Quiconque reçoit en mon nom un petit enfant me reçoit[2]. »

Lorsque la veuve d'Hector dit à Céphise, dans Racine :

Qu'il ait de ses aïeux un souvenir modeste ;
Il est du sang d'Hector, mais il en est le reste :

qui ne reconnoît la chrétienne ? C'est le *deposuit potentes de sede*. L'antiquité ne parle pas de la sorte, car elle n'imite que les sentiments *naturels* : or, les sentiments exprimés dans ces vers de Racine *ne sont point purement dans la nature ;* ils contredisent au contraire la voix du cœur. Hector ne conseille point à son fils d'avoir *de ses aïeux un souvenir modeste ;* en élevant Astyanax vers le ciel, il s'écrie :

Ζεῦ ἄλλοι τε θεοὶ, δότε δὴ καὶ τόνδε γενέσθαι,
Παῖδ' ἐμόν, ὡς καὶ ἐγὼ περ' ἀριπρεπέα Ἡρώεσσιν.
Ἠδὲ βίην τ' ἀγαθὸν, καὶ Ἰλίου ἶφι ἀνάσσειν.
Καί ποτέ τις εἴπῃσι, πατρὸς δ' ὅγε πολλὸν ἀμείνων,
Ἐκ πολέμου ἀνιόντα, etc.[3]

---

[1] Math., cap. xviii, v. 3. [2] Marc., cap. ix, v. 35, 36.
[3] *Iliad.*, lib. vi, v. 476.

« O Jupiter, et vous tous, dieux de l'Olympe, que mon fils règne, comme moi, sur Ilion; faites qu'il obtienne l'empire entre les guerriers; qu'en le voyant revenir chargé des dépouilles de l'ennemi, on s'écrie : Celui-ci est encore plus vaillant que son père! »

Énée dit à Ascagne :

>. . . . . . Et te, animo repetentem exempla tuorum,
> Et pater Æneas, et avunculus excitet Hector [1].

A la vérité l'Andromaque moderne s'exprime à peu près comme Virgile sur les aïeux d'Astyanax. Mais, après ce vers :

> Dis-lui par quels exploits leurs noms ont éclaté,

elle ajoute :

> Plutôt ce qu'ils ont fait que ce qu'ils ont été.

Or, de tels préceptes sont directement opposés au cri de l'orgueil : on y voit la nature corrigée, la nature plus belle, la nature évangélique. Cette humilité que le christianisme a répandue dans les sentiments, et qui a changé pour nous le rapport des passions, comme nous le dirons bientôt, perce à travers tout le rôle de la moderne Andromaque. Quand la veuve d'Hector, dans l'*Iliade*, se représente la destinée qui attend son fils, la peinture qu'elle fait de la future misère d'Astyanax a quelque chose de bas et de honteux; l'humilité, dans

---

[1] *Æn.*, lib. xii, v. 439, 440.

notre religion, est bien loin d'avoir un pareil langage : elle est aussi noble qu'elle est touchante. Le chrétien se soumet aux conditions les plus dures de la vie : mais on sent qu'il ne cède que par un principe de vertu ; qu'il ne s'abaisse que sous la main de Dieu, et non sous celle des hommes ; il conserve sa dignité dans les fers : fidèle à son maître sans lâcheté, il méprise des chaînes qu'il ne doit porter qu'un moment, et dont la mort viendra bientôt le délivrer ; il n'estime les choses de la vie que comme des songes, et supporte sa condition sans se plaindre, parce que la liberté et la servitude, la prospérité et le malheur, le diadème et le bonnet de l'esclave, sont peu différents à ses yeux.

CHAPITRE VII.

LE FILS.

GUZMAN.

Voltaire va nous fournir encore le modèle d'un autre caractère chrétien, le caractère du *fils*. Ce n'est ni le docile Télémaque avec Ulysse, ni le fougueux Achille avec Pélée : c'est un jeune homme passionné, dont la religion combat et subjugue les penchants.

Alzire, malgré le peu de vraisemblance des mœurs, est une tragédie fort attachante ; on y plane au milieu de ces régions de la morale chrétienne, qui, s'élevant au-dessus de la morale vulgaire, est d'elle-même une divine poésie. La paix qui règne dans l'âme d'Alvarez n'est point la seule paix de la nature. Supposez que Nestor cherche à modérer les passions d'Antiloque, il citera d'abord des exemples de jeunes gens qui se sont perdus pour n'avoir pas voulu écouter leurs pères; puis, joignant à ces exemples quelques maximes connues sur l'indocilité de la jeunesse et sur l'expérience des vieillards, il couronnera ses remontrances par son propre éloge, et par un regret sur les jours du vieux temps.

L'autorité qu'emploie Alvarez est d'une autre espèce : il met en oubli son âge et son pouvoir paternel, pour ne parler qu'au nom de la religion. Il ne cherche pas à détourner Guzman d'un crime *particulier;* il lui conseille une vertu *générale,* la *charité,* sorte d'humanité céleste, que le Fils de l'Homme a fait descendre sur la terre, et qui n'y habitoit point avant l'établissement du christianisme [1]. Enfin Alvarez, commandant à son fils comme *père,* et lui obéissant comme *sujet,* est un de ces traits de haute morale aussi supérieure à la morale des anciens, que les Évangiles surpassent les dialogues de Platon, pour l'enseignement des vertus.

Achille mutile son ennemi, et l'insulte après l'avoir abattu. Guzman est aussi fier que le fils de

---

[1] Les anciens eux-mêmes devoient à leur culte le peu d'humanité qu'on remarque chez eux : l'hospitalité, le respect pour les suppliants et pour les malheureux, tenoient à des idées religieuses. Pour que le misérable trouvât quelque pitié sur la terre, il falloit que Jupiter s'en déclarât le protecteur; tant l'homme est féroce sans la religion!

Pélée : percé de coups par la main de Zamore, expirant à la fleur de l'âge, perdant à la fois une épouse adorée et le commandement d'un vaste empire, voici l'arrêt qu'il prononce sur son rival et son meurtrier, triomphe éclatant de la religion et de l'exemple paternel sur un *fils chrétien:*

(*A Alvarez.*)

Le ciel qui veut ma mort et qui l'a suspendue,
Mon père, en ce moment m'amène à votre vue.
Mon âme fugitive et prête à me quitter
S'arrête devant vous... mais pour vous imiter.
Je meurs ; le voile tombe, un nouveau jour m'éclaire :
Je ne me suis connu qu'au bout de ma carrière.
J'ai fait, jusqu'au moment qui me plonge au cercueil,
Gémir l'humanité du poids de mon orgueil.
Le ciel venge la terre : il est juste, et ma vie
Ne peut payer le sang dont ma main s'est rougie.
Le bonheur m'aveugla, la mort m'a détrompé ;
Je pardonne à la main par qui Dieu m'a frappé :
J'étais maître en ces lieux, seul j'y commande encore,
Seul je puis faire grâce, et la fais à Zamore.
Vis, superbe ennemi ; sois libre, et te souvien
Quel fut et le devoir et la mort d'un chrétien.

(*A Montèze, qui se jette à ses pieds.*)

Montèze, Américains, qui fûtes mes victimes,
Songez que ma clémence a surpassé mes crimes ;
Instruisez l'Amérique, apprenez à ses rois
Que les chrétiens sont nés pour leur donner des lois.

(*A Zamore.*)

Des dieux que nous servons connais la différence :
Les tiens t'ont commandé le meurtre et la vengeance,
Et le mien, quand ton bras vient de m'assassiner,
M'ordonne de te plaindre et de te pardonner.

A quelle religion appartiennent cette morale et cette mort ? Il règne ici un *idéal de vérité* au-dessus de tout *idéal poétique*. Quand nous disons un *idéal de vérité*, ce n'est point une exagération; on sait que ces vers :

> Des dieux que nous servons connais la différence, etc.

sont les paroles mêmes de François de Guise[1]. Quant au reste de la tirade, c'est la substance de la morale évangélique :

> Je ne me suis connu qu'au bout de ma carrière.
> J'ai fait, jusqu'au moment qui me plonge au cercueil,
> Gémir l'humanité du poids de mon orgueil.
> . . . .

Un trait seul n'est pas chrétien dans ce morceau :

> Instruisez l'Amérique, apprenez à ses rois
> Que les chrétiens sont nés pour leur donner des lois.

Le poëte a voulu faire reparoître ici la nature et le caractère orgueilleux de Guzman : l'intention dramatique est heureuse; mais, prise comme beauté *absolue*, le sentiment exprimé dans ce vers est bien petit, au milieu des hauts sentiments dont il est environné! Telle se montre toujours la *pure nature* auprès de la *nature chrétienne*. Voltaire est

---

[1] On ignore assez généralement que Voltaire ne s'est servi des paroles de François de Guise qu'en les empruntant d'un autre poëte; Rowe en avoit fait usage avant lui dans son *Tamerlan*, et l'auteur d'*Alzire* s'est contenté de traduire mot pour mot le tragique anglois :

> Now learn the difference, 'wixt thy faith and mine..
> Thine bids thee lift thy dagger to my throat;
> Mine can forgive the wrong, and bid thee live.

bien ingrat d'avoir calomnié un culte qui lui a fourni ses plus beaux titres à l'immortalité. Il auroit toujours dû se rappeler ce vers, qu'il avoit fait, sans doute, par un mouvement involontaire d'admiration :

Quoi donc! les vrais chrétiens auraient tant de vertu!

Ajoutons tant de *génie*.

CHAPITRE VIII.

LA FILLE.

IPHIGÉNIE.

Iphigénie et Zaïre offrent, pour le caractère de la *fille*, un parallèle intéressant. L'une et l'autre, sous le joug de l'autorité paternelle, se dévouent à la religion de leur pays. Agamemnon, il est vrai, exige d'Iphigénie le double sacrifice de son amour et de sa vie, et Lusignan ne demande à Zaïre que d'oublier son amour; mais pour une femme passionnée, vivre, et renoncer à l'objet de ses vœux, c'est peut-être une condition plus douloureuse que la mort. Les deux situations peuvent donc se balancer, quant à l'intérêt *naturel :* voyons s'il en est ainsi de l'intérêt *religieux*.

Agamemnon, en obéissant aux dieux, ne fait, après tout, qu'immoler sa fille à son ambition. Pourquoi la jeune Grecque se dévoueroit-elle à

Neptune? N'est-ce pas un tyran qu'elle doit détester? Le spectateur prend parti pour Iphigénie contre le ciel. La pitié et la terreur s'appuient donc uniquement, dans cette situation, sur l'intérêt *naturel;* et si vous pouviez retrancher la religion de la pièce, il est évident que l'effet théâtral resteroit le même.

Mais dans *Zaïre,* si vous touchez à la religion, tout est détruit. Jésus-Christ n'a pas soif de sang; il ne veut pas le sacrifice d'une passion. A-t-il le droit de le demander, ce sacrifice? Eh! qui pourroit en douter? N'est-ce pas pour racheter Zaïre qu'il a été attaché à une croix, qu'il a supporté l'insulte, les dédains et les injustices des hommes, qu'il a bu jusqu'à la lie le calice d'amertume? Et Zaïre iroit donner son cœur et sa main à ceux qui ont persécuté ce Dieu charitable! à ceux qui tous les jours immolent les chrétiens! à ceux qui retiennent dans les fers ce successeur de Bouillon, ce défenseur de la foi, ce *père* de Zaïre! Certes, la religion n'est pas inutile ici; et qui la supprimeroit anéantiroit la pièce.

Au reste, il nous semble que *Zaïre,* comme *tragédie,* est encore plus intéressante qu'*Iphigénie,* pour une raison que nous essaierons de développer. Ceci nous oblige de remonter au principe de l'art.

Il est certain qu'on ne doit élever sur le cothurne que les personnages pris dans les hauts rangs de la société. Cela tient à de certaines convenances, que les beaux-arts, d'accord avec le cœur humain, savent découvrir. Le tableau des infortunes que nous éprouvons nous-mêmes nous afflige sans nous instruire. Nous n'avons pas besoin d'aller au spectacle pour y apprendre les secrets de notre famille; la fiction ne peut nous plaire, quand la triste réalité habite sous notre toit. Aucune morale ne se rattache, d'ailleurs, à une pareille imitation : bien au contraire; car, en voyant le tableau de notre état, ou nous tombons dans le désespoir, ou nous envions un état qui n'est pas le nôtre. Conduisez le peuple au théâtre : ce ne sont pas des hommes sous le chaume; et des représentations de sa propre indigence qu'il lui faut : il vous demande des grands sur la pourpre; son oreille veut être remplie de noms éclatants, et son œil occupé de malheurs de rois.

La morale, la curiosité, la noblesse de l'art, la pureté du goût, et peut-être la nature envieuse de l'homme, obligent donc de prendre les acteurs de la tragédie dans une condition élevée. Mais si la personne doit être *distinguée*, sa douleur doit être *commune*, c'est-à-dire d'une nature à être sentie de *tous*. Or, c'est en ceci que Zaïre nous paroît plus touchante qu'Iphigénie.

Que la fille d'Agamemnon meure pour faire partir une flotte, le spectateur ne peut guère s'intéresser à ce motif. Mais la raison presse dans Zaïre, et chacun peut éprouver le combat d'une passion contre un devoir. De là dérive cette règle dramatique : qu'il faut, autant que possible, fonder l'intérêt de la tragédie non sur une *chose*, mais sur un *sentiment*, et que le personnage doit être *éloigné* du spectateur par *son rang*, mais *près* de lui par *son malheur*.

Nous pourrions maintenant chercher dans le sujet d'*Iphigénie*, traité par Racine, les traits du pinceau chrétien; mais le lecteur est sur la voie de ces études, et il peut la suivre : nous ne nous arrêterons plus que pour faire une observation.

Le père Brumoy a remarqué qu'Euripide, en donnant à Iphigénie la frayeur de la mort et le désir de se sauver, a mieux parlé selon la nature que Racine, dont l'Iphigénie semble trop résignée. L'observation est bonne en soi; mais ce que le père Brumoy n'a pas vu, c'est que l'Iphigénie moderne est la *fille chrétienne*. Son père et le ciel ont parlé, il ne reste plus qu'à obéir. Racine n'a donné ce courage à son héroïne que par l'impulsion secrète d'une institution religieuse qui a changé le fond des idées et de la morale. Ici le christianisme va plus loin que la nature, et par conséquent est plus d'accord avec la belle poésie, qui agrandit les objets et aime un peu l'exagération. La fille d'Agamemnon, étouffant sa passion et l'amour de la vie, intéresse bien davantage qu'Iphigénie pleurant son trépas. Ce ne sont pas toujours les choses purement naturelles qui touchent : il est naturel de craindre la mort, et cependant une victime qui se lamente sèche les pleurs qu'on versoit pour elle. Le cœur humain veut plus qu'il ne peut; il veut surtout admirer : il a en soi-même un élan vers une beauté inconnue, pour laquelle il fut créé dans son origine.

La religion chrétienne est si heureusement formée, qu'elle est elle-même une sorte de poésie, puisqu'elle place les caractères dans le beau idéal : c'est ce que prouvent nos martyrs chez nos peintres, les chevaliers chez nos poëtes, etc. Quant à la peinture du vice, elle peut avoir dans le christianisme la même vigueur que celle de la vertu, puisqu'il est vrai que le crime augmente en raison du plus grand nombre de liens que le coupable a rompus. Ainsi les muses, qui haïssent le genre médiocre et tempéré, doivent s'accommoder infiniment d'une religion qui montre toujours ses personnages au-dessus ou au-dessous de l'homme.

Pour achever le cercle des caractères *naturels*, il faudroit parler de l'amitié fraternelle, mais ce que nous avons dit du *fils* et de la *fille* s'applique également à deux *frères*, ou à un *frère* et à une *sœur*. Au reste, c'est dans l'Écriture qu'on trouve l'histoire de Caïn et d'Abel, cette grande et première tragédie qu'ait vue le monde : nous parlerons ailleurs de Joseph et de ses frères.

En un mot, le christianisme n'enlève rien au poëte des caractères *naturels*, tels que pouvoit les représenter l'antiquité, et il lui offre, de plus son *influence* sur ces mêmes caractères. Il augmente donc nécessairement la *puissance*, puisqu'il augmente le *moyen*, et multiplie les *beautés* dramatiques, en multipliant les *sources* dont elles émanent.

CHAPITRE IX.

CARACTÈRES SOCIAUX.

LE PRÊTRE.

Ces caractères, que nous avons nommés *sociaux*, se réduisent à deux pour le poëte, ceux du *prêtre* et du *guerrier*.

Si nous n'avions pas consacré à l'histoire du clergé et de ses bienfaits la quatrième partie de notre ouvrage, il nous seroit aisé de faire voir à présent combien le caractère du prêtre, dans notre religion, offre plus de variété et de grandeur que le même caractère dans le polythéisme. Que de tableaux à tracer depuis le pasteur du hameau jusqu'au pontife qui ceint la triple couronne pastorale; depuis le curé de la ville jusqu'à l'anachorète du rocher; depuis le Chartreux et le Trappiste jusqu'au docte Bénédictin; depuis le Missionnaire et cette foule de religieux consacrés aux maux de l'humanité, jusqu'au prophète de l'antique Sion ! L'ordre des vierges n'est ni moins varié ni moins nombreux : ces filles hospitalières qui consument leur jeunesse et leurs grâces au service de nos douleurs, ces habitantes du cloître qui élèvent à l'abri des autels les épouses futures des hommes, en se félicitant de porter elles-mêmes les chaînes du plus doux des époux, toute cette innocente famille sourit agréablement aux neuf Sœurs de la

Fable. Un grand-prêtre, un devin, une vestale, une sibylle, voilà tout ce que l'antiquité fournissoit au poëte; encore ces personnages n'étoient-ils mêlés qu'accidentellement au sujet, tandis que le prêtre chrétien peut jouer un des rôles les plus importants de l'épopée.

M. de La Harpe a montré, dans sa *Mélanie*, ce que peut devenir le caractère d'un simple curé, traité par un habile écrivain. Shakespeare, Richardson, Goldsmith, ont mis le prêtre en scène avec plus ou moins de bonheur. Quant aux pompes extérieures, nulle religion n'en offrit jamais de plus magnifiques que les nôtres. La Fête-Dieu, Noël, Pâques, la Semaine-Sainte, la fête des Morts, les Funérailles, la Messe, et mille autres cérémonies fournissent un sujet inépuisable de descriptions[1]. Certes, les muses modernes qui se plaignent du christianisme n'en connoissent pas les richesses. Le Tasse a décrit une procession dans la *Jérusalem*, et c'est un des plus beaux tableaux de son poëme. Enfin, le sacrifice antique n'est pas même banni du sujet chrétien; car il n'y a rien de plus facile, au moyen d'un épisode, d'une comparaison ou d'un souvenir, que de rappeler un sacrifice de l'ancienne loi.

[1] Nous parlerons de toutes ces fêtes dans la partie du *Culte*.

CHAPITRE X.

SUITE DU PRÊTRE.

LA SIBYLLE. — JOAD.

PARALLÈLE DE VIRGILE ET DE RACINE.

Énée va consulter la Sibylle : arrêté au soupirail de l'antre, il attend les paroles de la prophétesse.

. . . . Cum virgo : Poscere fata, etc.

« Alors la vierge : Il est temps d'interroger le destin. Le dieu ! voilà le dieu ! Elle dit, etc. »

Énée adresse sa prière à Apollon ; la Sibylle lutte encore ; enfin le dieu la dompte, les cent portes de l'antre s'ouvrent en mugissant, et ces paroles se répandent dans les airs : *Ferunt responsa per auras :*

O, tandem magnis pelagi defuncte periclis !

« Ils ne sont plus, les périls de la mer ; mais quel danger sur la terre, etc. »

Remarquez la rapidité de ces mouvements : *Deus, ecce deus !* La Sibylle touche, saisit l'Esprit, elle en est surprise : *Le dieu ! voilà le dieu !* c'est son cri. Ces expressions : *Non vultus, non color unus*, peignent excellemment le trouble de la prophétesse. Les tours *négatifs* sont particuliers à Virgile, et l'on peut remarquer, en général, qu'ils sont fort multipliés chez les écrivains d'un génie mélancolique. Ne seroit-ce point que les âmes tendres et tristes sont naturellement portées à se plaindre, à désirer, à douter, à exprimer avec une sorte de timidité, et que la plainte, le désir, le doute et la timidité, sont des *privations* de quelque chose ? L'homme que l'adversité a rendu sensible aux peines d'autrui ne dit pas avec assurance : *Je connois les maux*, mais il dit, comme Didon : *Non ignara mali*. Enfin, les images favorites des poëtes enclins à la rêverie sont presque toutes empruntées d'objets *négatifs*, tels que le silence des nuits, l'ombre des bois, la solitude des montagnes, la paix des tombeaux, qui ne sont que l'absence du bruit, de la lumière, des hommes, et des inquiétudes de la vie [1].

[1] Ainsi Euryale, en parlant de sa mère, dit :

.... Genitrix............
.... quam miseram tenuit *non* Ilia tellus.
Mecum excedentem, *non* mœnia regis Acestœ.

« Ma mère infortunée qui a suivi mes pas, et que n'ont pu retenir *ni* les rivages de la patrie, *ni* les murs du roi Aceste. »

Il ajoute un instant après :

.... *Nequeam* lacrymas perferre parentis.

« Je ne pourrois résister aux larmes de ma mère. »

Volcens va percer Euryale ; Nisus s'écrie :

Me, me : adsum qui feci : ....
.... mea fraus omnis : *nihil* iste *nec* ausus,
Nec potuit. ....

Le mouvement qui termine cet admirable épisode est aussi de nature négative.

Quelle que soit la beauté des vers de Virgile, la poésie chrétienne nous offre encore quelque chose de supérieur. Le grand-prêtre des Hébreux, prêt à couronner Joas, est saisi de l'esprit divin dans le temple de Jérusalem :

>Voilà donc quels vengeurs s'arment pour ta querelle!
>Des prêtres, des enfants!... ô sagesse éternelle!
>Mais si tu les soutiens, qui peut les ébranler?
>Du tombeau, quand tu veux, tu sais nous rappeler;
>Tu frappes et guéris, tu perds et ressuscites.
>Ils ne s'assurent point en leurs propres mérites,
>Mais en ton nom, sur eux invoqué tant de fois,
>En tes serments jurés au plus saint de leurs rois,
>En ce temple où tu fais ta demeure sacrée,
>Et qui doit du soleil égaler la durée.
>Mais d'où vient que mon cœur frémit d'un saint effroi?
>Est-ce l'esprit divin qui s'empare de moi?
>C'est lui-même : il m'échauffe; il parle; mes yeux s'ouvrent;
>Et les siècles obscurs devant moi se découvrent.
>. . . . .
>Cieux, écoutez ma voix; Terre, prête l'oreille :
>Ne dis plus, ô Jacob, que ton Seigneur sommeille;
>Pécheurs, disparoissez; le Seigneur se réveille.
>. . . . .
>Comment en un plomb vil l'or pur s'est-il changé?
>Quel est dans le lieu saint ce pontife égorgé?...
>Pleure, Jérusalem, pleure, cité perfide,
>Des prophètes divins malheureuse homicide;
>De son amour pour toi ton Dieu s'est dépouillé;
>Ton encens à ses yeux est un encens souillé...
>. . . . . Où menez-vous ces enfants et ces femmes?
>Le Seigneur a détruit la reine des cités;
>Ses prêtres sont captifs, ses rois sont rejetés :
>Dieu ne veut plus qu'on vienne à ses solennités.
>Temple, renverse-toi; cèdres, jetez des flammes.
>   Jérusalem, objet de ma douleur,
>Quelle main en un jour t'a ravi tous tes charmes?
>Qui changera mes yeux en deux sources de larmes,
>   Pour pleurer ton malheur?

Il n'est pas besoin de commentaire.

Puisque Virgile et Racine reviennent si souvent dans notre critique, tâchons de nous faire une idée juste de leur talent et de leur génie. Ces deux grands poëtes ont tant de ressemblance, qu'ils pourroient tromper jusqu'aux yeux de la muse; comme ces jumeaux de l'*Énéide* qui causoient de douces méprises à leur mère.

Tous deux polissent leurs ouvrages avec le même soin, tous deux sont pleins de goût, tous deux hardis, et pourtant naturels dans l'expression, tous deux sublimes dans la peinture de l'amour; et, comme s'ils s'étoient suivis pas à pas, Racine fait entendre dans *Esther* je ne sais quelle suave mélodie, dont Virgile a pareillement rempli sa seconde églogue, mais toutefois avec la différence qui se trouve entre la voix de la jeune fille et celle de l'adolescent, entre les soupirs de l'innocence et ceux d'une passion criminelle.

Voilà peut-être en quoi Virgile et Racine se ressemblent; voici peut-être en quoi ils diffèrent.

Le second est, en général, supérieur au premier dans l'invention des caractères : Agamemnon, Achille, Oreste, Mithridate, Acomat, sont fort au-dessus des héros de l'*Énéide*. Énée et Turnus ne sont beaux que dans deux ou trois moments; Mézence seul est fièrement dessiné.

Cependant, dans les peintures douces et tendres, Virgile retrouve son génie : Évandre, ce vieux roi d'Arcadie, qui vit sous le chaume, et que défendent deux chiens de berger, au même lieu où les Césars, entourés de prétoriens, habiteront un jour leurs palais; le jeune Pallas, le beau Lausus, Nisus et Euryale, sont des personnages divins.

Dans les caractères de femmes, Racine reprend la supériorité : Agrippine est plus ambitieuse qu'Amate, Phèdre plus passionnée que Didon.

Nous ne parlons point d'*Athalie*, parce que Racine, dans cette pièce, ne peut être comparé à personne : c'est l'œuvre le plus parfait du génie inspiré par la religion.

Mais, d'un autre côté, Virgile a pour certains lecteurs un avantage sur Racine : sa voix, si nous osons nous exprimer ainsi, est plus gémissante et sa lyre plus plaintive. Ce n'est pas que l'auteur de *Phèdre* n'eût été capable de trouver cette sorte de mélodie des soupirs; le rôle d'Andromaque, *Bérénice* tout entière, quelques stances des cantiques imités de l'Écriture, plusieurs strophes des chœurs d'*Esther* et d'*Athalie*, montrent ce qu'il auroit pu faire dans ce genre; mais il vécut trop à la ville, pas assez dans la solitude. La cour de Louis XIV, en lui donnant la majesté des formes et en épurant son langage, lui fut peut-être nuisible sous d'autres rapports; elle l'éloigna trop des champs et de la nature.

Nous avons déjà remarqué[1] qu'une des premières causes de la mélancolie de Virgile fut sans doute le sentiment des malheurs qu'il éprouva dans sa

---

[1] Part. 1re, liv. v, avant-dernier chapitre.

jeunesse. Chassé du toit paternel, il garda toujours le souvenir de sa Mantoue ; mais ce n'étoit plus le Romain de la république, aimant son pays à la manière dure et âpre des Brutus : c'étoit le Romain de la monarchie d'Auguste, le rival d'Homère, et le nourrisson des muses.

Virgile cultiva ce germe de tristesse en vivant seul au milieu des bois. Peut-être faut-il encore ajouter à cela des accidents particuliers. Nos défauts moraux ou physiques influent beaucoup sur notre humeur, et sont souvent la cause du tour particulier que prend notre caractère. Virgile avoit une difficulté de prononciation[1] ; il étoit foible de corps, rustique d'apparence. Il semble avoir eu dans sa jeunesse des passions vives, auxquelles ces imperfections naturelles purent mettre des obstacles. Ainsi des chagrins de famille, le goût des champs, un amour-propre en souffrance, et des passions non satisfaites, s'unirent pour lui donner cette rêverie qui nous charme dans ses écrits.

On ne trouve point dans Racine le *Diis aliter visum*, le *dulces moriens reminiscitur Argos*, le *Disce, puer, virtutem ex me — fortunam ex aliis*, le *Lyrnessi domus alta : sola Laurente sepulcrum*. Il n'est peut-être pas inutile d'observer que ces mots attendrissants se trouvent presque tous dans les six derniers livres de l'*Énéide*, ainsi que les épisodes d'Évandre et de Pallas, de Mézence et de

---

[1] *Sermone tardissimum, ac penè indocto similem... Facie rusticana, etc.* Donat., *de P. Virgilii Maronis Vita.*

Lausus, de Nisus et d'Euryale. Il semble qu'en approchant du tombeau, le Cygne de Mantoue mit dans ses accents quelque chose de plus céleste, comme les cygnes de l'Eurotas, consacrés aux muses, qui, avant d'expirer, avoient, selon Pythagore, une vision de l'Olympe, et témoignoient leur ravissement par des chants harmonieux.

Virgile est l'ami du solitaire, le compagnon des heures secrètes de la vie. Racine est peut-être au-dessus du poëte latin, parce qu'il a fait *Athalie;* mais le dernier a quelque chose qui remue plus doucement le cœur. On admire plus l'un, on aime plus l'autre; le premier a des douleurs trop royales, le second parle davantage à tous les rangs de la société. En parcourant les tableaux des vicissitudes humaines tracés par Racine, on croit errer dans les parcs abandonnés de Versailles : ils sont vastes et tristes; mais, à travers leur solitude, on distingue la main régulière des arts, et les vestiges des grandeurs :

> Je ne vois que des tours que la cendre a couvertes,
> Un fleuve teint de sang, des campagnes désertes.

Les tableaux de Virgile, sans être moins nobles, ne sont pas bornés à de certaines perspectives de la vie; ils représentent toute la nature : ce sont les profondeurs des forêts, l'aspect des montagnes, les rivages de la mer, où des femmes exilées *regardent, en pleurant, l'immensité des flots :*

> . . . . Cunctæque profundum
> Pontum adspectabant flentes.

CHAPITRE XI.

LE GUERRIER.

DÉFINITION DU BEAU IDÉAL

Les siècles héroïques sont favorables à la poésie, parce qu'ils ont cette vieillesse et cette incertitude de tradition que demandent les muses, naturellement un peu menteuses. Nous voyons chaque jour se passer sous nos yeux des choses extraordinaires sans y prendre aucun intérêt; mais nous aimons à entendre raconter des faits obscurs qui sont déjà loin de nous. C'est qu'au fond les plus grands événements de la terre sont petits en eux-mêmes : notre âme, qui sent ce vice des affaires humaines, et qui tend sans cesse à l'immensité, tâche de ne les voir que dans le vague pour les agrandir.

Or, l'esprit des siècles héroïques se forme du mélange d'un état civil encore grossier, et d'un état religieux porté à son plus haut point d'influence. La barbarie et le polythéisme ont produit les héros d'Homère ; la barbarie et le christianisme ont enfanté les chevaliers du Tasse.

Qui, des *héros* ou des *chevaliers*, méritent la préférence, soit en morale, soit en poésie ? C'est ce qu'il convient d'examiner.

En faisant abstraction du génie particulier des deux poëtes et ne comparant qu'homme à homme, il nous semble que les personnages de la *Jérusalem* sont supérieurs à ceux de l'*Iliade*.

Quelle différence, en effet, entre les chevaliers si francs, si désintéressés, si humains, et des guerriers perfides, avares, cruels, insultant aux cadavres de leurs ennemis, poétiques enfin par leurs vices, comme les premiers le sont par leurs vertus!

Si par héroïsme on entend un effort contre les passions en faveur de la vertu, c'est sans doute Godefroi, et non pas Agamemnon, qui est le véritable héros. Or, nous demandons pourquoi le Tasse, en peignant les chevaliers, a tracé le modèle du parfait guerrier, tandis qu'Homère, en représentant les hommes des temps héroïques, n'a fait que des espèces de monstres? C'est que le christianisme a fourni, dès sa naissance, le *beau idéal moral* ou le *beau idéal des caractères*, et que le polythéisme n'a pu donner cet avantage au chantre d'Ilion. Nous arrêterons un peu le lecteur sur ce sujet; il importe trop au fond de notre ouvrage pour hésiter à le mettre dans tout son jour.

Il y a deux sortes de *beau idéal*, le beau idéal *moral*, et le beau idéal *physique:* l'un et l'autre sont nés de la société.

L'homme très près de la nature, tel que le sauvage, ne le connoît pas; il se contente, dans ses chansons, de rendre fidèlement ce qu'il voit. Comme il vit au milieu des déserts, ses tableaux sont nobles et simples; on n'y trouve point de mauvais goût, mais aussi ils sont monotones, et les actions qu'ils expriment ne vont pas jusqu'à l'héroïsme.

Le siècle d'Homère s'éloignoit déjà de ces premiers temps. Qu'un Canadien perce un chevreuil de ses flèches; qu'il le dépouille au milieu des forêts; qu'il étende la victime sur les charbons d'un chêne embrasé : tout est poétique dans ces mœurs. Mais dans la tente d'Achille il y a déjà des *bassins*, des *broches*, des *vases*; quelques détails de plus, et Homère tomboit dans la bassesse des descriptions, ou bien il entroit dans la route du beau idéal en commençant à *cacher* quelque chose.

Ainsi, à mesure que la société multiplia les besoins de la vie, les poëtes apprirent qu'il ne falloit plus, comme par le passé, peindre tout aux yeux, mais voiler certaines parties du tableau.

Ce premier pas fait, ils virent encore qu'il falloit *choisir;* ensuite que la chose choisie étoit susceptible d'une forme plus belle, ou d'un plus bel effet dans telle ou telle position.

Toujours *cachant* et *choisissant*, *retranchant* ou *ajoutant*, ils se trouvèrent peu à peu dans des formes qui n'étoient plus naturelles, mais qui étoient plus parfaites que la nature : les artistes appelèrent ces formes *le beau idéal*.

On peut donc définir *le beau idéal* l'art *de choisir et de cacher*.

Cette définition s'applique également au beau idéal *moral* et au beau idéal *physique*. Celui-ci se forme en cachant avec adresse la partie infirme des objets; l'autre, en dérobant à la vue certains côtés foibles de l'âme : l'*âme* a ses besoins honteux et ses bassesses comme le corps.

Et nous ne pouvons nous empêcher de remarquer qu'il n'y a que l'homme qui soit susceptible d'être représenté plus parfait que nature et comme approchant de la Divinité. On ne s'avise pas de peindre le *beau idéal* d'un cheval, d'un aigle, d'un lion. Ceci nous fait entrevoir une preuve merveilleuse de la grandeur de nos fins et de l'immortalité de notre âme.

La société où la morale parvint le plutôt à son développement dut atteindre le plus vite au *beau idéal moral*, ou, ce qui revient au même, au *beau idéal des caractères* : or, c'est ce qui distingue éminemment les sociétés formées dans la religion chrétienne. Il est étrange, et cependant rigoureusement vrai que, tandis que nos pères étoient des barbares pour tout le reste, la morale, au moyen de l'Évangile, s'étoit élevée chez eux à son dernier point de perfection : de sorte que l'on vit des hommes, si nous osons parler ainsi, à la fois sauvages par le corps, et civilisés par l'âme.

C'est ce qui fait la beauté des temps chevaleresques, et ce qui leur donne la supériorité tant sur les siècles héroïques que sur les siècles tout-à-fait modernes.

Car, si vous entreprenez de peindre les premiers âges de la Grèce, autant la simplicité des mœurs vous offrira des choses agréables, autant la barbarie des caractères vous choquera; le polythéisme ne fournit rien pour changer la nature sauvage et l'insuffisance des vertus primitives.

Si au contraire vous chantez l'âge moderne, vous serez obligé de bannir la vérité de votre ouvrage, et de vous jeter à la fois dans le beau idéal *moral* et dans le beau idéal *physique*. Trop loin de la nature et de la religion sous tous les rapports, on ne peut représenter fidèlement l'intérieur de nos ménages, et moins encore le fond de nos cœurs.

La chevalerie seule offre le beau mélange de la *vérité* et de la *fiction*.

D'une part, vous pouvez offrir le tableau des mœurs dans toute sa naïveté : un vieux château, un large foyer, des tournois, des joutes, des chasses, le son du cor, le bruit des armes, n'ont rien qui heurte le goût, rien qu'on doive ou *choisir* ou *cacher*.

Et, d'un autre côté, le poëte chrétien, plus heureux qu'Homère, n'est point forcé de ternir sa peinture en y plaçant l'homme barbare ou l'homme *naturel;* le christianisme lui donne le parfait héros.

Ainsi, tandis que le Tasse est dans la nature relativement aux objets physiques, il est au-dessus de cette nature par rapport aux objets moraux.

Or, le *vrai* et l'*idéal* sont les deux sources de l'intérêt poétique : le *touchant* et le *merveilleux*.

CHAPITRE XII.

SUITE DU GUERRIER.

Montrons à présent que ces vertus du chevalier, qui élèvent son caractère jusqu'au *beau idéal*, sont des vertus véritablement chrétiennes.

Si elles n'étoient que de simples vertus morales imaginées par le poëte, elles seroient sans mouvement et sans ressort. On en peut juger par Énée, dont Virgile a fait un héros philosophe.

Les vertus purement morales sont froides par essence : ce n'est pas quelque chose d'ajouté à l'âme, c'est quelque chose de retranché de la nature; c'est l'absence du vice plutôt que la présence de la vertu.

Les vertus religieuses ont des ailes, elles sont passionnées. Non contentes de s'abstenir du mal, elles veulent faire le bien : elles ont l'activité de l'amour, et se tiennent dans une région supérieure et un peu exagérée. Telles étoient les vertus des chevaliers.

La foi ou la fidélité étoit leur première vertu; la fidélité est pareillement la première vertu du christianisme.

Le chevalier ne mentoit jamais. — Voilà le chrétien.

Le chevalier étoit pauvre et le plus désintéressé des hommes. — Voilà le disciple de l'Évangile.

Le chevalier s'en alloit à travers le monde, secourant la veuve et l'orphelin. — Voilà la charité de Jésus-Christ.

Le chevalier étoit tendre et délicat. Qui lui auroit donné cette douceur, si ce n'étoit une religion humaine qui porte toujours au respect pour la foiblesse? Avec quelle bénignité Jésus-Christ lui-même ne parle-t-il pas aux femmes dans l'Évangile!

Agamemnon déclare brutalement qu'il aime autant Briséis que son épouse, parce qu'elle fait d'aussi beaux ouvrages.

Un chevalier ne parle pas ainsi.

Enfin le christianisme a produit l'honneur ou la bravoure des héros modernes, si supérieure à celle des héros antiques.

La véritable religion nous enseigne que ce n'est pas par la force du corps que l'homme se doit mesurer, mais par la grandeur de l'âme. D'où il résulte que le plus foible des chevaliers ne tremble jamais devant un ennemi; et, fût-il certain de recevoir la mort, il n'a pas même la pensée de la fuite.

Cette haute valeur est devenue si commune, que le moindre de nos fantassins est plus courageux que les Ajax, qui fuyoient devant Hector, qui fuyoit à son tour devant Achille. Quant à la clémence du chevalier chrétien envers les vaincus, qui peut nier qu'elle découle du christianisme?

Les poëtes modernes ont tiré une foule de traits nouveaux du caractère chevaleresque. Dans la *tragédie* il suffit de nommer Bayard, Tancrède, Nemours, Couci : Nérestan apporte la rançon de ses frères d'armes, et se vient rendre prisonnier parce qu'il ne peut satisfaire à la somme nécessaire pour se racheter lui-même. Les belles mœurs chrétiennes ! Et qu'on ne dise pas que c'est une pure invention poétique; il y a cent exemples de chrétiens qui se sont remis entre les mains des Infidèles ou pour délivrer d'autres chrétiens, ou parce qu'ils ne pouvoient compter l'argent qu'ils avoient promis.

On sait combien le caractère chevaleresque est favorable à l'épopée. Qu'ils sont aimables, tous ces chevaliers de la *Jérusalem*, ce Renaud si brillant, ce Tancrède si généreux, ce vieux Raymond de Toulouse, toujours abattu et toujours relevé! On est avec eux sous les murs de Solyme; on croit entendre le jeune Bouillon s'écrier, au sujet d'Armide : « Que dira-t-on à la cour de France quand on saura que nous avons refusé notre bras à la beauté ? » Pour juger de la différence qui se trouve entre les héros d'Homère et ceux du Tasse, il suffit de jeter les yeux sur le camp de Godefroi et sur les remparts de Sion. D'un côté sont les *chevaliers*, et de l'autre les *héros antiques*. Soliman même n'a tant d'éclat que parce que le poëte lui a donné quelques traits de la générosité du chevalier : ainsi le principal héros infidèle emprunte lui-même sa majesté du christianisme.

Mais c'est dans Godefroi qu'il faut admirer le chef-d'œuvre du caractère héroïque. Si Énée veut échapper à la séduction d'une femme, il tient les yeux baissés : *Immota tenebat lumina;* il cache son trouble; il répond des choses vagues : « Reine, je ne nie point tes bontés, je me souviendrai d'Élise, » *Meminisse Elisæ.*

Ce n'est pas de cet air que le capitaine chrétien repousse les adresses d'Armide : il résiste, car il connoît les fragiles appas du monde; il continue son vol vers le ciel, *comme l'oiseau rassasié qui ne s'abat point où une nourriture trompeuse l'appelle.*

Qual saturo augel, che non si cali,
Ove il cibo mostrando, altri l'invita.

Faut-il combattre, délibérer, apaiser une sédition, Bouillon est partout grand, partout auguste. Ulysse frappe Thersite de son sceptre (σκήπτρω δὲ μετάφρενον, ἠδὲ καὶ ὤμω πλῆξεν), et arrête les Grecs prêts à rentrer dans leurs vaisseaux : ces mœurs sont naïves et pittoresques. Mais voyez Godefroi se montrant seul à un camp furieux qui l'accuse d'avoir fait assassiner un héros. Quelle beauté noble et touchante dans la prière de ce capitaine plein de la conscience de sa vertu! comme cette prière fait ensuite éclater l'intrépidité du général, qui, désarmé et tête nue, se présente à une soldatesque effrénée!

Au combat, une sainte et majestueuse valeur, inconnue aux guerriers d'Homère et de Virgile, anime le guerrier chrétien. Énée, couvert de ses armes divines, et debout sur la poupe de sa galère qui approche du rivage Rutule, est dans une attitude héroïque; Agamemnon, semblable au Jupiter foudroyant, présente une image pleine de grandeur : cependant Godefroi n'est inférieur ni au père des Césars, ni au chef des Atrides, dans le dernier chant de la *Jérusalem*.

Le soleil vient de se lever : les armées sont en présence; les bannières se déroulent aux vents; les plumes flottent sur les casques; les habits, les franges, les harnois, les armes, les couleurs, l'or et le fer étincellent aux premiers feux du jour. Monté sur un coursier rapide, Godefroi parcourt les rangs de son armée; il parle, et son discours est un modèle d'éloquence guerrière. Sa tête rayonne, son visage brille d'un éclat inconnu, l'ange de la victoire le couvre invisiblement de ses ailes. Bientôt il se fait un profond silence; les légions se prosternent en adorant celui qui fit tomber Goliath par la main d'un jeune berger. Soudain la trompette sonne, les soldats chrétiens se relèvent, et, pleins de la fureur du Dieu des armées, ils se précipitent sur les bataillons ennemis.

LIVRE TROISIÈME.

SUITE DE LA POÉSIE DANS SES RAPPORTS AVEC LES HOMMES.

PASSIONS.

CHAPITRE PREMIER.

QUE LE CHRISTIANISME A CHANGÉ LES RAPPORTS DES PASSIONS EN CHANGEANT LES BASES DU VICE ET DE LA VERTU.

De l'examen des *caractères* nous venons à celui des *passions*. On sent qu'en traitant des premiers il nous a été impossible de ne pas toucher un peu aux secondes, mais ici nous nous proposons d'en parler plus amplement.

S'il existoit une religion qui s'occupât sans cesse de mettre un frein aux passions de l'homme, cette religion augmenteroit nécessairement le jeu des passions dans le drame et dans l'épopée; elle seroit plus favorable à la peinture des sentiments que toute institution religieuse qui, ne connoissant point des délits du cœur, n'agiroit sur nous que par des scènes extérieures. Or, c'est ici le grand avantage de notre culte sur les cultes de l'antiquité: la religion chrétienne est un vent céleste qui enfle les voiles de la vertu, et multiplie les orages de la conscience autour du vice.

Les bases de la morale ont changé parmi les hommes, du moins parmi les hommes chrétiens, depuis la prédication de l'Évangile. Chez les anciens, par exemple, l'humilité passoit pour bassesse, et l'orgueil pour grandeur : chez les chrétiens, au contraire, l'orgueil est le premier des vices, et l'humilité une des premières vertus. Cette seule transmutation de principes montre la nature humaine sous un jour nouveau, et nous devons découvrir dans les passions des rapports que les anciens n'y voyoient pas.

Donc, pour nous, la racine du mal est la *vanité*, et la racine du bien la *charité*; de sorte que les passions vicieuses sont toujours un composé d'orgueil, et les passions vertueuses un composé d'amour.

Faites l'application de ce principe, vous en reconnoîtrez la justesse. Pourquoi les passions qui tiennent au courage sont-elles plus belles chez les modernes que chez les anciens? pourquoi avons-nous donné d'autres proportions à la valeur, et transformé un mouvement brutal en une vertu? C'est par le mélange de la vertu chrétienne directement opposée à ce mouvement, l'*humilité*. De ce mélange est née la *magnanimité* ou la *générosité poétique*, sorte de passion (car les chevaliers l'ont poussée jusque-là) totalement inconnue des anciens.

Un de nos plus doux sentiments, et peut-être le seul qui appartienne absolument à l'âme (les autres ont quelque mélange des sens dans leur nature ou dans leur but), c'est l'amitié. Et combien le christianisme n'a-t-il point encore augmenté les charmes de cette passion céleste, en lui donnant pour fondement la *charité* ? Jésus-Christ dormit dans le sein de Jean; et sur la croix, avant d'expirer, l'amitié l'entendit prononcer ce mot digne d'un Dieu : *Mater, ecce filius tuus; discipule, ecce mater tua*[1]. « Mère, voilà ton fils; disciple, voilà ta mère. »

Le christianisme, qui a révélé notre double nature et montré les contradictions de notre être, qui a fait voir le haut et le bas de notre cœur, qui lui-même est plein de contrastes comme nous, puisqu'il nous présente un Homme-Dieu, un Enfant maître des mondes, le créateur de l'univers sortant du sein d'une créature; le christianisme, disons-nous, vu sous ce jour des contrastes, est encore, par excellence, la religion de l'amitié. Ce sentiment se fortifie autant par les oppositions que par les ressemblances. Pour que deux hommes soient parfaits amis ils doivent s'attirer et se repousser sans cesse par quelque endroit; il faut qu'ils aient des génies d'une même force, mais d'une différente espèce; des opinions opposées, des principes semblables; des haines et des amours diverses, mais au fond la même sensibilité; des humeurs tranchantes, et pourtant des goûts pareils; en un mot, de grands contrastes de caractère et de grandes harmonies de cœur.

Cette chaleur que la *charité* répand dans les passions vertueuses leur donne un caractère divin.

---

[1] JOAN., *Evang.*, cap. XIX, v. 26 et 27.

Chez les hommes de l'antiquité l'avenir des sentiments ne passoit pas le tombeau, où il venoit faire naufrage. Amis, frères, époux, se quittoient aux portes de la mort, et sentoient que leur séparation étoit éternelle; le comble de la félicité pour les Grecs et pour les Romains se réduisoit à mêler leurs cendres ensemble : mais combien elle devoit être douloureuse, une urne qui ne renfermoit que des souvenirs! le polythéisme avoit établi l'homme dans les régions du passé; le christianisme l'a placé dans les champs de l'espérance. La jouissance des sentiments honnêtes sur la terre n'est que l'avant-goût des délices dont nous serons comblés. Le principe de nos amitiés n'est point dans ce monde : deux êtres qui s'aiment ici-bas sont seulement dans la route du ciel, où ils arriveront ensemble, si la vertu les dirige : de manière que cette forte expression des poëtes, *exhaler son âme dans celle de son ami,* est littéralement vraie pour deux chrétiens. En se dépouillant de leur corps, ils ne font que se dégager d'un obstacle qui s'opposoit à leur union intime, et leurs âmes vont se confondre dans le sein de l'Éternel.

Ne croyons pas toutefois qu'en nous découvrant les bases sur lesquelles reposent les passions, le christianisme ait désenchanté la vie. Loin de flétrir l'imagination, en lui faisant tout toucher et tout connoître il a répandu le doute et les ombres sur les choses inutiles à nos fins; supérieur en cela à cette imprudente philosophie qui cherche trop à pénétrer la nature de l'homme et à trouver le fond partout. Il ne faut pas toujours laisser tomber la sonde dans les abîmes du cœur : les vérités qu'il contient sont du nombre de celles qui demandent le demi-jour et la perspective. C'est une imprudence que d'appliquer sans cesse son jugement à la partie aimante de son être; de porter l'esprit raisonnable dans les passions. Cette curiosité conduit peu à peu à douter des choses généreuses; elle dessèche la sensibilité, et tue pour ainsi dire l'âme; les mystères du cœur sont comme ceux de l'antique Égypte; le profane qui cherchoit à les découvrir, sans y être initié par la religion, étoit subitement frappé de mort.

CHAPITRE II.

AMOUR PASSIONNÉ.

DIDON.

Ce que nous appelons proprement amour parmi nous est un sentiment dont l'antiquité a ignoré jusqu'au nom. Ce n'est que dans les siècles modernes qu'on a vu se former ce mélange des sens et de l'âme, cette espèce d'amour dont l'amitié est la partie morale. C'est encore au christianisme que l'on doit ce sentiment perfectionné; c'est lui qui, tendant sans cesse à épurer le cœur, est parvenu à jeter de la spiritualité jusque dans le penchant qui en paroissoit le moins susceptible. Voilà donc un nouveau moyen de situations poétiques que cette religion si dénigrée a fourni aux auteurs même qui l'insultent : on peut voir dans une foule de romans les beautés qu'on a tirées de cette passion demi-chrétienne. Le caractère de Clémentine [1], par exemple, est un chef-d'œuvre dont la Grèce n'offre point de modèle. Mais pénétrons dans ce sujet ; et, avant de parler de *l'amour champêtre*, considérons *l'amour passionné*.

Cet amour n'est ni aussi saint que la piété conjugale, ni aussi gracieux que le sentiment des bergers ; mais, plus poignant que l'un et l'autre, il dévaste les âmes où il règne. Ne s'appuyant point sur la gravité du mariage, ou sur l'innocence des mœurs champêtres, ne mêlant aucun autre prestige au sien, il est à soi-même sa propre illusion, sa propre folie, sa propre substance: Ignorée de l'artisan trop occupé et du laboureur trop simple, cette passion n'existe que dans ces rangs de la société où l'oisiveté nous laisse surchargés du poids de notre cœur, avec son immense amour-propre et ses éternelles inquiétudes.

Il est si vrai que le christianisme jette une éclatante lumière dans l'abîme de nos passions, que ce sont les orateurs de l'Église qui ont peint les désordres du cœur humain avec le plus de force et de vivacité. Quel tableau Bourdaloue ne fait-il point de l'ambition ! Comme Massillon a pénétré dans les replis de nos âmes, et exposé au jour nos

[1] RICHARDSON.

penchants et nos vices! « C'est le caractère de cette passion, dit cet homme éloquent en parlant de l'amour, de remplir le cœur tout entier, etc. : on ne peut plus s'occuper que d'elle; on en est possédé, enivré : on la retrouve partout; tout en retrace les funestes images; tout en réveille les injustes désirs : le monde, la solitude, la présence, l'éloignement, les objets les plus indifférents, les occupations les plus sérieuses, le temple saint lui-même, les autels sacrés, les mystères terribles en rappellent le souvenir [1]. »

« C'est un désordre, s'écrie le même orateur dans la *Pécheresse*[2], d'aimer pour lui-même ce qui ne peut être ni notre bonheur, ni notre perfection, ni par conséquent notre repos : car aimer, c'est chercher la félicité dans ce qu'on aime; c'est vouloir trouver dans l'objet aimé tout ce qui manque à notre cœur; c'est l'appeler au secours de ce vide affreux que nous sentons en nous-mêmes, et nous flatter qu'il sera capable de le remplir; c'est le regarder comme la ressource de tous nos besoins, le remède de tous nos maux, l'auteur de tous nos biens...[3]. Mais cet amour des créatures est suivi des plus cruelles incertitudes : on doute toujours si l'on est aimé comme l'on aime; on est ingénieux à se rendre malheureux et à former à soi-même des craintes, des soupçons, des jalousies; plus on

---

[1] MASSILLON, *l'Enfant prodigue*, première partie, tom. II.
[2] Première partie.
[3] *Id., ibid.*, seconde partie.

est de bonne foi, plus on souffre ; on est le martyr de ses propres défiances : vous le savez, et ce n'est pas à moi à venir vous parler ici le langage de vos passions insensées [1] : »

Cette maladie de l'âme se déclare avec fureur aussitôt que paroît l'objet qui doit en développer le germe. Didon s'occupe encore des travaux de sa cité naissante : la tempête s'élève et apporte un héros. La reine se trouble, un *feu secret* coule dans ses veines : les imprudences commencent ; les plaisirs suivent ; le désenchantement et le remords viennent après eux. Bientôt Didon est abandonnée ; elle regarde avec horreur autour d'elle, et ne voit que des abîmes. Comment s'est-il évanoui cet édifice de bonheur, dont une imagination exaltée avoit été l'amoureux architecte ? palais de nuages que dore quelques instants un soleil prêt à s'éteindre ! Didon vole, cherche, appelle Énée :

Dissimulare etiam sperasti ? etc. [2] :

Perfide ! espérois-tu me cacher tes desseins et t'échapper clandestinement de cette terre ? Ni notre amour, ni cette main que je t'ai donnée, ni Didon prête à étaler de cruelles funérailles, ne peuvent arrêter tes pas ! etc.

Quel trouble, quelle passion, quelle vérité dans l'éloquence de cette femme trahie ! Les sentiments se pressent tellement dans son cœur, qu'elle les produit en désordre, incohérents et séparés, tels

---

[1] Massillon, *l'Enfant prodigue*, seconde partie, tom. II.
[2] *Æneid.*, lib. IV, v. 305.

qu'ils s'accumulent sur ses lèvres. Remarquez les autorités qu'elle emploie dans ses prières. Est-ce au nom des dieux, au nom d'un sceptre, qu'elle parle ? Non : elle ne fait pas même valoir *Didon dédaignée;* mais plus humble et plus aimante, elle n'implore le fils de Vénus que par des larmes, que par la propre main du perfide. Si elle y joint le souvenir de l'amour, ce n'est encore qu'en l'étendant sur Énée : *par notre hymen, par notre union commencée,* dit-elle :

Per connubia nostra, per inceptos hymenæos [1].

Elle atteste aussi les lieux témoins de son bonheur, car c'est une coutume des malheureux d'associer à leurs sentiments les objets qui les environnent; abandonnés des hommes, ils cherchent à se créer des appuis en animant de leurs douleurs les êtres insensibles autour d'eux. Ce toit, ce foyer hospitalier, où naguère elle accueillit l'ingrat, sont donc les vrais dieux pour Didon. Ensuite, avec l'adresse d'une femme, et d'une femme amoureuse, elle rappelle tour à tour le souvenir de Pygmalion et celui de Iarbe, afin de réveiller ou la générosité ou la jalousie du héros troyen. Bientôt, pour dernier trait de passion et de misère, la superbe souveraine de Carthage va jusqu'à souhaiter qu'un *petit Énée, parvulus Æneas* [2], reste au moins auprès d'elle pour consoler sa douleur, même en por-

---

[1] *Æneid.,* lib. IV, v. 316.
[2] *Æneid.,* lib. IV, v. 328 et 329. Le vieux *Loïs des Masures, Tour-*

tant témoignage à sa honte! Elle s'imagine que tant de larmes, tant d'imprécations, tant de prières, sont des raisons auxquelles Énée ne pourra résister : dans ces moments de folie, les passions, incapables de plaider leur cause avec succès, croient faire usage de tous leurs moyens, lorsqu'elles ne font entendre que tous leurs accents.

CHAPITRE III.

SUITE DU PRÉCÉDENT.

LA PHÈDRE DE RACINE.

Nous pourrions nous contenter d'opposer à Didon la Phèdre de Racine, plus passionnée que la reine de Carthage; elle n'est en effet qu'une *épouse chrétienne*. La crainte des flammes vengeresses et de l'éternité formidable de notre enfer perce à travers le rôle de cette femme criminelle[1], et surtout dans la scène de la jalousie, qui, comme on le sait, est de l'invention du poëte moderne. L'inceste n'étoit pas une chose si rare et si monstrueuse chez

---

nisien, qui nous a laissé les quatre premiers livres de l'*Énéide* en *carmes françois*, a traduit ainsi ce morceau :

. . . . Si d'un petit Enée,
Avec ses yeux m'étoit faveur donnée,
Qui seulement te ressemblât de vis,
Point ne serois du tout, à mon avis,
Prinse, et de toi laissée entièrement.

[1] Cette crainte du Tartare est foiblement indiquée dans EURIPIDE.

les anciens pour exciter de pareilles frayeurs dans le cœur du coupable. Sophocle fait mourir Jocaste, il est vrai, au moment où elle apprend son crime, mais Euripide la fait vivre long-temps après. Si nous en croyons Tertullien, les malheurs d'OEdipe [1] n'excitoient chez les Macédoniens que des plaisanteries des spectateurs. Virgile ne place pas Phèdre aux Enfers, mais seulement dans ces bocages de myrtes, dans ces *champs des pleurs, lugentes campi,* où vont errant ces amantes *qui, même dans la mort, n'ont pas perdu leurs soucis :*

Curæ non ipsa in morte relinquunt [2].

Aussi la Phèdre d'Euripide, comme celle de Sénèque, craint-elle plus Thésée que le Tartare. Ni l'une ni l'autre ne parle comme la Phèdre de Racine :

Moi jalouse! et Thésée est celui que j'implore!
Mon époux est vivant; et moi je brûle encore!
Pour qui? quel est le cœur où prétendent mes vœux?
Chaque mot sur mon front fait dresser mes cheveux.
Mes crimes désormais ont comblé la mesure :
Je respire à la fois l'inceste et l'imposture;
Mes homicides mains, promptes à me venger,
Dans le sang innocent brûlent de se plonger.
Misérable! et je vis! et je soutiens la vue
De ce sacré soleil dont je suis descendue!
J'ai pour aïeul le père et le maître des dieux;
Le ciel, tout l'univers est plein de mes aïeux :
Où me cacher? Fuyons dans la nuit infernale.
Mais que dis-je! mon père y tient l'urne fatale;
Le sort, dit-on, l'a mise en ses sévères mains :
Minos juge aux Enfers tous les pâles humains.

[1] TERTULL., *Apolog.* [2] *Æneid.*, lib. VI, v. 444.

> Ah! combien frémira son ombre épouvantée,
> Lorsqu'il verra sa fille à ses yeux présentée,
> Contrainte d'avouer tant de forfaits divers,
> Et des crimes peut-être inconnus aux Enfers!
> Que diras-tu, mon père, à ce spectacle horrible?
> Je crois voir de ta main tomber l'urne terrible;
> Je crois te voir cherchant un supplice nouveau,
> Toi-même de ton sang devenir le bourreau.
> Pardonne. Un dieu cruel a perdu ta famille :
> Reconnois sa vengeance aux fureurs de ta fille.
> Hélas! du crime affreux dont la honte me suit,
> Jamais mon triste cœur n'a recueilli le fruit.

Cet incomparable morceau offre une gradation de sentiments, une science de la tristesse, des angoisses et des transports de l'âme que les anciens n'ont jamais connus. Chez eux on trouve pour ainsi dire des ébauches de sentiments, mais rarement un sentiment achevé; ici, c'est tout le cœur :

> C'est Vénus tout entière à sa proie attachée!

et le cri le plus énergique que la passion ait jamais fait entendre, est peut-être celui-ci :

> Hélas! du crime affreux dont la honte me suit,
> Jamais mon triste cœur n'a recueilli le fruit.

Il y a là dedans un mélange des sens et de l'âme, de désespoir et de fureur amoureuse, qui passe toute expression. Cette femme, qui se *consoleroit d'une éternité de souffrance*, si elle avoit joüi *d'un instant de bonheur*, cette femme n'est pas dans le *caractère antique ;* c'est la *chrétienne réprouvée*, c'est la pécheresse tombée vivante dans les mains de Dieu; son mot est le mot du damné.

CHAPITRE IV.

SUITE DES PRÉCÉDENTS.

JULIE D'ÉTANGE; CLÉMENTINE.

Nous changeons de couleurs : l'amour passionné, terrible dans la Phèdre *chrétienne,* ne fait plus entendre chez la *dévote* Julie que de mélodieux soupirs : c'est une voix troublée qui sort du sanctuaire de paix, un cri d'amour que prolonge, en l'adoucissant, l'écho religieux des tabernacles.

Le pays des chimères est en ce monde le seul digne d'être habité ; et tel est le néant des choses humaines, que, hors l'être existant par lui-même, il n'y a rien de beau que ce qui n'est pas. . . . .
. . . .
Une langueur secrète s'insinue au fond de mon cœur ; je le sens vide et gonflé, comme vous disiez autrefois du vôtre ; l'attachement que j'ai pour ce qui m'est cher ne suffit pas pour l'occuper : il lui reste une force inutile dont il ne sait que faire. Cette peine est bizarre, j'en conviens, mais elle n'est pas moins réelle. Mon ami, je suis trop heureuse, le bonheur m'ennuie. . .
. . . .
Ne trouvant donc rien ici-bas qui lui suffise, mon âme avide cherche ailleurs de quoi la remplir ; en s'élevant à la source du sentiment et de l'être, elle y perd sa sécheresse et sa langueur : elle y renaît, elle s'y ranime, elle y trouve un nouveau ressort, elle y puise une nouvelle vie ; elle y prend une autre existence qui

ne tient plus aux passions du corps, ou plutôt elle n'est plus en moi-même, elle est toute dans l'être immense qu'elle contemple ; et, dégagée un moment de ses entraves, elle se console d'y rentrer, par cet essai d'un état plus sublime qu'elle espère être un jour le sien. ... ...
... ...

En songeant à tous les bienfaits de la Providence, j'ai honte d'être sensible à de si foibles chagrins, et d'oublier de si grandes grâces. ... ...
Quand la tristesse m'y suit malgré moi (*dans son oratoire*), quelques pleurs versés dans celui qui console soulagent mon cœur à l'instant. Mes réflexions ne sont jamais amères ni douloureuses, mon repentir même est exempt d'alarmes ; mes fautes me donnent moins d'effroi que de honte : j'ai des regrets et non des remords.

Le Dieu que je sers est un Dieu clément, un père ; ce qui me touche, c'est sa bonté : elle efface à mes yeux tous ses autres attributs ; elle est le seul que je conçois. Sa puissance m'étonne, son immensité me confond, sa justice... Il a fait l'homme foible ; puisqu'il est juste, il est clément. Le Dieu vengeur est le Dieu des méchants. Je ne puis ni le craindre pour moi, ni l'implorer contre un autre. O Dieu de paix, Dieu de bonté ! c'est toi que j'adore : c'est de toi, je le sens, que je suis l'ouvrage ; et j'espère te retrouver au jugement dernier tel que tu parles à mon cœur durant la vie.

Comme l'amour et la religion sont heureusement mêlés dans ce tableau ! Ce style, ces sentiments n'ont point de modèle dans l'antiquité [1]. Il faudroit

---

[1] Il y a toutefois dans ce morceau un mélange vicieux d'expressions métaphysiques et de langage naturel. *Dieu*, le *Tout-Puissant*, le *Seigneur*, vaudroient beaucoup mieux que la *source de l'être*, etc.

être insensé pour repousser un culte qui fait sortir du cœur des accents si tendres, et qui a, pour ainsi dire, ajouté de nouvelles cordes à l'âme.

Voulez-vous un autre exemple de ce nouveau langage des passions, inconnu sous le polythéisme ? Écoutez parler Clémentine ; ses expressions sont peut-être encore plus naturelles, plus touchantes et plus sublimement naïves que celles de Julie :

Je consens, monsieur, du fond de mon cœur (c'est très sérieusement, comme vous voyez), que vous n'ayez que de la haine, du mépris, de l'horreur pour la malheureuse Clémentine ; mais je vous conjure, pour l'intérêt de votre âme immortelle, de vous attacher à la véritable Église. Hé bien ! monsieur, que me répondez-vous (en suivant de son charmant visage le mien que je tenois encore tourné, car je ne me sentois pas la force de le regarder)? Dites, monsieur, que vous y consentez ; je vous ai toujours cru le cœur honnête et sensible : dites qu'il se rend à la vérité. Ce n'est pas pour moi que je vous sollicite ; je vous ai déclaré que je prends le mépris pour mon partage : il ne sera pas dit que vous vous serez rendu aux instances d'une femme ; non, monsieur, votre seule conscience en aura l'honneur. Je ne vous cacherai point ce que je médite pour moi-même. Je demeurerai dans une paix profonde (elle se leva ici avec un air de dignité, que l'esprit de religion sembloit encore augmenter) ; et lorsque l'ange de la mort paroîtra, je lui tendrai la main : Approche, lui dirai-je, ô toi, ministre de paix ! je te suis au rivage où je brûle d'arriver, et j'y vais retenir une place pour l'homme à qui je ne la souhaite pas de long-temps, mais auprès duquel je veux être éternellement assise.

Ah! le christianisme est surtout un baume pour nos blessures quand les passions, d'abord soulevées dans notre sein, commencent à s'apaiser, ou par l'infortune, ou par la durée. Il endort la douleur, il fortifie la résolution chancelante, il prévient les rechutes, en combattant, dans une âme à peine guérie, le dangereux pouvoir des souvenirs : il nous environne de paix et de lumière ; il rétablit pour nous cette harmonie des choses célestes que Pythagore entendoit dans le silence de ses passions. Comme il promet toujours une récompense pour un sacrifice, on croit ne rien lui céder en lui cédant tout ; comme il offre à chaque pas un objet plus beau à nos désirs, il satisfait à l'inconstance naturelle de nos cœurs : on est toujours avec lui dans le ravissement d'un amour qui commence, et cet amour a cela d'ineffable, que ses mystères sont ceux de l'innocence et de la pureté.

CHAPITRE V.

SUITE DES PRÉCÉDENTS.

HÉLOISE ET ABEILARD.

Julie a été ramenée à la religion par des malheurs ordinaires : elle est restée dans le monde ; et, contrainte de lui cacher sa passion, elle se réfugie en secret auprès de Dieu, sûre qu'elle est de trouver dans ce père indulgent une pitié que lui refuseroient les hommes. Elle se plaît à se confesser au tribunal suprême, parce que lui seul la peut absoudre, et peut-être aussi (reste involontaire de foiblesse!) parce que c'est toujours parler de son amour.

Si nous trouvons tant de charmes à révéler nos peines à quelque homme supérieur, à quelque conscience tranquille qui nous fortifie et nous fasse participer au calme dont elle jouit ; quelles délices n'est-ce pas de parler de passions à l'Être impassible que nos confidences ne peuvent troubler, de foiblesse à l'Être tout-puissant qui peut nous donner un peu de sa force! On conçoit les transports de ces hommes saints, qui, retirés sur le sommet des montagnes, mettoient toute leur vie aux pieds de Dieu, perçoient à force d'amour les voûtes de l'éternité, et parvenoient à contempler la lumière primitive. Julie, sans le savoir, approche de sa fin, et les ombres du tombeau, qui commencent à s'entr'ouvrir pour elle, laissent éclater à ses yeux un rayon de l'excellence divine. La voix de cette femme mourante est douce et triste ; ce sont les derniers bruits du vent qui va quitter les forêts, les derniers murmures d'une mer qui déserte ses rivages.

La voix d'Héloïse a plus de force. Femme d'Abeilard, elle vit, et elle vit pour Dieu. Ses malheurs ont été aussi imprévus que terribles. Précipitée du monde au désert, elle est entrée soudaine, et avec tous ses feux, dans les glaces monastiques. La religion et l'amour exercent à la fois leur empire sur son cœur : c'est la nature rebelle saisie toute vivante par la grâce, et qui se débat vainement dans les embrassements du ciel. Donnez Racine pour interprète à Héloïse, et le tableau de ses souffrances va mille fois effacer celui des malheurs de Didon par l'effet tragique, le lieu de la scène, et je ne sais quoi de formidable que le christianisme imprime aux objets où il mêle sa grandeur.

> Hélas! tels sont les lieux où, captive, enchaînée,
> Je traine dans les pleurs ma vie infortunée.
> Cependant, Abeilard, dans cet affreux séjour,
> Mon cœur s'enivre encor du poison de l'amour.
> Je n'y dois mes vertus qu'à ta funeste absence,
> Et j'ai maudit cent fois ma pénible innocence.
> . . . .
> O funeste ascendant! ô joug impérieux!
> Quels sont donc mes devoirs, et qui suis-je en ces lieux?
> Perfide! de quel nom veux-tu que l'on te nomme?
> Toi, l'épouse d'un Dieu, tu brûles pour un homme!
> Dieu cruel, prends pitié du trouble où tu me vois,
> A mes sens mutinés ose imposer tes lois.
> . . . .
> Le pourras-tu, grand Dieu, mon désespoir, mes larmes,
> Contre un cher ennemi te demandent des armes;
> Et cependant, livrée à de contraires vœux,
> Je crains plus tes bienfaits que l'excès de mes feux [1].

Il étoit impossible que l'antiquité fournît une pareille scène, parce qu'elle n'avoit pas une pareille religion. On aura beau prendre pour héroïne une vestale grecque ou romaine, jamais on n'établira ce combat entre la chair et l'esprit, qui fait le merveilleux de la position d'Héloïse, et qui appartient au dogme et à la morale du christianisme.

[1] COLARD., *Ép. d'Hél.*

Souvenez-vous que vous voyez ici réunies la plus fougueuse des passions et une religion menaçante qui n'entre jamais en traité avec nos penchants. Héloïse aime, Héloïse brûle ; mais là s'élèvent des murs glacés ; là tout s'éteint sous des marbres insensibles ; là des flammes éternelles ou des récompenses sans fin attendent sa chute ou son triomphe. Il n'y a point d'accommodement à espérer : la créature et le Créateur ne peuvent habiter ensemble dans la même âme. Didon ne perd qu'un amant ingrat. O qu'Héloïse est travaillée d'un tout autre soin ! il faut qu'elle choisisse entre Dieu et un amant fidèle dont elle a causé les malheurs ! Et qu'elle ne croie pas pouvoir détourner secrètement au profit d'Abeilard la moindre partie de son cœur : le Dieu de Sinaï est un Dieu jaloux, un Dieu qui veut être aimé de préférence ; il punit jusqu'à l'ombre d'une pensée, jusqu'au songe qui s'adresse à d'autres qu'à lui.

Nous nous permettrons de relever ici une erreur de Colardeau, parce qu'elle tient de l'esprit de son siècle, et qu'elle peut jeter quelque lumière sur le sujet que nous traitons. Son épître d'Héloïse a une teinte philosophique qui n'est point dans l'original de Pope. Après le morceau que nous avons cité, on lit ces vers :

> Chères sœurs, de mes fers compagnes innocentes,
> Sous ces portiques saints, colombes gémissantes,
> Vous qui ne connoissez que ces *foibles* vertus
> Que la religion donne… et que je n'ai plus ;
> Vous qui, dans les *langueurs d'un esprit monastique*,
> Ignorez de l'amour l'empire tyrannique ;

Vous enfin qui, n'ayant que Dieu seul pour amant,
Aimez par *habitude*, et non par sentiment,
Que vos cœurs sont heureux, puisqu'ils sont insensibles!
Tous vos jours sont sereins, toutes vos nuits paisibles;
Le cri des passions n'en trouble point le cours.
Ah! qu'Héloïse envie et vos nuits et vos jours!

Ces vers, qui d'ailleurs ne manquent point d'abandon et de mollesse, ne sont point de l'auteur anglois. On en découvre à peine quelques traces dans ce passage, que nous traduisons mot à mot:

Heureuse la vierge sans tache qui oublie le monde et que le monde oublie! L'éternelle joie de son âme est de sentir que toutes ses prières sont exaucées, tous ses vœux résignés. Le travail et le repos partagent également ses jours; son sommeil facile cède sans effort aux pleurs et aux veilles. Ses désirs sont réglés, ses goûts toujours les mêmes; elle s'enchante par ses larmes, et ses soupirs sont pour le ciel. La grâce répand autour d'elle ses rayons les plus sereins : des anges lui *soufflent*[1] tout bas les plus beaux songes. Pour elle, l'époux prépare l'anneau nuptial; pour elle, de blanches vestales entonnent des chants d'hyménée : c'est pour elle que fleurit la rose d'Éden, qui ne se fane jamais, et que les séraphins répandent les parfums de leurs ailes. Elle meurt enfin au son des harpes célestes, et s'évanouit dans les visions d'un jour éternel.

Nous sommes encore à comprendre comment un *poëte* a pu se tromper au point de substituer à cette description un lieu commun sur les *langueurs*

[1] *L'anglois*, PROMPT.

monastiques. Qui ne sent combien elle est belle et dramatique, cette opposition que Pope a voulu faire entre les chagrins et l'amour d'Héloïse, et le calme et la chasteté de la vie religieuse? Qui ne sent combien cette transition repose agréablement l'âme agitée par les passions, et quel nouveau prix elle donne ensuite aux mouvements renaissants de ces mêmes passions? Si la philosophie est bonne à quelque chose, ce n'est sûrement pas au tableau des troubles du cœur, puisqu'elle est directement inventée pour les apaiser. Héloïse, philosophant sur les *foibles* vertus de la religion, ne parle ni comme la vérité, ni comme son siècle, ni comme la femme, ni comme l'amour : on ne voit que le poëte, et, ce qui est pire encore, l'âge des sophismes et la déclamation.

C'est ainsi que l'esprit irréligieux détruit la vérité et gâte les mouvements de la nature. Pope, qui touchoit à de meilleurs temps, n'est pas tombé dans la faute de Colardeau. Il conservoit la bonne tradition du siècle de Louis XIV, dont le siècle de la reine Anne ne fut qu'une espèce de prolongement ou de reflet. Revenons aux idées religieuses, si nous attachons quelque prix aux œuvres du génie : la religion est la vraie philosophie des beaux-arts, parce qu'elle ne sépare point, comme la sagesse humaine, la poésie de la morale et la tendresse de la vertu.

Au reste, il y auroit d'autres observations intéressantes à faire sur Héloïse, par rapport à la maison solitaire où la scène se trouve placée. Ces cloîtres, ces voûtes, ces tombeaux, ces mœurs austères en contraste avec l'amour, en doivent augmenter la force et la tristesse. Autre chose est de consumer promptement sa vie sur un bûcher, comme la reine de Carthage; autre chose de se brûler avec lenteur, comme Héloïse, sur l'autel de la religion. Mais, comme dans la suite nous parlerons beaucoup des monastères, nous sommes forcé, pour éviter les répétitions, de nous arrêter ici.

CHAPITRE VI.

AMOUR CHAMPÊTRE.

LE CYCLOPE ET GALATÉE.

Nous prendrons pour objet de comparaison chez les anciens, dans les amours champêtres, l'Idylle du Cyclope et de Galatée. Ce poëme est un des chefs-d'œuvre de Théocrite; celui de la *Magicienne* lui est peut-être supérieur par l'ardeur de la passion, mais il est moins pastoral.

Le Cyclope, assis sur un rocher, au bord des mers de Sicile, chante ainsi ses déplaisirs, en promenant ses yeux sur les flots :

Ὦ λευκά Γαλάτεια, etc.[1] . . . .

Charmante Galatée, pourquoi repousser les soins d'un amant, toi dont le visage est blanc comme le lait pressé dans mes corbeilles de jonc; toi qui es plus tendre que l'agneau, plus voluptueuse que la génisse,

[1] THEOCR., idyl. xi, v. 19 et seq.

plus fraîche que la grappe non encore amollie par les feux du jour? Tu te glisses sur ces rivages, lorsque le doux sommeil m'enchaîne; tu fuis, lorsque le doux sommeil me fuit : tu me redoutes, comme l'agneau craint le loup blanchi par les ans. Je n'ai cessé de t'adorer depuis le jour que tu vins avec ma mère ravir les jeunes hyacinthes à la montagne : c'étoit moi qui te traçois le chemin. Depuis ce moment, après ce moment, et encore aujourd'hui, vivre sans toi m'est impossible. Et cependant te soucies-tu de ma peine? au nom de Jupiter, te soucies-tu de ma peine?... Mais tout hideux que je suis, j'ai pourtant mille brebis dont ma main presse les riches mamelles, et dont je bois le lait écumant. L'été, l'automne et l'hiver trouvent toujours des fromages dans ma grotte; mes réseaux en sont toujours pleins. Nul Cyclope ne pourroit aussi bien que moi te chanter sur la flûte, ô vierge nouvelle! Nul ne sauroit avec autant d'art, la nuit, durant les orages, célébrer tous tes attraits.

Pour toi je nourris onze biches, qui sont prêtes à donner leurs faons. J'élève aussi quatre oursins, enlevés à leurs mères sauvages : viens, tu posséderas ces richesses. Laisse la mer se briser follement sur ses grèves; tes nuits seront plus heureuses si tu les passes à mes côtés, dans mon antre. Des lauriers et des cyprès allongés y murmurent; le lierre noir et la vigne chargée de grappes en tapissent l'enfoncement obscur : tout auprès coule une onde fraîche, source que l'Etna blanchi verse de ses sommets de neiges et de ses flancs couverts de brunes forêts. Quoi! préférerois-tu encore les mers et leurs mille vagues? Si ma poitrine hérissée blesse ta vue, j'ai du bois de chêne, et des restes de feux épandus sous la cendre; brûle même (tout me sera doux de ta main), brûle, si tu le veux, mon œil unique, cet œil qui m'est plus cher que la vie. Hélas! que ma mère ne m'a-t-elle donné, comme au poisson, des rames légères pour fendre les ondes! Oh, comme je descendrois vers ma Galatée! comme je baiserois sa main, si elle me refusoit ses lèvres! Oui, je te porterois ou des lis blancs, ou de tendres pavots à feuilles de pourpre : les premiers croissent en été, et les autres fleurissent en hiver; ainsi je ne pourrois te les offrir en même temps...

C'étoit de la sorte que Polyphème appliquoit sur la blessure de son cœur le dictame immortel des muses, soulageant ainsi plus doucement sa vie que par tout ce qui s'achète au poids de l'or.

Cette idylle respire la passion. Le poëte ne pouvoit faire un choix de mots plus délicats ni plus harmonieux. Le dialecte dorique ajoute encore à ces vers un ton de simplicité qu'on ne peut faire passer dans notre langue. Par le jeu d'une multitude d'*A*, et d'une prononciation large et ouverte, on croiroit sentir le calme des tableaux de la nature, et entendre le parler naïf d'un pasteur [1].

---

[1] On peut remarquer que la première voyelle de l'alphabet se trouve dans presque tous les mots qui peignent les scènes de la campagne, comme dans *charrue*, *vache*, *cheval*, *labourage*, *vallée*, *montagne*, *arbre*, *pâturage*, *laitage*, etc., et dans les épithètes qui accompagnent ordinairement ces mots, telles que *pesante*, *champêtre*, *laborieux*, *grasse*, *agreste*, *frais*, *délectable*, etc. Cette observation tombe avec la même justesse sur tous les idiomes connus. La lettre *A* ayant été découverte la première, comme étant la première émission naturelle de la voix, les hommes, alors pasteurs, l'ont employée dans les mots qui composoient le simple dictionnaire de leur vie. L'égalité de leurs mœurs, et le peu de

Observez ensuite le naturel des plaintes du Cyclope. Polyphème parle du cœur, et l'on ne se doute pas un moment que ses soupirs ne sont que l'imitation d'un poëte. Avec quelle naïveté passionnée le malheureux amant ne fait-il point la peinture de sa propre laideur? Il n'y a pas jusqu'à cet œil effroyable dont Théocrite n'ait su tirer un trait touchant; tant est vraie la remarque d'Aristote, si bien rendue par ce Despréaux, qui eut du génie à force d'avoir de la raison :

> D'un pinceau délicat l'artifice agréable
> Du plus affreux objet fait un objet aimable.

On sait que les modernes, et surtout les François, ont peu réussi dans le genre pastoral[1]. Cependant Bernardin de Saint-Pierre nous semble avoir surpassé les bucoliastes de l'Italie et de la

---

variété de leurs idées nécessairement teintes des images des champs, devoient aussi rappeler le retour des mêmes sons dans le langage. Le son de l'*A* convient au calme d'un cœur champêtre et à la paix des tableaux rustiques. L'accent d'une âme passionnée est aigu, sifflant, précipité, l'*A* est trop long pour elle : il faut une bouche pastorale, qui puisse prendre le temps de le prononcer avec lenteur. Mais toutefois il entre fort bien encore dans les plaintes, dans les larmes amoureuses, et dans les naïfs *hélas* d'un chevrier. Enfin, la nature fait entendre cette lettre rurale dans ses bruits, et une oreille attentive peut la reconnoître diversement accentuée, dans les murmures de certains ombrages, comme dans celui du tremble et du lierre, dans la première voix, ou dans la finale du bêlement des troupeaux, et, la nuit, dans les aboiements du chien rustique.

[1] La révolution nous a enlevé un homme qui promettoit un rare talent dans l'églogue : c'étoit M. André Chénier*. Nous avons vu

* Voyez la note B, à la fin du volume.

Grèce. Son roman, ou plutôt son poëme de *Paul et Virginie* est du petit nombre de ces livres qui deviennent assez antiques en peu d'années pour qu'on ose les citer sans craindre de compromettre son jugement.

CHAPITRE VII.

SUITE DU PRÉCÉDENT.

PAUL ET VIRGINIE[1].

Le vieillard, assis sur la montagne, fait l'histoire des deux familles exilées ; il raconte les travaux, les amours, les soucis de leur vie :

Paul et Virginie n'avoient ni horloges, ni almanachs, ni livres de chronologie, d'histoire et de philosophie. Les périodes de leur vie se régloient sur celles de la nature. Ils connoissoient les heures du jour par l'ombre des arbres ; les saisons, par le temps où elles donnent leurs fleurs ou leurs fruits ; et les années, par le nombre de leurs récoltes. Ces douces images répandoient les plus grands charmes dans leurs conversations. « Il est temps de dîner, disoit Virginie à la famille, les ombres des bananiers sont à leurs pieds, » ou bien : « La

---

de lui un recueil d'idylles manuscrites, où l'on trouve des choses dignes de Théocrite. Cela explique le mot de cet infortuné jeune homme sur l'échafaud ; il disoit, en se frappant le front : *Mourir! j'avois quelque chose là!* C'étoit la muse qui lui révéloit son talent au moment de la mort.

[1] Il eût été peut-être plus exact de comparer *Daphnis et Chloé* à *Paul et Virginie;* mais ce roman est trop libre pour être cité.

nuit s'approche, les tamarins ferment leurs feuilles. — Quand viendrez-vous nous voir? lui disoient quelques amies du voisinage. — Aux canes de sucre, répondoit Virginie. — Votre visite nous sera encore plus douce et plus agréable, » reprenoient ces jeunes filles. Quand on l'interrogeoit sur son âge et sur celui de Paul : « Mon frère, disoit-elle, est de l'âge du grand cocotier de la fontaine, et moi de celui du plus petit. Les manguiers ont donné douze fois leurs fruits, et les orangers vingt-quatre fois leurs fleurs, depuis que je suis au monde. » Leur vie sembloit attachée à celle des arbres, comme celle des faunes et des dryades. Ils ne connoissoient d'autres époques historiques que celles de la vie de leurs mères, d'autre chronologie que celle de leurs vergers, et d'autre philosophie que de faire du bien à tout le monde, et de se résigner à la volonté de Dieu.
. . . .
Quelquefois, seul avec elle (*Virginie*), il (*Paul*) lui disoit au retour de ses travaux : « Lorsque je suis fatigué, ta vue me délasse. Quand, du haut de la montagne, je t'aperçois au fond de ce vallon, tu me parois, au milieu de nos vergers, comme un bouton de rose. . . . . Quoique je te perde de vue à travers les arbres, je n'ai pas besoin de te voir pour te retrouver : quelque chose de toi que je ne puis dire reste pour moi dans l'air où tu passes, sur l'herbe où tu t'assieds. . . . . Dis-moi par quel charme tu as pu m'enchanter. Est-ce par ton esprit? Mais nos mères en ont plus que nous deux. Est-ce par tes caresses ? Mais elles m'embrassent plus souvent que toi. Je crois que c'est par ta bonté. Tiens, ma bien-aimée, prends cette branche fleurie de citronnier, que j'ai cueillie dans la forêt. Tu la mettras la nuit près de ton lit. Mange ce rayon de miel, je l'ai

pris pour toi au haut d'un rocher; mais auparavant repose-toi sur mon sein, et je serai délassé. »

Virginie lui répondoit : « O mon frère ! les rayons de soleil au matin, au haut de ces rochers, me donnent moins de joie que ta présence. . . . .
. . . .
Tu me demandes pourquoi tu m'aimes ? Mais tout ce qui a été élevé ensemble s'aime. Vois nos oiseaux : élevés dans les mêmes nids, ils s'aiment comme nous; ils sont toujours ensemble comme nous. Écoute comme ils s'appellent et se répondent d'un arbre à un autre. De même, quand l'écho me fait entendre les airs que tu joues sur ta flûte, j'en répète les paroles au fond de ce vallon. . . . .
. . . .
Je prie Dieu tous les jours pour ma mère, pour la tienne, pour toi, pour nos pauvres serviteurs; mais quand je prononce ton nom, il me semble que ma dévotion augmente. Je demande si instamment à Dieu qu'il ne t'arrive pas de mal ! Pourquoi vas-tu si loin et si haut me chercher des fruits et des fleurs ? N'en avons-nous pas assez dans le jardin ! Comme te voilà fatigué ! tu es tout en nage. » Et avec son petit mouchoir blanc elle lui essuyoit le front et les joues, et elle lui donnoit plusieurs baisers.

Ce qu'il nous importe d'examiner dans cette peinture, ce n'est pas pourquoi elle est supérieure au tableau de *Galatée* (supériorité trop évidente pour n'être pas reconnue de tout le monde), mais pourquoi elle doit son excellence à la religion, et en un mot, comment elle est chrétienne.

Il est certain que le charme de *Paul et Virginie*

consiste en une certaine morale mélancolique, qui brille dans l'ouvrage, et qu'on pourroit comparer à cet éclat uniforme que la lune répand sur une solitude parée de fleurs. Or, quiconque a médité l'Évangile doit convenir que ses préceptes divins ont précisément ce caractère triste et tendre. Bernardin de Saint-Pierre, qui, dans ses *Études de la Nature*, cherche à justifier les voies de Dieu, et à prouver la beauté de la religion, a dû nourrir son génie de la lecture des livres saints. Son églogue n'est si touchante que parce qu'elle représente deux familles chrétiennes exilées, vivant sous les yeux du Seigneur, entre sa parole dans la Bible, et ses ouvrages dans le désert. Joignez-y l'indigence et ces infortunes de l'âme dont la religion est le seul remède, et vous aurez tout le sujet du poëme. Les personnages sont aussi simples que l'intrigue : ce sont deux beaux enfants dont on aperçoit le berceau et la tombe, deux fidèles esclaves et deux pieuses maîtresses. Ces honnêtes gens ont un historien digne de leur vie : un vieillard demeuré seul dans la montagne, et qui survit à ce qu'il aima, raconte à un voyageur les malheurs de ses amis, sur les débris de leurs cabanes.

Ajoutons que ces bucoliques australes sont pleines du souvenir des Écritures. Là c'est Ruth, là Séphora, ici Éden et nos premiers pères : ces sacrées réminiscences vieillissent pour ainsi dire les mœurs du tableau, en y mêlant les mœurs de l'antique Orient. La messe, les prières, les sacrements, les cérémonies de l'Église, que l'auteur rappelle à tous moments, augmentent aussi les beautés religieuses de l'ouvrage. Le songe de madame de Latour n'est-il pas essentiellement lié à ce que nos dogmes ont de plus grand et de plus attendrissant ? On reconnoît encore le chrétien dans ces préceptes de résignation à la volonté de Dieu, d'obéissance à ses parents, de charité envers les pauvres, en un mot, dans cette douce théologie que respire le poëme de Bernardin de Saint-Pierre. Il y a plus; c'est en effet la religion qui détermine la catastrophe : Virginie meurt pour conserver une des premières vertus recommandées par l'Évangile. Il eût été absurde de faire mourir une Grecque pour ne vouloir pas dépouiller ses vêtements. Mais l'amante de Paul est une vierge *chrétienne*, et le dénoûment, ridicule sous une croyance moins pure, devient ici sublime.

Enfin, cette pastorale ne ressemble ni aux idylles de Théocrite, ni aux églogues de Virgile, ni tout-à-fait aux grandes scènes rustiques d'Hésiode, d'Homère et de la Bible : mais elle rappelle quelque chose d'ineffable, comme la parabole du *bon Pasteur*, et l'on sent qu'il n'y a qu'un chrétien qui ait pu soupirer les évangéliques amours de Paul et de Virginie.

On nous fera peut-être une objection : on dira que ce n'est pas le charme emprunté des livres saints qui donne à Bernardin de Saint-Pierre la supériorité sur Théocrite, mais son talent pour peindre la nature. Eh bien! nous répondrons qu'il doit encore ce talent, ou du moins le développement de ce talent, au christianisme; car cette religion, chassant de petites divinités des bois et des eaux, a seule rendu au poëte la liberté de représenter les déserts dans leur majesté primitive. C'est ce que nous essaierons de prouver quand nous traiterons de la Mythologie ; à présent nous allons continuer notre examen des passions.

CHAPITRE VIII.

LA RELIGION CHRÉTIENNE CONSIDÉRÉE ELLE-MÊME COMME PASSION.

Non content d'augmenter le jeu des passions dans le drame et dans l'épopée, la religion chrétienne est elle-même une sorte de passion qui a ses transports, ses ardeurs, ses soupirs, ses joies, ses larmes, ses amours du monde et du désert. Nous savons que le siècle appelle cela le *fanatisme*; nous pourrions lui répondre par ces paroles de Rousseau: « Le fanatisme, quoique *sanguinaire et cruel*[1], est pourtant une passion grande et forte, qui élève le cœur de l'homme, et qui lui fait mépriser la mort, qui lui donne un ressort prodigieux, et qu'il ne faut que mieux diriger pour en tirer les plus sublimes vertus; au lieu que l'*irréligion*, et en général l'esprit *raisonneur et philosophique*, attache à la vie, efférmine, avilit les âmes, concentre toutes les passions dans la bassesse de l'intérêt particulier,

---

[1] La *philosophie* l'est-elle moins?

dans l'abjection du moi humain, et sape ainsi à petit bruit les vrais fondements de toute société : car ce que les intérêts particuliers ont de commun est si peu de chose qu'il ne balancera jamais ce qu'ils ont d'opposé[1]. »

Mais ce n'est pas encore là la question : il ne s'agit à présent que d'effets dramatiques. Or, le christianisme, considéré lui-même comme passion, fournit des trésors immenses au poëte. Cette passion religieuse est d'autant plus énergique, qu'elle est en contradiction avec toutes les autres, et que, pour subsister, il faut qu'elle les dévore. Comme toutes les grandes affections, elle a quelque chose de sérieux et de triste; elle nous traîne à l'ombre des cloîtres et sur les montagnes. La beauté que le chrétien adore n'est pas une beauté périssable : c'est cette éternelle beauté, pour qui les disciples de Platon se hâtoient de quitter la terre. Elle ne se montre à ses amants ici-bas que voilée; elle s'enveloppe dans les replis de l'univers comme dans un manteau; car, si un seul de ses regards tomboit directement sur le cœur de l'homme, il ne pourroit le soutenir : il se fendroit de délices.

Pour arriver à la jouissance de cette beauté suprême, les chrétiens prennent une autre route que les philosophes d'Athènes : ils restent dans ce monde afin de multiplier les sacrifices, et de se rendre plus dignes, par une longue purification, de l'objet de leurs désirs.

---

[1] *Emile*, tom. III, pag. 193, liv. IV, note

Quiconque, selon l'expression des Pères, n'eut avec son corps que le moins de commerce possible, et descendit vierge au tombeau, celui-là, délivré de ses craintes et de ses doutes, s'envole au *lieu de vie*, où il contemple à jamais ce qui est vrai, toujours le même, et au-dessus de l'opinion. Que de martyrs cette espérance de posséder Dieu n'a-t-elle point faits! Quelle solitude n'a point entendu les soupirs de ces rivaux qui se disputoient entre eux l'objet des adorations des séraphins et des anges! Ici, c'est un Antoine qui élève un autel au désert, et qui, pendant quarante ans, s'immole inconnu des hommes; là, c'est un saint Jérôme, qui quitte Rome, traverse les mers, et va, comme Élie, chercher une retraite au bord du Jourdain. L'enfer ne l'y laisse pas tranquille, et la figure de Rome, avec tous ses charmes, lui apparoît pour le tourmenter. Il soutient des assauts terribles, il combat corps à corps avec ses passions. Ses armes sont les pleurs, les jeûnes, l'étude, la pénitence, et surtout l'amour. Il se précipite aux pieds de la beauté divine, il lui demande de le secourir. Quelquefois, comme un forçat, il charge ses épaules d'un lourd fardeau, pour dompter une chair révoltée, et éteindre dans les sueurs les infidèles désirs qui s'adressent à la créature.

Massillon, peignant cet amour, s'écrie : « Le Seigneur tout seul[1] lui paroît bon, véritable, fidèle, constant dans ses promesses, aimable dans ses mé-

---

[1] Le jeudi de la Passion, *la Pécheresse*, première partie.

nagements, magnifique dans ses dons, réel dans sa tendresse, indulgent même dans sa colère, seul assez grand pour remplir toute l'immensité de notre cœur, seul assez puissant pour en satisfaire tous les désirs, seul assez généreux pour en adoucir toutes les peines, seul immortel, et qu'on aimera toujours; enfin le seul qu'on ne se repent jamais que d'avoir aimé trop tard. »

L'auteur de l'*Imitation de Jésus-Christ* a recueilli chez saint Augustin, et dans les autres Pères, ce que le langage de l'amour divin a de plus mystique et de plus brûlant[1].

« Certes, l'amour est une grande chose, l'amour est un bien admirable, puisque lui seul rend léger ce qui est pesant, et qu'il souffre avec une égale tranquillité les divers accidents de cette vie : il porte sans peine ce qui est pénible, et il rend doux et agréable ce qui est amer.

« L'amour de Dieu est généreux, il pousse les âmes à de grandes actions, et les excite à désirer ce qu'il y a de plus parfait.

« L'amour tend toujours en haut, et il ne souffre point d'être retenu par les choses basses.

« L'amour veut être libre et dégagé des affections de la terre, de peur que sa lumière intérieure ne se trouve offusquée, et qu'il ne se trouve ou embarrassé dans les biens, ou abattu par les maux du monde.

« Il n'y a rien, ni dans le ciel ni sur la terre, qui

---

[1] *Imitation de Jésus-Christ*, liv. III, chap. V.

soit ou plus doux, ou plus fort, ou plus élevé, ou plus étendu, ou plus agréable, ou plus plein, ou meilleur que l'amour, parce que l'amour est né de Dieu, et que s'élevant au-dessus de toutes les créatures, il ne peut se reposer qu'en Dieu.

« Celui qui aime est toujours dans la joie : il court, il vole, il est libre, et rien ne le retient; il donne tout pour tous, et possède tout en tous, parce qu'il se repose dans ce bien unique et souverain qui est au-dessus de tout, et d'où découlent et procèdent tous les biens.

« Il ne s'arrête jamais aux dons qu'on lui fait; mais il s'élève de tout son cœur vers celui qui les lui donne.

« Il n'y a que celui qui aime qui puisse comprendre les cris de l'amour, et ces paroles de feu, qu'une âme vivement touchée de Dieu lui adresse, lorsqu'elle lui dit : Vous êtes mon Dieu, vous êtes mon amour, vous êtes tout à moi, et je suis tout à vous.

« Entendez mon cœur afin qu'il vous aime davantage, et que j'apprenne, par un goût intérieur et spirituel, combien il est doux de vous aimer, de nager et de se perdre, pour ainsi dire, dans cet océan de votre amour.

« Celui qui aime généreusement, ajoute l'auteur de l'*Imitation*, demeure ferme dans les tentations, et ne se laisse point surprendre aux persuasions artificieuses de son ennemi. »

Et c'est cette passion chrétienne, c'est cette querelle immense entre les amours de la terre et les amours du ciel, que Corneille a peint dans cette scène de *Polyeucte*[1] (car ce grand homme, moins délicat que les esprits du jour, n'a pas trouvé le christianisme au-dessous de son génie):

POLYEUCTE.

. . . .
. . . .
Si mourir pour son prince est un illustre sort,
Quand on meurt pour son Dieu, quelle sera la mort!

PAULINE.

Quel Dieu?

POLYEUCTE.

   Tout beau, Pauline, il entend vos paroles;
Et ce n'est pas un Dieu comme vos dieux frivoles,
Insensibles et sourds, impuissants, mutilés,
De bois, de marbre ou d'or, comme vous le voulez;
C'est le Dieu des chrétiens, c'est le mien, c'est le vôtre;
Et la terre et le ciel n'en connoissent point d'autre.

PAULINE.

Adorez-le dans l'âme, et n'en témoignez rien.

POLYEUCTE.

Que je sois tout ensemble idolâtre et chrétien!

PAULINE.

Ne feignez qu'un moment, laissez partir Sévère,
Et donnez lieu d'agir aux bontés de mon père.

POLYEUCTE.

Les bontés de mon Dieu sont bien plus à chérir.
Il m'ôte des dangers que j'aurois pu courir;
Et sans me laisser lieu de tourner en arrière,
Sa faveur me couronne, entrant dans la carrière;
Du premier coup de vent il me conduit au port,
Et sortant du baptême il m'envoie à la mort.
Si vous pouviez comprendre et le peu qu'est la vie,
Et de quelles douceurs cette mort est suivie!

. . . .

---

[1] Acte IV, scène III.

Seigneur, de vos bontés il faut que je l'obtienne,
Elle a trop de vertu pour n'être pas chrétienne;
Avec trop de mérite il vous plut la former
Pour ne vous pas connoître et ne vous pas aimer,
Pour vivre des enfers esclave infortunée,
Et sous leur triste joug mourir comme elle est née!

PAULINE.

Que dis-tu, malheureux! qu'oses-tu souhaiter?

POLYEUCTE.

Ce que de tout mon sang je voudrois acheter.

PAULINE.

Que plutôt!...

POLYEUCTE.

C'est en vain qu'on se met en défense;
Ce Dieu touche les cœurs lorsque moins on y pense.
Ce bienheureux moment n'est pas encore venu;
Il viendra; mais le temps ne m'en est pas connu.

PAULINE.

Quittez cette chimère, et m'aimez.

POLYEUCTE.

Je vous aime
Beaucoup moins que mon Dieu, mais bien plus que moi-même.

PAULINE.

Au nom de cet amour, ne m'abandonnez pas.

POLYEUCTE.

Au nom de cet amour, daignez suivre mes pas.

PAULINE.

C'est peu de me quitter, tu veux donc me séduire?

POLYEUCTE.

C'est peu d'aller au ciel, je veux vous y conduire.

PAULINE.

Imaginations!

POLYEUCTE.

Célestes vérités!

PAULINE.

Étrange aveuglement!

POLYEUCTE.

Éternelles clartés!

PAULINE.

Tu préfères la mort à l'amour de Pauline !

POLYEUCTE.

Vous préférez le monde à la bonté divine, etc., etc.

Voilà ces admirables dialogues, à la manière de Corneille, où la franchise de la repartie, la rapidité du tour et la hauteur des sentiments ne manquent jamais de ravir le spectateur. Que Polyeucte est sublime dans cette scène ! Quelle grandeur d'âme, quel divin enthousiasme, quelle dignité ! La gravité et la noblesse du caractère chrétien sont marquées jusque dans ces *vous* opposés aux *tu* de la fille de Félix : cela seul met déjà tout un monde entre le martyr Polyeucte et la païenne Pauline.

Enfin, Corneille a deployé la puissance de la passion chrétienne dans ce *dialogue admirable et toujours applaudi*, comme parle Voltaire.

Félix propose à Polyeucte de sacrifier aux faux dieux ; Polyeucte le refuse.

FÉLIX.

Enfin ma bonté cède à ma juste fureur :
Adore-les, ou meurs.

POLYEUCTE.

Je suis chrétien.

FÉLIX.

Impie !
Adore-les, te dis-je, ou renonce à la vie.

POLYEUCTE.

Je suis chrétien.

FÉLIX.

Tu l'es ? O cœur trop obstiné !
Soldats, exécutez l'ordre que j'ai donné.

PAULINE.

Où le conduisez-vous?

FÉLIX.

A la mort.

POLYEUCTE.

A la gloire [1].

Ce mot, *je suis chrétien*, deux fois répété, égale les plus beaux mots des *Horaces*. Corneille, qui se connoissoit si bien en sublime, a senti que l'amour pour la religion pouvoit s'élever au dernier degré d'enthousiasme, puisque le chrétien aime Dieu comme la souveraine beauté, et le ciel comme sa patrie.

Qu'on essaie maintenant de donner à un idolâtre quelque chose de l'ardeur de Polyeucte. Sera-ce pour une déesse impudique qu'il se passionnera, ou pour un dieu abominable qu'il courra à la mort? Les religions qui peuvent échauffer les âmes sont celles qui se rapprochent plus ou moins du dogme de l'unité d'un Dieu; autrement, le cœur et l'esprit, partagés entre une multitude de divinités, ne peuvent aimer fortement ni les unes ni les autres. Il ne peut, en outre, y avoir d'amour durable que pour la vertu : la passion dominante de l'homme sera toujours la vérité; quand il aime l'erreur, c'est que cette erreur, au moment qu'il y croit, est pour lui comme une chose vraie. Nous ne chérissons pas le mensonge, bien que nous y tombions sans

[1] Acte v, scène III.

cesse; cette foiblesse ne nous vient que de notre dégradation originelle; nous avons perdu la puissance en conservant le désir, et notre cœur cherche encore la lumière que nos yeux n'ont plus la force de supporter.

La religion chrétienne, en nous rouvrant, par les mérites du fils de l'Homme, les routes éclatantes que la mort avoit couvertes de ses ombres, nous a rappelés à nos primitives amours. Héritier des bénédictions de Jacob, le chrétien brûle d'entrer dans cette Sion céleste, vers qui montent ses soupirs. Et c'est cette passion que nos poëtes peuvent chanter, à l'exemple de Corneille; source de beautés, que les anciens temps n'ont point connue, et que n'auroient pas négligée les Sophocle et les Euripide.

CHAPITRE IX.

DU VAGUE DES PASSIONS.

Il reste à parler de l'état de l'âme qui, ce nous semble, n'a pas encore été bien observé : c'est celui qui précède le développement des passions, lorsque nos facultés, jeunes, actives, entières, mais renfermées, ne se sont exercées que sur elles-mêmes, sans but et sans objet. Plus les peuples avancent en civilisation, plus cet état du *vague* des passions augmente; car il arrive alors une chose fort triste : le grand nombre d'exemples qu'on a sous les yeux, la multitude de livres qui traitent de l'homme et de ses sentiments, rendent habile sans expérience. On est détrompé sans avoir joui; il reste encore des désirs, et l'on n'a plus d'illusions. L'imagination est riche, abondante et merveilleuse; l'existence pauvre, sèche et désenchantée. On habite, avec un cœur plein, un monde vide; et, sans avoir usé de rien, on est désabusé de tout.

L'amertume que cet état de l'âme répand sur la vie est incroyable; le cœur se retourne et se replie en cent manières, pour employer des forces qu'il sent lui être inutiles. Les anciens ont peu connu cette inquiétude secrète, cette aigreur des passions étouffées qui fermentent toutes ensemble : une grande existence politique, les jeux du gymnase et du Champ-de-Mars, les affaires du Forum et de la place publique, remplissoient leurs moments, et ne laissoient aucune place aux ennuis du cœur.

D'une autre part, ils n'étoient pas enclins aux exagérations, aux espérances, aux craintes sans objet, à la mobilité des idées et des sentiments, à la perpétuelle inconstance, qui n'est qu'un dégoût constant; dispositions que nous acquérons dans la société des femmes. Les femmes, indépendamment de la passion directe qu'elles font naître chez les peuples modernes, influent encore sur les autres sentiments. Elles ont dans leur existence un certain abandon qu'elles font passer dans le nôtre; elles rendent notre caractère d'homme moins décidé; et nos passions, amollies par le mélange des leurs, prennent à la fois quelque chose d'incertain et de tendre.

Enfin, les Grecs et les Romains, n'étendant guère leurs regards au-delà de la vie, et ne soupçonnant point des plaisirs plus parfaits que ceux de ce monde, n'étoient point portés, comme nous, aux méditations et aux désirs par le caractère de leur culte. Formée pour nos misères et pour nos besoins, la religion chrétienne nous offre sans cesse le double tableau des chagrins de la terre et des joies célestes; et, par ce moyen, elle fait dans le cœur une source de maux présents et d'espérances lointaines, d'où découlent d'inépuisables rêveries. Le chrétien se regarde toujours comme un voyageur qui passe ici-bas dans une vallée de larmes, et qui ne se repose qu'au tombeau. Le monde n'est point l'objet de ses vœux, car il sait que l'*homme vit peu de jours*, et que cet objet lui échapperoit vite.

Les persécutions qu'éprouvèrent les premiers fidèles augmentèrent en eux ce dégoût des choses de la vie. L'invasion des Barbares y mit le comble, et l'esprit humain en reçut une impression de tristesse, et peut-être même une teinte de misanthropie qui ne s'est jamais bien effacée. De toutes parts s'élevèrent des couvents, où se retirèrent des malheureux trompés par le monde, et des âmes qui aimoient mieux ignorer certains sentiments de la vie que de s'exposer à les voir cruellement trahis. Mais, de nos jours, quand les monastères ou la vertu qui y conduit ont manqué à ces âmes ardentes, elles se sont trouvées étrangères au milieu des hommes. Dégoûtées par leur siècle, effrayées par leur religion, elles sont restées dans le monde sans se livrer au monde : alors elles sont devenues la proie de mille chimères; alors on a vu naître cette coupable mélancolie qui s'engendre au milieu des passions, lorsque ces passions, sans objet, se consument d'elles-mêmes dans un cœur solitaire [1].

[1] Ici se trouvoit l'épisode de *René*, formant le quatrième livre de la seconde partie du *Génie du Christianisme*.

FIN DU TROISIÈME LIVRE DE LA SECONDE PARTIE.

SECONDE PARTIE.
POÉTIQUE DU CHRISTIANISME.

LIVRE QUATRIÈME.
DU MERVEILLEUX,
ou
DE LA POÉSIE DANS SES RAPPORTS AVEC LES ÊTRES SURNATURELS.

CHAPITRE PREMIER.
QUE LA MYTHOLOGIE RAPETISSOIT LA NATURE ;
QUE LES ANCIENS N'AVOIENT POINT DE POÉSIE PROPREMENT DITE DESCRIPTIVE.

Nous avons fait voir dans les livres précédents que le christianisme, en se mêlant aux affections de l'âme, a multiplié les ressorts dramatiques. Encore une fois, le polythéisme ne s'occupoit point des vices et des vertus; il étoit totalement séparé de la morale. Or, voilà un côté immense que la religion chrétienne embrasse de plus que l'idolâtrie. Voyons si dans ce qu'on appelle le *merveilleux* elle ne le dispute point en beauté à la mythologie même.

Nous ne nous dissimulons pas que nous avons à combattre ici un des plus anciens préjugés de l'école. Les autorités sont contre nous, et l'on peut nous citer vingt vers de l'*Art poétique* qui nous condamnent :

<blockquote>
Et quel objet enfin à présenter aux yeux, etc.
C'est donc bien vainement que nos auteurs déçus, etc.
</blockquote>

Quoi qu'il en soit, il n'est pas impossible de soutenir que la mythologie si vantée, loin d'embellir la nature, en détruit les véritables charmes, et nous croyons que plusieurs littérateurs distingués sont à présent de cet avis.

Le plus grand et le premier vice de la mythologie étoit d'abord de rapetisser la nature et d'en bannir la vérité. Une preuve incontestable de ce fait, c'est que la poésie que nous appelons *descriptive* a été inconnue de l'antiquité [1] ; les poètes même qui ont chanté la nature, comme Hésiode, Théocrite et Virgile, n'en ont point fait de *description* dans le sens que nous attachons à ce mot. Ils nous ont sans doute laissé d'admirables peintures des travaux, des mœurs et du bonheur de la vie

---

[1] Voyez la note C, à la fin du volume.

rustique; mais quant à ces tableaux des campagnes, des saisons, des accidents du ciel, qui ont enrichi la muse moderne, on en trouve à peine quelques traits dans leurs écrits.

Il est vrai que ce peu de traits est excellent comme le reste de leurs ouvrages. Quand Homère a décrit la grotte du Cyclope, il ne l'a pas tapissée de *lilas* et de *roses;* il y a planté, comme Théocrite, des *lauriers* et de *longs pins.* Dans les jardins d'Alcinoüs, il fait couler des fontaines et fleurir des arbres utiles; il parle ailleurs de la colline *battue des vents et couverte de figuiers,* et il représente la fumée des palais de Circé s'élevant au-dessus d'une forêt de chênes.

Virgile a mis la même vérité dans ses peintures. Il donne au pin l'épithète d'*harmonieux*, parce qu'en effet le pin a une sorte de doux gémissement quand il est foiblement agité; les nuages, dans les *Géorgiques*, sont comparés à des flocons de laine roulés par les vents, et les hirondelles, dans l'*Énéide*, gazouillent sous le chaume du roi Évandre, ou rasent les portiques des palais. Horace, Tibulle, Properce, Ovide, ont aussi crayonné quelques vues de la nature; mais ce n'est jamais qu'un ombrage favorisé de Morphée, un vallon où Cythérée doit descendre, une fontaine où Bacchus repose dans le sein des naïades.

L'âge philosophique de l'antiquité ne changea rien à cette manière. L'Olympe, auquel on ne croyoit plus, se réfugia chez les poëtes, qui protégèrent à leur tour les dieux qui les avoient protégés. Stace et Silius Italicus n'ont pas été plus loin qu'Homère et Virgile en poésie descriptive ; Lucain seul avoit fait quelque progrès dans cette carrière, et l'on trouve dans la *Pharsale* la peinture d'une forêt et d'un désert qui rappelle les couleurs modernes [1].

Enfin les naturalistes furent aussi sobres que les poëtes, et suivirent à peu près la même progression. Ainsi Pline et Columelle, qui vinrent les derniers, se sont plus attachés à décrire la nature qu'Aristote. Parmi les historiens et les philosophes, Xénophon, Tacite, Plutarque, Platon et Pline le jeune [2] se font remarquer par quelques beaux tableaux.

On ne peut guère supposer que des hommes aussi sensibles que les anciens eussent manqué d'yeux pour voir la nature, et de talent pour la peindre, si quelque cause puissante ne les avoit aveuglés. Or cette cause étoit la mythologie, qui, peuplant l'univers d'élégants fantômes, ôtoit à la création sa gravité, sa grandeur et sa solitude. Il a fallu que le christianisme vînt chasser ce peuple de faunes, de satyres et de nymphes, pour rendre aux grottes leur silence, et aux bois leur rêverie. Les déserts ont pris sous notre culte un caractère

---

[1] Cette description est pleine d'enflure et de mauvais goût ; mais il ne s'agit ici que du genre, et non de l'exécution du morceau.

[2] Voyez, dans XÉNOPHON, *la Retraite des Dix-Mille* et le *Traité de la chasse* ; dans TACITE, la description du camp abandonné où Varus fut massacré avec ses légions (*Annal.*, liv. I) ; dans PLUTARQUE, la *Vie de Brutus et de Pompée* ; dans PLATON, l'ouverture du *Dialogue des lois* ; dans PLINE, la description de son jardin.

plus triste, plus grave, plus sublime ; le dôme des forêts s'est exhaussé ; les fleuves ont brisé leurs petites urnes, pour ne plus verser que les eaux de l'abîme du sommet des montagnes : le vrai Dieu, en rentrant dans ses œuvres, a donné son immensité à la nature.

Le spectacle de l'univers ne pouvoit faire sentir aux Grecs et aux Romains les émotions qu'il porte à notre âme. Au lieu de ce soleil couchant, dont le rayon allongé tantôt illumine une forêt, tantôt forme une tangente d'or sur l'arc roulant des mers ; au lieu de ces accidents de lumière qui nous retracent chaque matin le miracle de la création, les anciens ne voyoient partout qu'une uniforme machine d'opéra.

Si le poëte s'égaroit dans les vallées du Taygète, au bord du Sperchius, sur le Ménale aimé d'Orphée, ou dans les campagnes d'Élore, malgré la douceur de ces dénominations, il ne rencontroit que des faunes, il n'entendoit que des dryades : Priape étoit là sur un tronc d'olivier, et Vertumne avec les zéphyrs menoit des danses éternelles. Des sylvains et des naïades peuvent frapper agréablement l'imagination, pourvu qu'ils ne soient pas sans cesse reproduits ; nous ne voulons point

> . . . . . . Chasser les tritons de l'empire des eaux,
> Oter à Pan sa flûte, aux Parques leurs ciseaux...

Mais enfin, qu'est-ce que tout cela laisse au fond de l'âme ? qu'en résulte-t-il pour le cœur ? quel fruit peut en tirer la pensée ? Oh ! que le poëte chrétien est plus favorisé dans la solitude où Dieu se promène avec lui ! Libres de ce troupeau de dieux ridicules qui les bornoient de toutes parts, les bois se sont remplis d'une Divinité immense. Le don de prophétie et de sagesse, le mystère et la religion, semblent résider éternellement dans leurs profondeurs sacrées.

Pénétrez dans ces forêts américaines aussi vieilles que le monde : quel profond silence dans ces retraites quand les vents reposent ! quelles voix inconnues quand les vents viennent à s'élever ! Êtes-vous immobile, tout est muet ; faites-vous un pas, tout soupire. La nuit s'approche, les ombres s'épaississent : on entend des troupeaux de bêtes sauvages passer dans les ténèbres ; la terre murmure sous vos pas ; quelques coups de foudre font mugir les déserts ; la forêt s'agite, les arbres tombent, un fleuve inconnu coule devant vous. La lune sort enfin de l'Orient ; à mesure que vous passez au pied des arbres, elle semble errer devant vous dans leur cime et suivre tristement vos yeux. Le voyageur s'assied sur le tronc d'un chêne pour attendre le jour ; il regarde tour à tour l'astre des nuits, les ténèbres, le fleuve ; il se sent inquiet, agité, et, dans l'attente de quelque chose d'inconnu, un plaisir inouï, une crainte extraordinaire, font palpiter son sein, comme s'il alloit être admis à quelque secret de la Divinité : il est seul au fond des forêts ; mais l'esprit de l'homme remplit aisément les espaces de la nature, et toutes les solitudes de la terre sont moins vastes qu'une seule pensée de son cœur.

Oui, quand l'homme renieroit la Divinité, l'être pensant, sans cortége et sans spectateur, seroit encore plus auguste au milieu des mondes solitaires que s'il y paroissoit environné des petites déités de la fable; le désert vide auroit encore quelques convenances avec l'étendue de ses idées, la tristesse de ses passions et le dégoût même d'une vie sans illusion et sans espérance.

Il y a dans l'homme un instinct qui le met en rapport avec les scènes de la nature. Eh! qui n'a passé des heures entières assis sur le rivage d'un fleuve, à voir s'écouler les ondes! Qui ne s'est plu, au bord de la mer, à regarder blanchir l'écueil éloigné! Il faut plaindre les anciens, qui n'avoient trouvé dans l'Océan que le palais de Neptune et la grotte de Protée; il étoit dur de ne voir que les aventures des tritons et des néréides dans cette immensité des mers, qui semble nous donner une mesure confuse de la grandeur de notre âme, dans cette immensité qui fait naître en nous un vague désir de quitter la vie pour embrasser la nature et nous confondre avec son auteur.

CHAPITRE II.

DE L'ALLÉGORIE.

Mais quoi! dira-t-on, ne trouvez-vous rien de beau dans les allégories antiques?

Il faut faire une distinction.

L'allégorie *morale*, comme celle des *Prières* dans Homère, est belle en tout temps, en tout pays, en toute religion : le christianisme ne l'a pas bannie. Nous pouvons, autant qu'il nous plaira, placer au pied du trône du souverain Arbitre les deux tonneaux du bien et du mal. Nous aurons même cet avantage, que notre Dieu n'agira pas injustement et au hasard, comme Jupiter : il répandra les flots de la douleur sur la tête des mortels, non par caprice, mais pour une fin à lui seul connue. Nous savons que notre bonheur ici-bas est coordonné à un bonheur général dans une chaîne d'êtres et de mondes qui se dérobent à notre vue; que l'homme, en harmonie avec les globes, marche d'un pas égal avec eux à l'accomplissement d'une révolution que Dieu cache dans son éternité.

Mais si l'allégorie *morale* est toujours existante pour nous, il n'en est pas ainsi de l'allégorie *physique*. Que Junon soit l'*air*, que Jupiter soit l'*éther*, et qu'ainsi frère et sœur ils soient encore époux et épouse, où est le charme de cette personnification ? Il y a plus : cette sorte d'allégorie est contre les principes du goût, et même de la saine logique.

On ne doit jamais personnifier qu'une *qualité* ou qu'une *affection* d'un être, et non pas cet *être lui-même*; autrement ce n'est plus une véritable personnification, c'est seulement avoir fait changer de nom à l'objet. Je peux faire prendre la parole à une pierre, mais que gagnerai-je à appeler cette pierre d'un nom allégorique ? Or, l'âme, dont la nature est la vie, a essentiellement la faculté de produire;

de sorte qu'un de ses vices, une de ses vertus, peuvent être considérés ou comme son *fils*, ou comme sa *fille*, puisqu'elle les a véritablement engendrés. Cette passion, active comme sa mère, peut à son tour croître, se développer, prendre des traits, devenir un être distinct. Mais l'*objet physique*, être passif de son essence, qui n'est susceptible ni de plaisir ni de douleur, qui n'a que des *accidents* et point de *passions*, et des accidents aussi morts que lui-même, ne présente rien qu'on puisse animer. Sera-ce la *dureté* du caillou, ou la *sève* du chêne, dont vous ferez un être allégorique ? Remarquez même que l'esprit est moins choqué de la création des *dryades*, des *naïades*, des *zéphyrs*, des *échos*, que de celle des nymphes attachées à des objets muets et immobiles : c'est qu'il y a dans les arbres, dans l'eau et dans l'air un mouvement et un bruit qui rappellent l'idée de la vie, et qui peuvent par conséquent fournir une allégorie comme le *mouvement* de l'âme. Mais, au reste, cette sorte de *petite allégorie* matérielle, quoiqu'un peu moins mauvaise que la *grande allégorie physique*, est toujours d'un genre médiocre, froid et incomplet; elle ressemble tout au plus aux fées des Arabes et aux génies des Orientaux.

Quant à ces dieux vagues que les anciens plaçoient dans les bois déserts et sur les sites agrestes, ils étoient d'un bel effet sans doute; mais ils ne tenoient plus au système mythologique : l'esprit humain retomboit ici dans la religion naturelle. Ce que le voyageur tremblant adoroit en passant dans ces solitudes étoit quelque chose d'*ignoré*, quelque chose dont il ne savoit point le nom, et qu'il appeloit la *Divinité du lieu;* quelquefois il lui donnoit le nom de Pan, et Pan étoit le *Dieu universel.* Ces grandes émotions qu'inspire la nature sauvage n'ont point cessé d'exister, et les bois conservent encore pour nous leur formidable divinité.

Enfin il est si vrai que l'*allégorie physique*, ou *les dieux de la fable*, détruisoient les charmes de la nature, que les anciens n'ont point eu de vrais peintres de paysage[1], par la même raison qu'ils n'avoient point de poésie descriptive. Or, chez les autres peuples idolâtres qui ont ignoré le système mythologique, cette poésie a plus ou moins été connue; c'est ce que prouvent les poëmes sanskrits, les contes arabes, les Edda, les chansons des Nègres et des Sauvages[2]. Mais, comme les nations infidèles ont toujours mêlé leur fausse religion (et par conséquent leur mauvais goût) à leurs ouvrages, ce n'est que sous le christianisme qu'on a su peindre la nature dans sa vérité.

---

[1] Les faits sur lesquels cette assertion est appuyée sont développés dans la note I, à la fin du volume.
[2] Voyez la note D, à la fin du volume.

CHAPITRE III.

PARTIE HISTORIQUE DE LA POÉSIE DESCRIPTIVE CHEZ LES MODERNES.

Les apôtres avoient à peine commencé de prêcher l'Évangile au monde, qu'on vit naître la poésie descriptive. Tout rentra dans la vérité *devant celui qui tient la place de la vérité sur la terre*, comme parle saint Augustin. La nature cessa de se faire entendre par l'organe mensonger des idoles; on connut ses fins, on sut qu'elle avoit été faite premièrement pour Dieu, et ensuite pour l'homme. En effet, elle ne dit jamais que deux choses : Dieu glorifié par ses œuvres, et les besoins de l'homme satisfaits.

Cette découverte fit changer de face à la création; par sa partie intellectuelle, c'est-à-dire par cette pensée de Dieu que la nature montre de toutes parts, l'âme reçut abondance de nourriture; et par la partie matérielle du monde, le corps s'aperçut que tout avoit été formé pour lui. Les vains simulacres attachés aux êtres insensibles s'évanouirent, et les rochers furent bien plus réellement animés, les chênes rendirent des oracles bien plus certains, les vents et les ondes élevèrent des voix bien plus touchantes, quand l'homme eut puisé dans son propre cœur la vie, les oracles et les voix de la nature.

Jusqu'à ce moment la solitude avoit été regardée comme affreuse; mais les chrétiens lui trouvèrent mille charmes. Les anachorètes écrivirent de la douceur du rocher et des délices de la contemplation : c'est le premier pas de la poésie descriptive. Les religieux qui publièrent la vie des Pères du désert furent à leur tour obligés de faire le tableau des retraites où ces illustres inconnus avoient caché leur gloire. On voit encore dans les ouvrages de saint Jérôme et de saint Athanase [1] des descriptions de la nature qui prouvent qu'ils savoient observer, et faire aimer ce qu'ils peignoient.

Ce nouveau genre, introduit par le christianisme dans la littérature, se développa rapidement. Il se répandit jusque dans le style historique, comme on le remarque dans la collection appelée *la Byzantine*, et surtout dans les histoires de Procope. Il se propagea de même, mais il se corrompit, parmi les romanciers grecs du Bas-Empire, et chez quelques poëtes latins en Occident [2].

Constantinople ayant passé sous le joug des Turcs, on vit se former en Italie une nouvelle poésie descriptive, composée des débris du génie maure, grec et italien. Pétrarque, l'Arioste et le Tasse l'élevèrent à un haut degré de perfection. Mais cette description manque de vérité. Elle consiste en quelques épithètes répétées sans fin, et toujours appliquées de la même manière. Il fut impossible de sortir d'un *bois touffu*, d'un *antre frais*, ou des bords d'une *claire fontaine*. Tout se remplit de bocages d'*orangers*, de berceaux de *jasmins* et de buissons de *roses*.

---

[1] Hieron., *in Vit. Paul.*; S. Athan., *in Vit. Anton.*
[2] Boece, etc.

Flore revint avec sa corbeille, et les éternels *zéphyrs* ne manquèrent pas de l'accompagner; mais ils ne retrouvèrent dans les bois ni les *naïades*, ni les *faunes;* et s'ils n'eussent rencontré les *fées* et les *géants* des Maures, ils couroient risque de se perdre dans cette immense solitude de la nature chrétienne. Quand l'esprit humain fait un pas, il faut que tout marche avec lui; tout change avec ses clartés ou ses ombres : ainsi il nous fait peine à présent d'admettre de petites divinités là où nous ne voyons plus que de grands espaces. On aura beau placer l'amante de Tithon sur un char, et la couvrir de fleurs et de rosée, rien ne peut empêcher qu'elle ne paroisse disproportionnée en promenant sa foible lumière dans ces cieux infinis que le christianisme a déroulés : qu'elle laisse donc le soin d'éclairer le monde à celui qui l'a fait.

Cette poésie descriptive *italienne* passa en France, et fut favorablement accueillie de Ronsard, de Lemoine, de Coras, de Saint-Amand, et de nos vieux romanciers. Mais les grands écrivains du siècle de Louis XIV, dégoûtés de ces peintures, où ils ne voyoient aucune vérité, les bannirent de leur prose et de leurs vers, et c'est un des caractères distinctifs de leurs ouvrages, qu'on n'y trouve presque aucune trace de ce que nous appelons *poésie descriptive*[1].

---

[1] Il faut en excepter Fénelon, La Fontaine et Chaulieu. Racine fils, père de cette nouvelle école poétique, dans laquelle M. Delille a excellé, peut être aussi regardé comme le fondateur de la poésie descriptive en France.

Ainsi repoussée en France, la muse des champs se réfugia en Angleterre, où Spencer, Waller et Milton l'avoient déjà fait connoître. Elle y perdit par degrés ses manières affectées; mais elle tomba dans un autre excès. En ne peignant plus que la vraie nature, elle voulut tout peindre, et surchargea ses tableaux d'objets trop petits, ou de circonstances bizarres. Thomson même, dans son chant de *l'Hiver,* si supérieur aux trois autres, a des détails d'une mortelle longueur. Telle fut la seconde époque de la poésie descriptive.

D'Angleterre elle revint en France avec les ouvrages de Pope et du chantre des Saisons. Elle eut de la peine à s'y introduire; car elle fut combattue par l'ancien genre italique, que Dorat et quelques autres avoient fait revivre : elle triompha pourtant, et ce fut à Delille et à Saint-Lambert qu'elle dut la victoire. Elle se perfectionna sous la muse françoise, se soumit aux règles du goût, et atteignit sa troisième époque.

Disons toutefois qu'elle s'étoit maintenue pure, quoique ignorée, dans les ouvrages de quelques naturalistes du temps de Louis XIV, tels que Tournefort et le père Dutertre. Celui-ci à une imagination vive joint un génie tendre et rêveur; il se sert même, ainsi que La Fontaine, du mot de *mélancolie* dans le sens où nous l'employons aujourd'hui. Ainsi le siècle de Louis XIV n'a pas été totalement privé du véritable genre descriptif, comme on seroit d'abord tenté de le croire : il étoit seulement relégué dans les lettres de nos missionnaires¹. Et c'est là que nous avons puisé cette espèce de style que nous croyons si nouveau aujourd'hui.

Au reste, les tableaux répandus dans la Bible peuvent servir à prouver doublement que la poésie descriptive est née, parmi nous, du christianisme. Job, les prophètes, l'Ecclésiastique, et surtout les Psaumes, sont remplis de descriptions magnifiques. Le psaume *Benedic, anima mea,* est un chef-d'œuvre dans ce genre.

Mon âme, bénis le Seigneur; Seigneur, mon Dieu, que vous êtes grand dans vos œuvres. . . . .

Vous répandez les ténèbres, et la nuit est sur la terre : c'est alors que les bêtes des forêts marchent dans l'ombre, que les rugissements des lionceaux appellent la proie, et demandent à Dieu la nourriture promise aux animaux.

Mais le soleil s'est levé, et déjà les bêtes sauvages se sont retirées . . . .

L'homme alors sort pour le travail du jour, et accomplit son œuvre jusqu'au soir. . . . .
. . . .

Comme elle est vaste, cette mer qui étend au loin ses bras spacieux! des animaux sans nombre se meuvent dans son sein, les plus petits avec les plus grands, et les vaisseaux passent sur ses ondes ².

Horace et Pindare sont restés bien loin de cette poésie.

¹ On en verra de beaux exemples lorsque nous parlerons des Missions.
² *Psautier françois*, p. 140, in-8°; traduction de La Harpe.

Nous avons donc eu raison de dire que c'est au christianisme que Bernardin de Saint-Pierre doit son talent pour peindre les scènes de la solitude : il le lui doit, parce que nos dogmes, en détruisant les divinités mythologiques, ont rendu la vérité et la majesté au désert; il le lui doit, parce qu'il a trouvé dans le système de Moïse le véritable système de la nature.

Mais ici se présente un autre avantage du poëte chrétien : si sa religion lui donne une nature *solitaire*, il peut avoir encore une nature *habitée*. Il est le maître de placer des anges à la garde des forêts, aux cataractes de l'abîme, ou de leur confier les soleils et les mondes. Ceci nous ramène aux *êtres surnaturels* ou au *merveilleux* du christianisme.

CHAPITRE IV.

SI LES DIVINITÉS DU PAGANISME ONT POÉTIQUEMENT LA SUPÉRIORITÉ SUR LES DIVINITÉS CHRÉTIENNES.

Toute chose a deux faces. Des personnes impartiales pourront nous dire : « On vous accorde que le christianisme a fourni, quant aux hommes, une partie dramatique qui manquoit à la mythologie; que de plus il a produit la véritable poésie descriptive. Voilà deux avantages que nous reconnoissons, et qui peuvent, à quelques égards, justifier vos principes et balancer les beautés de la fable. Mais à présent, si vous êtes de bonne foi, vous devez convenir que les divinités du paganisme, lorsqu'elles agissent *directement* et *pour elles-mêmes,* sont plus poétiques et plus dramatiques que les divinités chrétiennes. »

On pourroit en juger ainsi à la première vue. Les dieux des anciens partageant nos vices et nos vertus, ayant comme nous des corps sujets à la douleur, des passions irritables comme les nôtres, se mêlant à la race humaine, et laissant ici-bas une mortelle postérité ; ces dieux ne sont qu'une espèce d'hommes supérieurs qu'on est libre de faire agir comme les autres hommes. On seroit donc porté à croire qu'ils fournissent plus de ressources à la poésie que les divinités incorporelles et impassibles du christianisme ; mais, en y regardant de plus près, on trouve que cette supériorité dramatique se réduit à peu de chose.

Premièrement, il y a toujours eu dans toute religion, pour le poëte et le philosophe, deux espèces de déités. Ainsi l'Être abstrait, dont Tertullien et saint Augustin ont fait de si belles peintures, n'est pas le *Jéhovah* de David ou d'Isaïe ; l'un et l'autre sont fort supérieurs au *Theos* de Platon et au *Jupiter* d'Homère. Il n'est donc pas rigoureusement vrai que les divinités poétiques des chrétiens soient privées de toute passion. Le Dieu de l'Écriture se repent, il est jaloux, il aime, il hait ; sa colère monte comme un tourbillon : le Fils de l'homme a pitié de nos souffrances ; la Vierge, les saints et les anges sont émus par le spectacle de nos misères; en général le *Paradis* est beaucoup plus occupé des hommes que l'*Olympe*.

Il y a donc des *passions* chez nos puissances célestes, et ces passions ont cet avantage sur les passions des dieux du paganisme, qu'elles n'entraînent jamais après elles une idée de désordre et de mal. C'est une chose miraculeuse, sans doute, qu'en peignant la *colère* ou la *tristesse* du ciel chrétien, on ne puisse détruire dans l'imagination du lecteur le sentiment de la tranquillité et de la joie : tant il y a de sainteté et de justice dans le Dieu présenté par notre religion !

Ce n'est pas tout; car, si l'on vouloit absolument que le Dieu des chrétiens fût un être impassible, on pourroit encore avoir des divinités passionnées aussi dramatiques et aussi méchantes que celles des anciens : l'enfer rassemble toutes les passions des hommes. Notre système théologique nous paroît plus beau, plus régulier, plus savant que la doctrine fabuleuse qui confondoit hommes, dieux et démons. Le poëte trouve dans notre ciel des êtres parfaits, mais sensibles, et disposés dans une brillante hiérarchie d'amour et de pouvoir; l'abîme garde ses dieux passionnés et puissants dans le mal comme les dieux mythologiques; les hommes occupent le milieu, touchant au ciel par leurs vertus, aux enfers par leurs vices; aimés des anges, haïs des démons; objet infortuné d'une guerre qui ne doit finir qu'avec le monde.

Ces ressorts sont grands, et le poëte n'a pas lieu

de se plaindre. Quant aux actions des intelligences chrétiennes, il ne nous sera pas difficile de prouver bientôt qu'elles sont plus vastes et plus fortes que celles des dieux mythologiques. Le Dieu qui régit les mondes, qui crée l'univers et la lumière, qui embrasse et comprend tous les temps, qui lit dans les plus secrets replis du cœur humain, ce Dieu peut-il être comparé à un dieu qui se promène sur un char, qui habite un palais d'or sur une montagne, et qui ne prévoit pas même clairement l'avenir? Il n'y a pas jusqu'au foible avantage de la différence des sexes et de la forme visible que nos divinités ne partagent avec celles de la Grèce, puisque nous avons des saintes et des vierges, et que les anges dans l'Écriture empruntent souvent la figure humaine.

Mais comment préférer une sainte, dont l'histoire blesse quelquefois l'élégance et le goût, à une naïade attachée aux sources d'un ruisseau? Il faut séparer la vie terrestre de la vie céleste de cette sainte : sur la terre, elle ne fut qu'une femme ; sa divinité ne commence qu'avec son bonheur dans les régions de la lumière éternelle. D'ailleurs il faut toujours se souvenir que la naïade détruisoit la *poésie descriptive;* qu'un ruisseau, représenté dans son cours naturel, est plus agréable que dans sa peinture allégorique, et que nous gagnons d'un côté ce que nous semblons perdre de l'autre.

Quant aux combats, ce qu'on a dit contre les anges de Milton peut se rétorquer contre les dieux d'Homère : de l'une et de l'autre part ce sont des divinités pour lesquelles on ne peut craindre, puisqu'elles ne peuvent mourir. Mars renversé, et couvrant de son corps neuf arpents, Diane donnant des soufflets à Vénus, sont aussi ridicules qu'un ange coupé en deux et qui se renoue comme un serpent. Les puissances surnaturelles peuvent encore présider aux combats de l'épopée ; mais il nous semble qu'elles ne doivent plus en venir aux mains, hors dans certains cas qu'il n'appartient qu'au goût de déterminer : c'est ce que la raison supérieure de Virgile avoit déjà senti il y a plus de dix-huit cents ans.

Au reste, il n'est pas tout-à-fait vrai que les divinités chrétiennes soient ridicules dans les batailles. Satan s'apprêtant à combattre Michel dans le paradis terrestre est superbe; le Dieu des armées marchant dans une nuée obscure à la tête des légions fidèles n'est pas une petite image; le glaive exterminateur se dévoilant tout à coup aux yeux de l'impie frappe d'étonnement et de terreur; les saintes milices du ciel sapant les fondements de Jérusalem font presque un aussi grand effet que les dieux ennemis de Troie assiégeant le palais de Priam ; enfin il n'est rien de plus sublime dans Homère, que le combat d'Emmanuel contre les mauvais anges dans Milton, quand, les précipitant au fond de l'abîme, le Fils de l'homme retient *à moitié sa foudre, de peur de les anéantir.*

CHAPITRE V.

CARACTÈRE DU VRAI DIEU.

C'est une chose merveilleuse que le Dieu de Jacob soit aussi le Dieu de l'Évangile; que le Dieu qui lance la foudre soit encore le Dieu de paix et d'innocence.

> Il donne aux fleurs leur aimable peinture;
> Il fait naître et mûrir les fruits,
> Et leur dispense avec mesure
> Et la chaleur des jours et la fraîcheur des nuits.

Nous croyons n'avoir pas besoin de preuves pour montrer combien le Dieu des chrétiens est *poétiquement* supérieur au Jupiter antique. A la voix du premier les fleuves rebroussent leur cours, le ciel se roule comme un livre, les mers s'entr'ouvrent, les murs des cités se renversent, les morts ressuscitent, les plaies descendent sur les nations. En lui le sublime existe de soi-même, et il épargne le soin de le chercher. Le Jupiter d'Homère, ébranlant le ciel d'un signe de ses sourcils, est sans doute fort majestueux; mais Jéhovah descend dans le chaos, et lorsqu'il prononce le *fiat lux*, le fabuleux fils de Saturne s'abîme et rentre dans le néant.

Si Jupiter veut donner aux autres dieux une idée de sa puissance, il les menace de les enlever au bout d'une chaîne; il ne faut à Jéhovah ni chaîne ni essai de cette nature.

Et quel besoin son bras a-t-il de nos secours?
Que peuvent contre lui tous les rois de la terre?
En vain ils s'uniroient pour lui faire la guerre :
Pour dissiper leur ligue, il n'a qu'à se montrer ;
Il parle, et dans la poudre il les fait tous rentrer.
Au seul son de sa voix la mer fuit, le ciel tremble :
Il voit comme un néant tout l'univers ensemble ;
Et les foibles mortels, vains jouets du trépas,
Sont tous devant ses yeux comme s'ils n'étoient pas [1].

Achille va paroître pour venger Patrocle. Jupiter déclare aux Immortels qu'ils peuvent se mêler au combat et prendre parti dans la mêlée. Aussitôt l'Olympe s'ébranle :

Δεινὸν, etc. [2].

« Le père des dieux et des hommes fait gronder sa foudre. Neptune, soulevant les ondes, ébranle la terre immense; l'Ida secoue ses fondements et ses cimes ; ses fontaines débordent : les vaisseaux des Grecs, la ville des Troyens, chancellent sur le sol flottant. »

Pluton sort de son trône ; il pâlit, il s'écrie, etc.

Ce morceau a été cité par les critiques comme le dernier effort du sublime. Les vers grecs sont admirables ; ils deviennent tour à tour le foudre de Jupiter, le trident de Neptune et le cri de Pluton. Il semble qu'on entende les gorges de l'Ida répéter le son des tonnerres :

Δεινὸν δ'ἐβρόντησε πατὴρ ἀνδρῶν τε θεῶν τε.

Ces *R* et ces consonnances en *on*, dont le vers

[1] RACINE, *Esther*.   [2] HOMÈRE, *Iliad.*, lib. xx, v. 56.

est rempli, imitent le roulement de la foudre, interrompu par des espèces de silence, ὦν, τὲ, θε, ὦν, τε : c'est ainsi que la voix du ciel, dans une tempête, meurt et renaît tour à tour dans la profondeur des bois. Un silence subit et pénible, des images vagues et fantastiques, succèdent au tumulte des premiers mouvements : on sent, après le cri de Pluton, qu'on est entré dans la région de la mort ; les expressions d'Homère se décolorent ; elles deviennent froides, muettes et sourdes, et une multitude d'*S* sifflantes imitent le murmure de la voix inarticulée des ombres.

Où prendrons-nous le parallèle, et la poésie chrétienne a-t-elle assez de moyens pour s'élever à ces beautés? Qu'on en juge. C'est l'Éternel qui se peint lui-même :

« Sa colère a monté comme un tourbillon de fumée ; son visage a paru comme la flamme, et son courroux comme un feu ardent. Il a abaissé les cieux, il est descendu, et les nuages étoient sous ses pieds. Il a pris son vol sur les ailes des Chérubins ; il s'est élancé sur les vents. Les nuées amoncelées formoient autour de lui un pavillon de ténèbres : l'éclat de son visage les a dissipées, et une pluie de feu est tombée de leur sein. Le Seigneur a tonné du haut des cieux. Le Très-Haut a fait entendre sa voix ; sa voix a éclaté comme un orage brûlant. Il a lancé ses flèches et dissipé mes ennemis ; il a redoublé ses foudres qui les ont renversés. Alors les eaux ont été dévoilées dans leurs sources ; les fondements de la terre ont paru à découvert, parce que vous les avez menacés, Seigneur, et qu'ils ont senti le souffle de votre colère. »

« Avouons-le, dit La Harpe, dont nous empruntons la traduction; il y a aussi loin de ce sublime à tout autre sublime, que de l'esprit de Dieu à l'esprit de l'homme. On voit ici la conception du grand dans son principe : le reste n'en est qu'une ombre, comme l'intelligence créée n'est qu'une foible émanation de l'intelligence créatrice : comme la fiction, quand elle est belle, n'est encore que l'ombre de la vérité, et tire tout son mérite d'un fond de ressemblance. »

CHAPITRE VI.

DES ESPRITS DE TÉNÈBRES.

Les dieux du polythéisme, à peu près égaux en puissance, partageoient les mêmes haines et les mêmes amours. S'ils se trouvoient quelquefois opposés les uns aux autres, c'étoit seulement dans les querelles des mortels : ils se réconcilioient bientôt en buvant le nectar ensemble.

Le christianisme, au contraire, en nous instruisant de la vraie constitution des êtres surnaturels, nous a montré l'empire de la vertu éternellement séparé de celui du vice. Il nous a révélé des esprits de ténèbres machinant sans cesse la perte du genre humain, et des esprits de lumière uniquement occupés des moyens de le sauver. De là un combat éternel, dont l'imagination peut tirer une foule de beautés.

Ce *merveilleux*, d'un fort grand caractère, en fournit ensuite un second d'une moindre espèce, à savoir : *la magie*. Celle-ci a été connue des anciens [1]; mais sous notre culte elle a acquis, comme machine poétique, plus d'importance et d'étendue. Toutefois on doit en user sobrement, parce qu'elle n'est pas d'un goût assez pur : elle manque surtout de grandeur; car, en empruntant quelque chose de son pouvoir aux hommes, ceux-ci lui communiquent leur petitesse.

Un autre trait distinctif de nos êtres surnaturels, surtout chez les puissances infernales, c'est l'attribution d'un caractère. Nous verrons incessamment quel usage Milton a fait du caractère d'orgueil, donné par le christianisme au prince des ténèbres. Le poëte, pouvant en outre attacher un ange du mal à chaque vice, dispose ainsi d'un essaim de divinités infernales. Il a même alors la véritable allégorie, sans avoir la sécheresse qui l'accompagne, ces esprits pervers étant en effet des êtres *réels*, et tels que la religion nous permet de les croire.

Mais si les démons se multiplient autant que les crimes des hommes, ils peuvent aussi présider aux accidents terribles de la nature; tout ce qu'il y a de coupable et d'irrégulier dans le monde moral

---

[1] La magie des anciens différoit en ceci de la nôtre, qu'elle s'opéroit par les seules vertus des plantes et des philtres, tandis que parmi nous elle découle d'une puissance surnaturelle, quelquefois bonne, mais presque toujours méchante. On sent qu'il n'est pas question ici de la partie historique et philosophique de la magie considérée comme *l'art des mages*.

et dans le monde physique est également de leur ressort. Il faudra seulement prendre garde, en les mêlant aux tremblements de terre, aux volcans ou aux ombres d'une forêt, de donner à ces scènes un caractère majestueux. Il faut qu'avec un goût exquis le poëte sache faire distinguer le tonnerre du Très-Haut, du vain bruit que fait éclater un esprit perfide; que le foudre ne s'allume que dans la main de Dieu; qu'il ne brille jamais dans une tempête excitée par l'enfer; que celle-ci soit toujours sombre et sinistre; que les nuages n'en soient point rougis par la *colère*, et poussés par le vent de la *justice*, mais que leurs teintes soient blafardes et livides, comme celles du *désespoir*, et qu'ils ne se meuvent qu'au souffle impur de la *haine*. On doit sentir dans ces orages une puissance forte seulement pour détruire; on y doit trouver cette incohérence, ce désordre, cette sorte d'énergie du mal, qui a quelque chose de disproportionné et de gigantesque, comme le chaos dont elle tire son origine.

CHAPITRE VII.

DES SAINTS.

Il est certain que les poëtes n'ont pas su tirer du *merveilleux* chrétien tout ce qu'il peut fournir aux muses. On se moque des saints et des anges; mais les anciens eux-mêmes n'avoient-ils pas leurs demi-

dieux ? Pythagore, Platon, Socrate, recommandent le culte de ces hommes qu'ils appellent des *héros*. *Honore les héros pleins de bonté et de lumière*, dit le premier dans ses *Vers Dorés*. Et, pour qu'on ne se méprenne pas à ce nom de *héros*, Hiéroclès l'interprète exactement comme le christianisme explique le nom de *saint*. « Ces héros pleins de bonté
« et de lumière pensent toujours à leur Créateur,
« et sont tout éclatants de la lumière qui rejaillit
« de la félicité dont ils jouissent en lui. » — Et plus loin, « *héros* vient d'un mot grec qui signifie *amour*,
« pour marquer que, pleins d'amour pour Dieu, les
« héros ne cherchent qu'à nous aider à passer de
« cette vie terrestre à une vie divine, et à devenir
« citoyens du ciel [1]. » Les Pères de l'Église appellent à leur tour les saints des *héros* : c'est ainsi qu'ils disent que le baptême est le sacerdoce des laïques, et qu'il fait de tous les chrétiens *des rois et des prêtres de Dieu* [2].

Et sans doute ce sont des héros, ces martyrs, qui, domptant les passions de leurs cœurs et bravant la méchanceté des hommes, ont mérité par ces travaux de monter au rang des puissances célestes. Sous le polythéisme, des sophistes ont paru quelquefois plus moraux que la religion de leur patrie ; mais parmi nous jamais un philosophe, si sage qu'il ait été, n'a pu s'élever au-dessus de la morale chrétienne. Tandis que Socrate honoroit la mémoire des justes, le paganisme offroit à la

[1] Hierocl., *Comm. in Pyth.*; trad. de Dac., tom. II, p. 29.
[2] Hieron., *Dial. c. Lucif.*, t. II, p. 136.

vénération des peuples des brigands dont la force corporelle étoit la seule vertu, et qui s'étoient souillés de tous les crimes. Si quelquefois on accordoit l'apothéose aux bons rois, Tibère et Néron avoient aussi leurs prêtres et leurs temples. Sacrés mortels, que l'Église de Jésus-Christ nous commande d'honorer, vous n'étiez ni des forts, ni des puissants entre les hommes! Nés souvent dans la cabane du pauvre, vous n'avez étalé aux yeux du monde que d'humbles jours et d'obscurs malheurs! N'entendra-t-on jamais que des blasphèmes contre une religion qui, défiant l'indigence, l'infortune, la simplicité et la vertu, a fait tomber à leurs pieds la richesse, le bonheur, la grandeur et le vice?

Et qu'ont donc de si odieux à la poésie ces solitaires de la Thébaïde, avec leur bâton blanc et leur habit de feuilles de palmier? Les oiseaux du ciel les nourrissent[1], les lions portent leurs messages[2] ou creusent leurs tombeaux[3]; en commerce familier avec les anges, ils remplissent de miracles les déserts où fut Memphis[4]. Horeb et Sinaï, le Carmel et le Liban, le torrent de Cédron et la vallée de Josaphat, redisent encore la gloire de l'habitant de la cellule et de l'anachorète du rocher. Les muses aiment à rêver dans ces monastères remplis des ombres d'Antoine, de Pacôme, de Benoît, de Basile. Les premiers apôtres prêchant l'Évangile aux pré-

---

[1] Hieron., *in Vit. Paul.* [2] Theod., *Hist. rel.*, cap. vi.
[3] Hieron., *in Vit. Paul.*
[4] Nous passerons rapidement sur ces solitaires, parce que nous en parlerons ailleurs.

miers fidèles dans les catacombes ou sous le dattier de Béthanie, n'ont pas paru à Michel-Ange et à Raphaël des sujets si peu favorables au génie.

Nous tairons à présent, parce que nous en parlerons dans la suite, ces bienfaiteurs de l'humanité qui fondèrent les hôpitaux et se vouèrent à la pauvreté, à la peste, à l'esclavage, pour secourir des hommes; nous nous renfermerons dans les seules Écritures, de peur de nous égarer dans un sujet si vaste et si intéressant. Josué, Élie, Isaïe, Jérémie, Daniel, tous ces prophètes enfin qui vivent d'une éternelle vie ne pourroient-ils pas faire entendre dans un poëme leurs sublimes lamentations ? L'urne de Jérusalem ne se peut-elle encore remplir de leurs larmes ? N'y a-t-il plus de saules de Babylone pour y suspendre les harpes détendues ? Pour nous, qui à la vérité ne sommes pas poëte, il nous semble que ces enfants de la vision feroient d'assez beaux groupes sur les nuées : nous les peindrions avec une tête flamboyante; une barbe argentée descendroit sur leur poitrine immortelle, et l'esprit divin éclateroit dans leurs regards.

Mais quel essaim de vénérables ombres, à la voix d'une muse chrétienne, se réveille dans la caverne de Mambré ? Abraham, Isaac, Jacob, Rebecca, et vous tous, enfants de l'Orient, rois, patriarches, aïeux de Jésus-Christ, chantez l'antique alliance de Dieu et des hommes ! Redites-nous cette histoire chère au ciel, l'histoire de Joseph et de ses frères. Le chœur des saints rois, David à leur tête; l'armée des confesseurs et des martyrs vêtus de robes éclatantes nous offriroient aussi leur *merveilleux*. Ces derniers présentent au pinceau le genre tragique dans sa plus grande élévation; après la peinture de leurs tourments, nous dirions ce que Dieu fit pour ces victimes, et le don des miracles dont il honora leurs tombeaux.

Nous placerions auprès de ces illustres chœurs les chœurs des vierges célestes, les Geneviève de Brabant, les Pulchérie, les Rosalie, les Cécile, les Lucile, les Isabelle, les Eulalie. Le *merveilleux* du christianisme est plein de concordance ou de contrastes gracieux. On sait comment Neptune,

> . . . . . . S'élevant sur la mer,
> D'un mot calme les flots. . . . . . .

Nos dogmes fournissent un autre genre de poésie Un vaisseau est prêt à périr: l'aumônier, par des paroles qui délient les âmes, remet à chacun la peine de ses fautes; il adresse au ciel la prière qui, dans un tourbillon, envoie l'esprit du naufragé au Dieu des orages. Déjà l'Océan se creuse pour engloutir les matelots; déjà les vagues, élevant leur triste voix entre les rochers, semblent commencer les chants funèbres; tout à coup un trait de lumière perce la tempête: l'*Étoile des mers*, Marie, patronne des mariniers, paroît au milieu de la nue. Elle tient son enfant dans les bras, et calme les flots par un sourire: charmante religion, qui oppose à ce que la nature a de plus terrible ce que le ciel a de plus doux! aux tempêtes de l'Océan, un petit enfant et une tendre mère!

CHAPITRE VIII.

DES ANGES.

Tel est le *merveilleux* qu'on peut tirer de nos *saints*, sans parler des diverses histoires de leur vie. On découvre ensuite dans la hiérarchie des *anges*, doctrine aussi ancienne que le monde, mille tableaux pour le poëte. Non-seulement les messagers du Très-Haut portent ses décrets d'un bout de l'univers à l'autre; non-seulement ils sont les invisibles gardiens des hommes, ou prennent pour se manifester à eux les formes les plus aimables; mais encore la religion nous permet d'attacher des anges protecteurs à la belle nature, ainsi qu'aux sentimens vertueux. Quelle innombrable troupe de divinités vient donc tout à coup peupler les mondes !

Chez les Grecs le ciel finissoit au sommet de l'Olympe, et leurs dieux ne s'élevoient pas plus haut que les vapeurs de la terre. Le *merveilleux* chrétien, d'accord avec la raison, les sciences et l'expansion de notre âme, s'enfonce de monde en monde, d'univers en univers, dans des espaces où l'imagination effrayée frissonne et recule. En vain les télescopes fouillent tous les coins du ciel, en vain ils poursuivent la comète au-delà de notre système; la comète enfin leur échappe; mais elle n'échappe pas à l'*archange* qui la roule à son pôle inconnu, et qui, au siècle marqué, la ramènera par des voies mystérieuses jusque dans le foyer de notre soleil.

Le poëte chrétien est le seul initié au secret de ces merveilles. De globes en globes, de soleils en soleils, avec les *Séraphins*, les *Trônes*, les *Ardeurs* qui gouvernent les mondes, l'imagination fatiguée redescend enfin sur la terre comme un fleuve qui, par une cascade magnifique, épanche ses flots d'or à l'aspect d'un couchant radieux. On passe alors de la grandeur à la douceur des images : sous l'ombrage des forêts on parcourt l'empire de l'*Ange de la solitude;* on retrouve dans la clarté de la lune le *Génie des rêveries du cœur;* on entend ses soupirs dans le frémissement des bois et dans les plaintes de Philomèle. Les roses de l'aurore ne sont que la chevelure de l'*Ange du matin*. L'*Ange de la nuit* repose au milieu des cieux, où il ressemble à la lune endormie sur un nuage; ses yeux sont couverts d'un bandeau d'étoiles; ses talons et son front sont un peu rougis de la pourpre de l'aurore et de celle du crépuscule; l'*Ange du silence* le précède, et *celui du mystère* le suit. Ne faisons pas l'injure aux poëtes de penser qu'ils regardent l'*Ange des mers*, l'*Ange des tempêtes*, l'*Ange du temps*, l'*Ange de la mort*, comme des génies désagréables aux muses. C'est l'*Ange des saintes amours* qui donne aux vierges un regard céleste, et c'est l'*Ange des harmonies* qui leur fait présent des grâces : l'honnête homme doit son cœur à l'*Ange de la vertu*, et ses lèvres à *celui de la persuasion*. Rien n'empêche d'accorder à ces esprits bienfaisants des marques

distinctives de leurs pouvoirs et de leurs offices :
l'*Ange de l'amitié*, par exemple, pourroit porter
une écharpe merveilleuse où l'on verroit fondus,
par un travail divin, les consolations de l'âme, les
dévouements sublimes, les paroles secrètes du
cœur, les joies innocentes, les chastes embrassements, la religion, le charme des tombeaux et l'immortelle espérance.

CHAPITRE IX.

APPLICATION DES PRINCIPES ÉTABLIS DANS LES CHAPITRES PRÉCÉDENTS.

CARACTÈRE DE SATAN.

Des préceptes passons aux exemples. En reprenant ce que nous avons dit dans les précédents chapitres, nous commencerons par le caractère attribué
aux mauvais anges, et nous citerons le Satan de
Milton.

Avant le poëte anglois, le Dante et le Tasse
avoient peint le monarque de l'enfer. L'imagination du Dante, épuisée par neuf cercles de tortures, n'a fait de Satan enclavé au centre de la
terre qu'un monstre odieux; le Tasse, en lui donnant des cornes, l'a presque rendu ridicule. Entraîné par ces autorités, Milton a eu un moment le
mauvais goût de mesurer son Satan; mais il se relève bientôt d'une manière sublime. Écoutez le
prince des ténèbres s'écrier, du haut de la mon-

tagne de feu d'où il contemple pour la première fois son empire :

« Adieu, champs fortunés qu'habitent les joies éternelles Horreurs ! je vous salue ! je vous salue, monde infernal ! Abîme, reçois ton nouveau monarque. Il t'apporte un esprit que ni temps ni lieux ne changeront jamais. Du moins ici nous serons libres, ici nous régnerons : régner même aux enfers est digne de mon ambition[1]. »

Quelle manière de prendre possession des gouffres de l'enfer !

Le conseil infernal étant assemblé, le poëte représente Satan au milieu de son sénat :

« Ses formes conservoient une partie de leur primitive splendeur ; ce n'étoit rien moins encore qu'un archange tombé, une gloire un peu obscurcie : comme lorsque le soleil levant, dépouillé de ses rayons, jette un regard horizontal à travers les brouillards du matin ; ou tel que, dans une éclipse, cet astre caché derrière la lune, répand sur une moitié des peuples un crépuscule funeste, et tourmente les rois par la frayeur des révolutions. Ainsi paroissoit l'archange obscurci, mais encore brillant au-dessus des compagnons de sa chute : toutefois son visage étoit labouré par les cicatrices de la foudre, et les chagrins veilloient sur ses joues décolorées[2]. »

Achevons de connoître le caractère de Satan. Échappé de l'enfer, et parvenu sur la terre, il est

---

[1] *Parad. lost*, book I, v. 29, etc.   [2] *Ibid.*, v. 591, etc.

saisi de désespoir en contemplant les merveilles de l'univers ; il apostrophe le soleil[1] :

« O toi qui, couronné d'une gloire immense, laisses du haut de ta domination solitaire tomber tes regards comme le Dieu de ce nouvel univers ; toi, devant qui les étoiles cachent leurs têtes humiliées, j'élève une voix vers toi, mais non pas une voix amie ; je ne prononce ton nom, ô soleil ! que pour te dire combien je hais tes rayons. Ah ! ils me rappellent de quelle hauteur je suis tombé, et combien jadis je brillois glorieux au-dessus de ta sphère ! L'orgueil et l'ambition m'ont précipité. J'osai, dans le ciel même, déclarer la guerre au Roi du ciel. Il ne méritoit pas un pareil retour, lui qui m'avoit fait ce que j'étois dans un rang éminent... Élevé si haut, je dédaignai d'obéir ; je crus qu'un pas de plus me porteroit au rang suprême, et me déchargeroit en un moment de la dette immense d'une reconnoissance éternelle... Oh ! pourquoi sa volonté toute-puissante ne me créa-t-elle au rang de quelque ange inférieur ! je serois encore heureux, mon ambition n'eût point été nourrie par une espérance illimitée... Misérable ! où fuir une colère infinie, un désespoir infini ? L'enfer est partout où je suis, moi-même je suis l'enfer... O Dieu, ralentis tes coups ! N'est-il aucune voie laissée au repentir, aucune à la miséricorde, hors l'obéissance ? L'obéissance ! L'orgueil me défend ce mot. Quelle honte pour moi devant les esprits de l'abîme ! Ce n'étoit pas par des promesses de soumission que je les séduisis, lorsque j'osai me vanter de subjuguer le Tout-Puissant. Ah ! tandis qu'ils m'adorent sur le trône des enfers, ils savent peu combien je paie cher ces pa-

[1] Voyez la note E, à la fin du volume.

roles superbes, combien je gémis intérieurement sous le fardeau de mes douleurs... Mais si je me repentois, si, par un acte de la grâce divine, je remontois à ma première place?... Un rang élevé rappelleroit bientôt des pensées ambitieuses; les serments d'une feinte soumission seroient bientôt démentis! Le tyran le sait; il est aussi loin de m'accorder la paix, que je suis loin de demander grâce. Adieu donc, espérance, et avec toi, adieu, crainte et remords; tout est perdu pour moi. Mal, sois mon unique bien! Par toi du moins avec le Roi du ciel je partagerai l'empire : peut-être même régnerai-je sur plus d'une moitié de l'univers, comme l'homme et ce monde nouveau l'apprendront en peu de temps [1]. »

Quelle que soit notre admiration pour Homère, nous sommes obligé de convenir qu'il n'a rien de comparable à ce passage de Milton. Lorsque, avec la grandeur du sujet, la beauté de la poésie, l'élévation naturelle des personnages, on montre une connoissance aussi profonde des passions, il ne faut rien demander de plus au génie. Satan se repentant à la vue de la lumière qu'il hait, parce qu'elle lui *rappelle combien il fut élevé au-dessus d'elle,* souhaitant ensuite d'avoir été créé dans un rang inférieur, puis s'endurcissant dans le crime par orgueil, par honte, par méfiance même de son caractère ambitieux; enfin, pour tout fruit de ses réflexions, et comme pour expier un moment de remords, se chargeant de l'empire du mal pendant

---

[1] *Parad. lost*, book IV. From the 33th v. to the 113th.

toute une éternité : voilà, certes, si nous ne nous trompons, une des conceptions les plus sublimes et les plus pathétiques qui soient jamais sorties du cerveau d'un poëte.

Nous sommes frappé dans ce moment d'une idée que nous ne pouvons taire. Quiconque a quelque critique et un bon sens pour l'histoire pourra reconnoître que Milton a fait entrer dans le caractère de son Satan les perversités de ces hommes qui, vers le commencement du dix-septième siècle, couvrirent l'Angleterre de deuil : on y sent la même obstination, le même enthousiasme, le même orgueil, le même esprit de rébellion et d'indépendance ; on retrouve dans le monarque infernal ces fameux niveleurs qui, se séparant de la religion de leur pays, avoient secoué le joug de tout gouvernement légitime, et s'étoient révoltés à la fois contre Dieu et contre les hommes. Milton lui-même avoit partagé cet esprit de perdition ; et, pour imaginer un Satan aussi détestable, il falloit que le poëte en eût vu l'image dans ces réprouvés, qui firent si long-temps de leur patrie le vrai séjour des démons.

CHAPITRE X.

MACHINES POÉTIQUES.

VÉNUS DANS LES BOIS DE CARTHAGE,
RAPHAEL AU BERCEAU D'ÉDEN.

Venons aux exemples des machines poétiques. Vénus se montrant à Énée dans les bois de Carthage est un morceau achevé dans le genre gracieux. *Cui mater media,* etc. « A travers la forêt, sa « mère, suivant le même sentier, s'avance au-« devant de lui. Elle avoit l'air et le visage d'une « vierge, et elle étoit armée à la manière des filles « de Sparte, etc. »

Cette poésie est délicieuse; mais le chantre d'Éden en a beaucoup approché lorsqu'il a peint l'arrivée de l'ange Raphaël au bocage de nos premiers pères.

« Pour ombrager ses formes divines, le Séraphin porte six ailes. Deux attachées à ses épaules sont ramenées sur son sein, comme les pans d'un manteau royal; celles du milieu se roulent autour de lui comme une écharpe étoilée... les deux dernières, teintes d'azur, battent à ses talons rapides. Il secoue ses plumes qui répandent des odeurs célestes.

« Il s'avance dans le jardin du bonheur, au travers des bocages de myrtes et des nuages de nard et d'encens; solitudes de parfums où la nature dans sa jeunesse se livre à tous ses caprices... Adam, assis à la porte de son berceau, aperçut le divin messager. Aussitôt il s'écrie : Ève, accours ! viens voir ce qui est digne de ton admiration ! Regarde vers l'orient, parmi ces arbres. Aperçois-tu cette forme glorieuse qui semble se diriger vers notre berceau ? On la prendroit pour une autre aurore qui se lève au milieu du jour... »

Ici Milton, presque aussi gracieux que Virgile, l'emporte sur lui par la sainteté et la grandeur. Raphaël est plus beau que Vénus, Éden plus enchanté que les bois de Carthage, et Énée est un froid et triste personnage auprès du majestueux Adam.

Voici un ange mystique de Klopstock :

. . . . . Dan eil et der thronen [1].

« Soudain le premier né des trônes descend vers Gabriel, pour le conduire vers le Très-Haut. L'Éternel le nomme *Élu*, et le ciel *Éloa*. Plus parfait que tous les êtres créés, il occupe la première place près de l'Être infini. Une de ses pensées est belle comme l'âme entière de l'homme, lorsque, digne de son immortalité, elle médite profondément. Son regard est plus beau que le matin d'un printemps, plus doux que la clarté des étoiles, lorsque brillantes de jeunesse elles se balancèrent près du trône céleste avec tous leurs flots de lumière. Dieu le créa le premier. Il puisa dans une gloire céleste son corps aérien. Lorsqu'il naquit, tout un ciel de nuages flottoit autour de lui ; Dieu lui-même le souleva dans ses bras, et lui dit en le bénissant, « *Créature, me voici.* »

---

[1] *Messias Ers.*, ges. v. 286, etc.

Raphaël est l'ange *extérieur ;* Éloa l'ange *intérieur :* les Mercure et les Apollon de la mythologie nous semblent moins divins que ces génies du christianisme.

Plusieurs fois les dieux en viennent aux mains dans Homère; mais, comme nous l'avons déjà remarqué, on ne trouve rien dans l'*Iliade* qui soit supérieur au combat que Satan s'apprête à livrer à Michel dans le Paradis terrestre, ni à la déroute des légions foudroyées par Emmanuel : plusieurs fois les divinités païennes sauvent leurs héros favoris en les couvrant d'une nuée; mais cette machine a été très heureusement transportée par le Tasse à la poésie chrétienne, lorsqu'il introduit Soliman dans Jérusalem. Ce char enveloppé de vapeurs, ce voyage invisible d'un enchanteur et d'un héros au travers du camp des chrétiens, cette porte secrète d'Hérode, ces souvenirs des temps antiques jetés au milieu d'une narration rapide, ce guerrier qui assiste à un conseil sans être vu, et qui se montre seulement pour déterminer Solyme aux combats, tout ce merveilleux, quoique du genre magique, est d'une excellence singulière.

On objectera peut-être que dans les peintures voluptueuses le paganisme doit au moins avoir la préférence. Et que ferons-nous donc d'Armide? Dirons-nous qu'elle est sans charmes, lorsque, penchée sur le front de Renaud endormi, le poignard échappe à sa main, et que sa haine se change en amour? Préférerons-nous Ascagne caché par Vénus dans les bois de Cythère au jeune héros du Tasse enchaîné avec des fleurs, et transporté sur un nuage aux îles Fortunées? ces jardins, dont le seul défaut est d'être trop enchantés; ces amours, qui ne manquent que d'un voile, ne sont pas assurément des tableaux si sévères. On retrouve dans cet épisode jusqu'à la ceinture de Vénus, tant et si justement regrettée. Au surplus, si des critiques chagrins vouloient absolument bannir la magie, les anges des ténèbres pourroient exécuter eux-mêmes ce qu'Armide fait par leur moyen. On y est autorisé par l'histoire de quelques-uns de nos saints, et le démon des voluptés a toujours été regardé comme un des plus dangereux et des plus puissants de l'abîme.

CHAPITRE XI.

SUITE DES MACHINES POÉTIQUES.

SONGE D'ÉNÉE, SONGE D'ATHALIE.

Il ne nous reste plus qu'à parler de deux machines poétiques : *les voyages des dieux* et *les songes*.

En commençant par les derniers, nous choisirons le songe d'Énée dans la nuit fatale de Troie; le héros le raconte lui-même à Didon :

> Tempus erat, etc.
>
> C'étoit l'heure où du jour adoucissant les peines,
> Le sommeil grâce aux dieux se glisse dans nos veines;
> Tout à coup, le front pâle et chargé de douleurs,
> Hector, près de mon lit, a paru tout en pleurs,

Et tel qu'après son char la victoire inhumaine,
Noir de poudre et de sang, le traîna sur l'arène.
Je vois ses pieds encore et meurtris et percés
Des indignes liens qui les ont traversés.
Hélas ! qu'en cet état de lui-même il diffère !
Ce n'est plus cet Hector, ce guerrier tutélaire,
Qui, des armes d'Achille orgueilleux ravisseur,
Dans les murs paternels revenoit en vainqueur,
Ou courant assiéger les vingt rois de la Grèce,
Lançoit sur leurs vaisseaux la flamme vengeresse.
Combien il est changé ! le sang de toutes parts
Souilloit sa barbe épaisse et ses cheveux épars ;
Et son sein étaloit à ma vue attendrie
Tous les coups qu'il reçut autour de sa patrie.
Moi-même il me sembloit qu'au plus grand des héros,
L'œil de larmes noyé, je parlois en ces mots :

« O des enfants d'Ilus la gloire et l'espérance !
Quels lieux ont si long-temps prolongé ton absence ?
Oh, qu'on t'a souhaité ! mais, pour nous secourir,
Est-ce ainsi qu'à nos yeux Hector devoit s'offrir,
Quand à ses longs travaux Troie entière succombe !
Quand presque tous les tiens sont plongés dans la tombe !
Pourquoi ce sombre aspect, ces traits défigurés,
Ces blessures sans nombre, et ces flancs déchirés ? »

Hector ne répond point ; mais du fond de son âme
Tirant un long soupir : « Fuis les Grecs et la flamme,
Fils de Vénus, dit-il, le destin t'a vaincu ;
Fuis, hâte-toi : Priam et Pergame ont vécu.
Jusqu'en leurs fondements nos murs vont disparoître ;
Ce bras nous eût sauvés si nous avions pu l'être.
Cher Énée ! ah, du moins, dans ses derniers adieux,
Pergame à ton amour recommande ses dieux !
Porte au-delà des mers leur image chérie,
Et fixe-toi près d'eux dans une autre patrie. »
Il dit ; et dans ses bras emporte à mes regards
La puissante Vesta qui gardoit nos remparts,
Et ses bandeaux sacrés, et la flamme immortelle
Qui veilloit dans son temple, et brûloit devant elle [1].

---

[1] Nous devons cette belle traduction à M. de Fontanes.

Ce songe est une espèce d'abrégé du génie de Virgile : l'on y trouve dans un cadre étroit tous les genres de beautés qui lui sont propres.

Observez d'abord le contraste entre cet effroyable songe et l'heure paisible où les dieux l'envoient à Énée. Personne n'a su marquer les temps et les lieux d'une manière plus touchante que le poëte de Mantoue. Ici c'est un tombeau, là une aventure attendrissante, qui déterminent la limite d'un pays; une ville nouvelle porte une appellation antique; un ruisseau étranger prend le nom d'un fleuve de la patrie. Quant aux heures, Virgile a presque toujours fait briller la plus douce sur l'événement le plus malheureux. De ce contraste plein de tristesse résulte cette vérité, que la nature accomplit ses lois sans être troublée par les foibles révolutions des hommes.

De là nous passons à la peinture de l'ombre d'Hector. Ce fantôme qui regarde Énée en silence, ces *larges* pleurs, ces pieds *enflés,* sont les petites circonstances que choisit toujours le grand peintre, pour mettre l'objet sous les yeux. Le cri d'Énée : *quantum mutatus ab illo!* est le cri d'un héros, qui relève la dignité d'Hector. *Squalentem barbam et concretos sanguine crines*. Voilà le spectre. Mais Virgile fait soudain un retour à sa manière. — *Vulnera... circum plurima muros accepit patrios.* Tout est là-dedans : éloge d'Hector, souvenirs de ses malheurs et de ceux de la patrie pour laquelle il reçut *tant de blessures*. Ces locutions, *ô lux Dar-*

daniæ! Spes ô fidissima Teucrum! sont pleines de chaleur; autant elles remuent le cœur, autant elles rendent déchirantes les paroles qui suivent. *Ut te post multa tuorum funera... adspicimus!* Hélas! c'est l'histoire de ceux qui ont quitté leur patrie; à leur retour, on peut dire comme Énée à Hector: *Faut-il vous revoir après les funérailles de vos proches!* Enfin, le silence d'Hector, son soupir, suivi du *fuge, eripe flammis,* font dresser les cheveux sur la tête. Le dernier trait du tableau mêle la double poésie du songe et de la vision; en emportant dans ses bras la statue de Vesta et le feu sacré, on croit voir le spectre emporter Troie de la terre.

Ce songe offre d'ailleurs une beauté prise dans la nature même de la chose. Énée se réjouit d'abord de voir Hector qu'il croit vivant; ensuite il parle des malheurs de Troie arrivés depuis la *mort* même du héros. L'état où il le revoit ne peut lui rappeler sa destinée; il demande au fils de Priam *d'où lui viennent ses blessures,* et il vous a dit qu'*on l'a vu ainsi le jour qu'il fut traîné autour d'Ilion.* Telle est l'incohérence des pensées, des sentiments et des images d'un songe.

Il nous est singulièrement agréable de trouver parmi les poëtes chrétiens quelque chose qui balance, et qui peut-être surpasse ce songe : poésie, religion, intérêt dramatique, tout est égal dans l'une et l'autre peinture, et Virgile s'est encore une fois reproduit dans Racine.

Athalie, sous le portique du temple de Jérusalem, raconte son rêve à Abner et à Mathan :

> C'étoit pendant l'horreur d'une profonde nuit ;
> Ma mère Jézabel devant moi s'est montrée,
> Comme au jour de sa mort pompeusement parée ;
> Ses malheurs n'avoient point abattu sa fierté :
> Même elle avoit encor cet éclat emprunté,
> Dont elle eut soin de peindre et d'orner son visage,
> Pour réparer des ans l'irréparable outrage.
> « Tremble ! m'a-t-elle dit, fille digne de moi ;
> Le cruel Dieu des Juifs l'emporte aussi sur toi :
> Je te plains de tomber dans ses mains redoutables,
> Ma fille ! » En achevant ces mots épouvantables,
> Son ombre vers mon lit a paru se baisser,
> Et moi, je lui tendois les mains pour l'embrasser,
> Mais je n'ai plus trouvé qu'un horrible mélange
> D'os et de chairs meurtris et traînés dans la fange,
> Des lambeaux pleins de sang, et des membres affreux
> Que des chiens dévorants se disputoient entre eux.

Il seroit malaisé de décider ici entre Virgile et Racine. Les deux songes sont pris également à la source des différentes religions des deux poëtes : Virgile est plus triste, Racine plus terrible : le dernier eût manqué son but, et auroit mal connu le génie sombre des dogmes hébreux, si, à l'exemple du premier, il eût amené le rêve d'Athalie dans une heure pacifique : comme il va tenir beaucoup, il promet beaucoup par ce vers :

> C'étoit pendant l'horreur d'une profonde nuit.

Dans Racine il y a concordance, et dans Virgile contraste d'images.

La scène annoncée par l'apparition d'Hector,

c'est-à-dire la nuit fatale d'un grand peuple et la fondation de l'empire romain, seroit plus magnifique que la chute d'une seule reine, si Joas, en *rallumant le flambeau de David*, ne nous montroit dans le lointain le Messie et la révolution de toute la terre.

La même perfection se remarque dans les vers des deux poëtes : toutefois la poésie de Racine nous semble plus belle. Tel Hector paroît au premier moment devant Énée, tel il se montre à la fin : mais la pompe, mais l'*éclat emprunté* de Jézabel.

> Pour réparer des ans l'irréparable outrage,

suivi tout à coup, non d'une forme entière, mais

> . . . . De lambeaux affreux
> Que des chiens dévorants se disputoient entre eux,

est une sorte de changement d'état, de péripétie, qui donne au songe de Racine une beauté qui manque à celui de Virgile. Enfin cette ombre d'une mère qui se baisse vers le lit de sa fille, comme pour s'y cacher, et qui se transforme tout à coup en *os et en chairs meurtris*, est une de ces beautés vagues, de ces circonstances effrayantes de la vraie nature du fantôme.

CHAPITRE XII.

SUITE DES MACHINES POÉTIQUES.

VOYAGES DES DIEUX HOMÉRIQUES,
SATAN ALLANT A LA DÉCOUVERTE DE LA CRÉATION.

Nous touchons à la dernière des machines poétiques, c'est-à-dire aux *voyages* des êtres surnaturels. C'est une des parties du *merveilleux* dans laquelle Homère s'est montré le plus sublime. Tantôt il raconte que le char du dieu vole comme la pensée d'un voyageur qui se rappelle, en un instant, les lieux qu'il a parcourus; tantôt il dit:

> Autant qu'un homme assis au rivage des mers
> Voit, d'un roc élevé, d'espace dans les airs,
> Autant des Immortels les coursiers intrépides
> En franchissent d'un saut [1].

Quoi qu'il en soit du génie d'Homère et de la majesté de ses dieux, son *merveilleux* et sa grandeur vont encore s'éclipser devant le *merveilleux* du christianisme.

Satan arrivé aux portes de l'enfer, que le Péché et la Mort lui ont ouvertes, se prépare à aller à la découverte de la création.

> . . . . Like a furnace mouth [2].
> . . . .

---

[1] BOILEAU, dans *Longin*, chap. VII.
[2] *Par. lost*, book II, v. 888-1050; book III, v. 501-544. Des vers passés çà et là.

. . . . The sudden view
Of all this world at once.

« *Les portes de l'enfer s'ouvrent...* vomissant, comme la bouche d'une fournaise, des flocons de fumée et des flammes rouges. Soudain, aux regards de Satan se dévoilent les secrets de l'antique abîme ; océan sombre et sans bornes, où les temps, les dimensions et les lieux viennent se perdre, où l'ancienne Nuit et le Chaos, aïeux de la Nature, maintiennent une éternelle anarchie au milieu d'une éternelle guerre, et règnent par la confusion. Satan, arrêté sur le seuil de l'enfer, regarde dans le vaste gouffre, berceau et peut-être tombeau de la Nature ; il pèse en lui-même les dangers du voyage. Bientôt, déployant ses ailes, et repoussant du pied le seuil fatal, il s'élève dans des tourbillons de fumée. Porté sur ce siége nébuleux, long-temps il monte avec audace ; mais la vapeur, graduellement dissipée, l'abandonne au milieu du vide. Surpris, il redouble en vain le mouvement de ses ailes, et comme un poids mort, il tombe.

« L'instant où je chante verroit encore sa chute, si l'explosion d'un nuage tumultueux rempli de soufre et de flamme ne l'eût élancé à des hauteurs égales aux profondeurs où il étoit descendu. Jeté sur des terres molles et tremblantes, à travers les éléments épais ou subtils,... il marche, il vole, il nage, il rampe. A l'aide de ses bras, de ses pieds, de ses ailes, il franchit les syrtes, les détroits, les montagnes. Enfin une universelle rumeur, des voix et des sons confus viennent avec violence assaillir son oreille. Il tourne aussitôt son vol de ce côté, résolu d'aborder l'Esprit inconnu de l'abîme, qui réside dans ce bruit, et d'apprendre de lui le chemin de la lumière.

« Bientôt il aperçoit le trône du Chaos, dont le sombre

pavillon s'étend au loin sur le gouffre immense. La Nuit, revêtue d'une robe noire, est assise à ses côtés : fille aînée des Êtres, elle est l'épouse du Chaos. Le Hasard, le Tumulte, la Confusion, la Discorde aux mille bouches, sont les ministres de ces divinités ténébreuses. Satan paroît devant eux sans crainte.

« Esprits de l'abîme, leur dit-il, Chaos, et vous, antique Nuit, je ne viens point pour épier les secrets de vos royaumes... Apprenez-moi le chemin de la lumière, etc. »

« Le vieux Chaos répond en mugissant : « Je te connois, ô étranger !... Un monde nouveau pend au-dessus de mon empire, du côté où tes légions tombèrent. Vole, et hâte-toi d'accomplir tes desseins. Ravages, dépouilles, ruines, vous êtes les espérances du Chaos ! »

« Il dit ; Satan plein de joie... s'élève avec une nouvelle vigueur ; il perce, comme une pyramide de feu, l'atmosphère ténébreuse... Enfin l'influence sacrée de la lumière commence à se faire sentir. Parti des murailles du ciel, un rayon pousse au loin dans le sein des ombres une douteuse et tremblante aurore ; ici la nature commence, et le Chaos se retire. Guidé par ces mobiles blancheurs, Satan, comme un vaisseau long-temps battu de la tempête, reconnoît le port avec joie, et glisse plus doucement sur les vagues calmées. A mesure qu'il avance vers le jour, l'empyrée, avec ses tours d'opale et ses portes de vivants saphirs, se découvre à sa vue.

« Enfin il aperçoit au loin une haute structure, dont les marches magnifiques s'élèvent jusqu'aux remparts du ciel... Perpendiculairement au pied des degrés mystiques s'ouvre un passage vers la terre... Satan s'élance sur la dernière marche, et plongeant tout à coup ses regards dans les profondeurs au-dessous de lui, il découvre avec un immense étonnement tout l'univers à la fois. »

Pour tout homme impartial, une religion qui a fourni un tel *merveilleux*, et qui de plus a donné l'idée des amours d'Adam et d'Ève, n'est pas une religion *anti-poétique*. Qu'est-ce que Junon allant aux *bornes* de la terre en *Éthiopie*, auprès de Satan remontant du fond du chaos jusqu'aux frontières de la nature? Il y a même dans l'original un effet singulier que nous n'avons pu rendre, et qui tient pour ainsi dire au défaut général du morceau : les longueurs que nous avons retranchées semblent allonger la course du prince des ténèbres, et donner au lecteur un sentiment vague de cet infini au travers duquel il a passé.

CHAPITRE XIII.

L'ENFER CHRÉTIEN.

Entre plusieurs différences qui distinguent l'enfer chrétien du Tartare, une surtout est remarquable : ce sont les tourments qu'éprouvent eux-mêmes les démons. Pluton, les Juges, les Parques et les Furies ne souffroient point avec les coupables. Les douleurs de nos puissances infernales sont donc un *moyen de plus* pour l'imagination, et conséquemment un *avantage poétique* de notre enfer sur l'enfer des anciens.

Dans les champs Cimmériens de l'*Odyssée*, le vague des lieux, les ténèbres, l'incohérence des objets, la fosse où les ombres viennent boire le sang, donnent au tableau quelque chose de formidable, et qui peut-être ressemble plus à l'enfer chrétien que le Ténare de Virgile. Dans celui-ci l'on remarque les progrès des dogmes philosophiques de la Grèce. Les Parques, le Cocyte, le Styx, se retrouvent dans les ouvrages de Platon. Là commence une distribution de châtiments et de récompenses inconnue à Homère. Nous avons déjà fait remarquer [1] que le malheur, l'indigence et la foiblesse étoient, après le trépas, relégués par les païens dans un monde aussi pénible que celui-ci. La religion de Jésus-Christ n'a point ainsi sevré nos âmes. Nous savons qu'au sortir de ce monde de tribulations, nous autres misérables, nous trouverons un lieu de repos, et si nous avons eu soif de la justice dans le temps, nous en serons rassasiés dans l'éternité. *Sitiunt justitiam... ipsi saturabuntur* [2].

Si la philosophie est satisfaite, il ne nous sera pas très difficile peut-être de convaincre les muses. A la vérité nous n'avons point d'enfer chrétien traité d'une manière irréprochable. Ni le Dante, ni le Tasse, ni Milton, ne sont parfaits dans la pein-

---

[1] Première partie, sixième livre.
[2] L'injustice des dogmes infernaux étoit si manifeste chez les anciens, que Virgile même n'a pu s'empêcher de la remarquer :

. . . . Sortemque animo miseratus iniquam.
(*Æn.*, lib. vi, v. 332.)

ture des lieux de douleur. Cependant quelques morceaux excellents, échappés à ces grands maîtres, prouvent que, si toutes les parties du tableau avoient été retouchées avec le même soin, nous posséderions des enfers aussi poétiques que ceux d'Homère et de Virgile.

CHAPITRE XIV.

PARALLÈLE DE L'ENFER ET DU TARTARE.

ENTRÉE DE L'AVERNE. PORTE DE L'ENFER DU DANTE. DIDON. FRANÇOISE DE RIMINI. TOURMENTS DES COUPABLES.

L'entrée de l'Averne, dans le sixième livre de l'*Énéide,* offre des vers d'un travail achevé.

> Ibant obscuri sola sub nocte per umbram,
> Perque domos Ditis vacuas et inania regna.
> . . . .
> Pallentesque habitant Morbi, tristisque Senectus,
> Et Metus, et malesuada Fames, et turpis Egestas,
> Terribiles visu formæ; Lethumque Laborque,
> Tum consanguineus Lethi Sopor, et mala mentis
> Gaudia... (Lib. vi, v. 268 et seq.)

Il suffit de savoir lire le latin pour être frappé de l'harmonie lugubre de ces vers. Vous entendez d'abord mugir la caverne où marchent la Sibylle et Énée : *Ibant obscuri sola sub nocte per umbram;* puis tout à coup vous entrez dans des *espaces déserts,* dans les *royaumes du vide; Perque domos*

Ditis vacuas et inania regna. Viennent ensuite des syllabes sourdes et pesantes, qui rendent admirablement les pénibles soupirs des enfers. *Tristisque Senectus, et Metus.* — *Lethumque Laborque ;* consonnances qui prouvent que les anciens n'ignoroient pas l'espèce de beauté attachée à la rime. Les Latins, ainsi que les Grecs, employoient la répétition des sons dans les peintures pastorales, et dans les harmonies tristes.

Le Dante, comme Énée, erre d'abord dans une forêt qui cache l'entrée de son enfer; rien n'est plus effrayant que cette solitude. Bientôt il arrive à la porte, où se lit la fameuse inscription :

> Per me si va nella città dolente,
> Per me si va nell' eterno dolore :
> Per me si va tra la perduta gente.
> . . . .
> Lasciate ogni speranza voi ch' entrate.

Voilà précisément la même sorte de beautés que dans le poëte latin. Toute oreille sera frappée de la cadence monotone de ces rimes redoublées, où semble retentir et expirer cet éternel cri de douleur qui remonte du fond de l'abîme. Dans les trois *per me si va*, on croit entendre le *glas* de l'agonie du chrétien. Le *lasciate ogni speranza* est comparable au plus grand trait de l'enfer de Virgile.

Milton, à l'exemple du poëte de Mantoue, a placé la Mort à l'entrée de son enfer (*Lethum*) et le Péché, qui n'est que le *mala mentis gaudia ;*

les joies coupables du cœur. Il décrit ainsi la première :

. . . . The other shape, etc.

« L'autre forme, si l'on peut appeler de ce nom ce qui n'avoit point de formes, se tenoit debout à la porte. Elle étoit sombre comme la nuit, hagarde comme dix furies; sa main brandissoit un dard affreux, et, sur cette partie qui sembloit sa tête, elle portoit l'apparence d'une couronne. »

Jamais fantôme n'a été représenté d'une manière plus vague et plus terrible. L'origine de la Mort, racontée par le Péché, la manière dont les échos de l'enfer répètent le nom redoutable lorsqu'il est prononcé pour la première fois, tout cela est une sorte de noir sublime, inconnu de l'antiquité[1].

En avançant dans les enfers, nous suivrons Énée au champ des larmes, *lugentes campi*. Il y rencontre la malheureuse Didon; il l'aperçoit dans les

---

[1] M. Harris, dans son *Hermès*, a remarqué que le genre masculin, attribué à la mort par Milton, forme ici une grande beauté. S'il avoit dit *shook* her *dart*, au lieu de *shook* his *dart*, une partie du sublime disparoissoit. La mort est aussi du genre masculin en grec, θάνατος; Racine même la fait de ce genre dans notre langue :

La mort est le *seul* dieu que j'osois implorer.

Que penser maintenant de la critique de Voltaire, qui n'a pas su, ou qui a feint d'ignorer, que la mort, *death* en anglois, pouvoit être à volonté du genre masculin, féminin ou neutre? car on lui peut appliquer également les trois pronoms, *her*, *his* et *its*. Voltaire n'est pas plus heureux sur le mot *sin*, *péché*, dont le genre féminin le scandalise. Pourquoi ne se fâchoit-il pas aussi contre ces vaisseaux, *ships*, *men of war*, qui sont (ainsi qu'en latin et en ombres d'une forêt, *comme on voit, ou comme on croit voir la lune nouvelle se lever à travers les nuages :*

> Qualem primo qui surgere mense
> Aut videt, aut vidisse putat, per nubila lunam.

Ce morceau est d'un goût exquis; mais le Dante est peut-être aussi touchant dans la peinture des *campagnes des pleurs*. Virgile a placé les amants au milieu des bois de myrtes et dans des allées solitaires; le Dante a jeté les siens dans un air vague et parmi des tempêtes qui les entraînent éternellement : l'un a donné pour punition à l'amour ses propres rêveries, l'autre en a cherché le supplice dans l'image des désordres que cette passion fait naître. Le Dante arrête un couple malheureux au milieu d'un tourbillon : Françoise de Rimini, interrogée par le poëte, lui raconte ses malheurs et son amour :

> Noi leggevamo, etc.

« Nous lisions un jour, dans un doux loisir, comment l'amour vainquit Lancelot. J'étois seule avec mon amant, et nous étions sans défiance : plus d'une fois nos visages pâlirent, et nos yeux troublés se rencontrèrent; mais

---

vieux françois) si bizarrement du genre féminin? En général, tout ce qui a *étendue*, *capacité* (c'est la remarque de M. Harris), tout ce qui est de nature à contenir, se met en anglois au féminin, et cela par une logique simple, et même touchante, car elle découle de la *maternité*; tout ce qui implique *foiblesse* ou *séduction* suit la même loi. De là Milton a pu et dû, en personnifiant le péché, le faire du genre féminin.

un seul instant nous perdit tous deux. Lorsque enfin l'heureux Lancelot cueille le baiser désiré, alors celui qui ne me sera plus ravi colla sur ma bouche ses lèvres tremblantes, et nous laissâmes échapper le livre par qui nous fut révélé le mystère de l'amour [1]. »

Quelle simplicité admirable dans le récit de Françoise ! quelle délicatesse dans le trait qui le termine ! Virgile n'est pas plus chaste dans le quatrième livre de l'*Énéide*, lorsque Junon donne le signal, *dant signum*. C'est encore au christianisme que ce morceau doit une partie de son pathétique; Françoise est punie pour n'avoir pas su résister à son amour, et pour avoir trompé la foi conjugale : la justice inflexible de la religion contraste avec la pitié que l'on ressent pour une foible femme.

Non loin du champ des larmes, Énée voit le champ des guerriers ; il y rencontre *Déiphobe* cruellement mutilé. Son histoire est intéressante, mais le seul nom d'Ugolin rappelle un morceau fort supérieur. On conçoit que Voltaire n'ait vu dans les feux d'un enfer chrétien que des objets burlesques; cependant ne vaut-il pas mieux pour le poëte y trouver le comte Ugolin, et matière à des vers aussi beaux, à des épisodes aussi tragiques ?

Lorsque nous passons de ces détails à une vue

---

[1] Nous empruntons la traduction de Rivarol. Si toutefois nous osions proposer nos doutes, peut-être que ce tour élégant, *nous laissâmes échapper le livre par qui nous fut révélé le mystère de l'amour*, ne rend pas tout-à-fait la naïveté de ce vers :

Quel giorno piu non vi leggemmo avante.

générale de l'*Enfer* et du *Tartare*, nous voyons dans celui-ci les Titans foudroyés, Ixion menacé de la chute d'un rocher, les Danaïdes avec leur tonneau, Tantale trompé par les ondes, etc.

Soit que l'on commence à s'accoutumer à l'idée de ces tourments, soit qu'ils n'aient rien en eux-mêmes qui produise le terrible, parce qu'ils se mesurent sur des fatigues connues dans la vie, il est certain qu'ils font peu d'impression sur l'esprit. Mais voulez-vous être remué; voulez-vous savoir jusqu'où l'imagination de la douleur peut s'étendre : voulez-vous connoître la poésie des tortures et les hymnes de la chair et du sang, descendez dans l'Enfer du Dante. Ici, des ombres sont ballottées par des tourbillons d'une tempête; là, des sépulcres embrasés renferment les fauteurs de l'hérésie. Les tyrans sont plongés dans un fleuve de sang tiède; les suicides, qui ont dédaigné la noble nature de l'homme, ont rétrogradé vers la plante : ils sont transformés en arbres rachitiques qui croissent dans un sable brûlant, et dont les harpies arrachent sans cesse des rameaux. Ces âmes ne reprendront point leurs corps au jour de la résurrection; elles les traîneront dans l'affreuse forêt pour les suspendre aux branches des arbres auxquelles elles sont attachées.

Si l'on dit qu'un auteur grec ou romain eût pu faire un Tartare aussi formidable que l'Enfer du Dante, cela d'abord ne concluroit rien contre les moyens poétiques de la religion chrétienne; mais il suffit d'ailleurs d'avoir quelque connoissance du génie de l'antiquité pour convenir que le ton sombre de l'Enfer du Dante ne se trouve point dans la théologie païenne, et qu'il appartient aux dogmes menaçants de notre foi.

CHAPITRE XV.

DU PURGATOIRE.

On avouera du moins que le *purgatoire* offre aux poëtes chrétiens un genre de *merveilleux* inconnu à l'antiquité[1]. Il n'y a peut-être rien de plus favorable aux muses que ce lieu de purification, placé sur les confins de la douleur et de la joie, où viennent se réunir les sentiments confus du bonheur et de l'infortune. La gradation des souffrances en raison des fautes passées, ces âmes plus ou moins heureuses, plus ou moins brillantes, selon qu'elles approchent plus ou moins de la double éternité des plaisirs ou des peines, pourroient fournir des sujets touchants au pinceau. Le purgatoire surpasse en poésie le ciel et l'enfer, en ce qu'il présente un avenir qui manque aux deux premiers.

Dans l'Élysée antique le fleuve du Léthé n'avoit point été inventé sans beaucoup de grâce; mais toutefois on ne sauroit dire que les ombres qui

---

[1] On trouve quelque trace de ce dogme dans Platon et dans la doctrine de Zénon. (*Voy.* Diog. Laert.) Les poëtes paroissent aussi en avoir eu quelque idée. (*Æneid.*, lib. vi.) Mais tout cela est vague, sans suite et sans but. *Voy.* la note F, à la fin du volume.

renaissoient à la vie sur ses bords présentassent la même progression poétique vers le bonheur que les âmes du *purgatoire*. Quitter les campagnes des mânes heureux pour revenir dans ce monde, c'étoit passer d'un état parfait à un état qui l'étoit moins ; c'étoit rentrer dans le cercle, renaître pour mourir, voir ce qu'on avoit vu. Toute chose dont l'esprit peut mesurer l'étendue est petite : le cercle, qui chez les anciens exprimoit l'éternité, pouvoit être une image grande et vraie ; cependant il nous semble qu'elle tue l'imagination, en la forçant de tourner dans ce cerceau redoutable. La ligne droite prolongée sans fin seroit peut-être plus belle, parce qu'elle jetteroit la pensée dans un vague effrayant, et feroit marcher de front trois choses qui paroissent s'exclure, l'espérance, la mobilité et l'éternité.

Le rapport à établir entre le châtiment et l'offense peut produire ensuite dans le purgatoire tous les charmes du sentiment. Que de peines ingénieuses réservées à une mère trop tendre, à une fille trop crédule, à un jeune homme trop ardent ! et certes, puisque les vents, les feux, les glaces prêtent leurs violences aux tourments de l'enfer, pourquoi ne trouveroit-on pas des souffrances plus douces dans les chants du rossignol, dans les parfums des fleurs, dans le bruit des fontaines, ou dans les affections purement morales ? Homère et Ossian ont chanté les plaisirs *de la douleur :*

τεταρπομεστα γοοιο *the joy of grief.*

Une autre source de poésie qui découle du purgatoire est ce dogme par qui nous sommes enseignés que les prières et les bonnes œuvres des mortels hâtent la délivrance des âmes. Admirable commerce entre le fils vivant et le père décédé! entre la mère et la fille, entre l'époux et l'épouse, entre la vie et la mort! Que de choses attendrissantes dans cette doctrine! Ma vertu, à moi chétif mortel, devient un bien commun pour tous les chrétiens; et de même que j'ai été atteint du péché d'Adam, ma justice est passée en compte aux autres. Poëtes chrétiens, les prières de vos Nisus atteindront un Euryale au-delà du tombeau; vos riches pourront partager leur superflu avec le pauvre; et pour le plaisir qu'ils auront eu à faire cette simple, cette agréable action, Dieu les en récompensera encore, en retirant leur père et leur mère d'un lieu de peines! C'est une belle chose d'avoir, par l'attrait de l'amour, forcé le cœur de l'homme à la vertu, et de penser que le même denier qui donne le pain du moment au misérable, donne peut-être à une âme délivrée une place éternelle à la table du Seigneur.

CHAPITRE XVI.

LE PARADIS.

Le trait qui distingue essentiellement le *Paradis* de l'*Élysée*, c'est que dans le premier les âmes saintes habitent le ciel avec Dieu et les anges, et que dans le dernier les ombres heureuses sont séparées de l'Olympe. Le système philosophique de Platon et de Pythagore qui divise l'âme en deux essences, le *char subtil* qui s'envole au-dessous de la lune, et l'*esprit* qui remonte vers la Divinité; ce système, disons-nous, n'est pas de notre compétence, et nous ne parlons que de la théologie poétique.

Nous avons fait voir, dans plusieurs endroits de cet ouvrage, la différence qui existe entre la félicité des élus et celle des mânes de l'Élysée. Autre est de danser et de faire des festins, autre de connoître la nature des choses, de lire dans l'avenir, de voir les révolutions des globes, enfin d'être comme associé à l'omni-science, sinon à la toute-puissance de Dieu. Il est pourtant extraordinaire qu'avec tant d'avantages les poëtes chrétiens aient échoué dans la peinture du ciel. Les uns ont péché par timidité, comme le Tasse et Milton; les autres par fatigue, comme le Dante; par philosophie, comme Voltaire; ou par abondance, comme Klopstock[1]. Il y a donc un écueil caché dans ce sujet; voici quelles sont nos conjectures à cet égard.

Il est de la nature de l'homme de ne sympathiser qu'avec les choses qui ont des rapports avec lui, et qui le saisissent par un certain côté, tel, par exemple, que le malheur. Le ciel, où règne une félicité sans bornes, est trop au-dessus de la condition humaine pour que l'âme soit fort touchée du

---

[1] C'est une chose assez bizarre que Chapelain, qui a créé des chœurs de martyrs, de vierges et d'apôtres, ait seul placé le paradis chrétien dans son véritable jour.

bonheur des élus : on ne s'intéresse guère à des êtres parfaitement heureux. C'est pourquoi les poëtes ont mieux réussi dans la description des enfers; du moins l'humanité est ici, et les tourments des coupables nous rappellent les chagrins de notre vie; nous nous attendrissons sur les infortunes des autres, comme les esclaves d'Achille, qui, en répandant beaucoup de larmes sur la mort de Patrocle, pleuroient secrètement leurs propres malheurs.

Pour éviter la froideur qui résulte de l'éternelle et toujours semblable félicité des justes, on pourroit essayer d'établir dans le ciel une espérance, une attente quelconque de plus de bonheur, ou d'une époque inconnue dans la révolution des êtres; on pourroit rappeler davantage les choses humaines, soit en en tirant des comparaisons, soit en donnant des affections et même des passions aux élus : l'Écriture nous parle des *espérances* et des saintes *tristesses du ciel*. Pourquoi donc n'y auroit-il pas dans le paradis des pleurs tels que les saints peuvent en répandre[1] ? Par ces divers moyens, on feroit naître des harmonies entre notre nature bornée et une constitution plus sublime, entre nos fins rapides et les choses éternelles : nous serions moins portés à regarder comme une fiction, un bonheur qui, semblable au nôtre, seroit mêlé de changement et de larmes.

---

[1] Milton a saisi cette idée, lorsqu'il représente les anges consternés à la nouvelle de la chute de l'homme; et Fénelon donne le même mouvement de pitié aux ombres heureuses.

D'après ces considérations sur l'usage du *merveilleux* chrétien dans la poésie, on peut du moins douter que le *merveilleux* du paganisme ait sur le premier un avantage aussi grand qu'on l'a généralement supposé. On oppose toujours Milton avec ses défauts, à Homère avec ses beautés : mais supposons que le chantre d'*Éden* fût né en France sous le siècle de Louis XIV, et qu'à la grandeur naturelle de son génie il eût joint le goût de Racine et de Boileau ; nous demandons quel fût devenu alors le *Paradis perdu*, et si le *merveilleux* de ce poëme n'eût pas égalé celui de l'*Iliade* et de l'*Odyssée* ? Si nous jugions la mythologie d'après la *Pharsale*, ou même d'après l'*Énéide*, en aurions-nous la brillante idée que nous en a laissée le père des Grâces, l'inventeur de la ceinture de Vénus ? Quand nous aurons sur un sujet chrétien un ouvrage aussi parfait dans son genre que les ouvrages d'Homère, nous pourrons nous décider en faveur du *merveilleux* de la fable, ou du *merveilleux* de notre religion ; jusqu'alors il sera permis de douter de la vérité de ce précepte de Boileau :

> De la foi d'un chrétien les mystères terribles
> D'ornements égayés ne sont point susceptibles.
> (*Art poét.*, ch. III.)

Au reste nous pouvions nous dispenser de faire lutter le christianisme avec la mythologie sous le seul rapport du *merveilleux*. Nous ne sommes entré dans cette étude que par surabondance de moyens, et pour montrer les ressources de notre cause.

Nous pouvions trancher la question d'une manière simple et péremptoire; car, fût-il certain, comme il est douteux, que le christianisme ne pût fournir un *merveilleux* aussi riche que celui de la fable, encore est-il vrai qu'il a une certaine poésie de l'âme, une sorte d'imagination du cœur, dont on ne trouve aucune trace dans la mythologie. Or les beautés touchantes qui émanent de cette source feroient seules une ample compensation pour les ingénieux mensonges de l'antiquité.

Tout est machine et ressort, tout est extérieur, tout est fait pour les yeux dans les tableaux du paganisme; tout est sentiment et pensée, tout est intérieur, tout est créé pour l'âme dans les peintures de la religion chrétienne. Quel charme de méditation! quelle profondeur de rêverie! Il y a plus d'enchantement dans une de ces larmes que le christianisme fait répandre au fidèle que dans toutes les riantes erreurs de la mythologie. Avec une *Notre-Dame des Douleurs*, une *Mère de Pitié*, quelque saint obscur, patron de l'aveugle et de l'orphelin, un auteur peut écrire une page plus attendrissante qu'avec tous les dieux du Panthéon. C'est bien là aussi de la *poésie!* c'est bien là du *merveilleux!* Mais voulez-vous du *merveilleux* plus sublime, contemplez la vie et les douleurs du Christ, et souvenez-vous que votre *Dieu* s'est appelé le *Fils de l'homme!* Nous osons le prédire : un temps viendra que l'on sera étonné d'avoir pu méconnoître les beautés qui existent dans les seuls noms, dans les seules expressions du christianisme; l'on aura de la peine à comprendre comment on a pu se moquer de cette religion de la raison et du malheur.

Ici finissent les relations directes du christianisme et des muses, puisque nous avons achevé de l'envisager *poétiquement* dans ses rapports avec les *hommes*, et dans ses rapports avec les *êtres surnaturels*. Nous couronnerons ce que nous avons dit sur ce sujet par une vue générale de l'Écriture : c'est la source où Milton, le Dante, le Tasse et Racine ont puisé une partie de leurs merveilles, comme les poëtes de l'antiquité ont emprunté leurs grands traits d'Homère.

LIVRE CINQUIÈME.

LA BIBLE ET HOMÈRE.

CHAPITRE PREMIER.

DE L'ÉCRITURE ET DE SON EXCELLENCE.

C'EST un corps d'ouvrage bien singulier que celui qui commence par la Genèse et qui finit par l'Apocalypse; qui s'annonce par le style le plus clair, et qui se termine par le ton le plus figuré. Ne diroit-on pas que tout est grand et simple dans Moïse, comme cette création du monde et cette innocence des hommes primitifs qu'il nous peint; et que tout est terrible et hors de la nature dans le dernier prophète, comme ces sociétés corrompues et cette fin du monde qu'il nous représente?

Les productions les plus étrangères à nos mœurs, les livres sacrés des nations infidèles, le Zend-Avesta des Parsis, le Veidam des Brames, le Coran des Turcs, les Edda des Scandinaves, les maximes de Confucius, les poëmes sanskrits ne nous surprennent point; nous y retrouvons la chaîne ordinaire des idées humaines, ils ont quelque chose de commun entre eux, et dans le ton et dans la pensée. La Bible seule ne ressemble à rien : c'est un monument détaché des autres. Expliquez-la à un Tartare, à un Cafre, à un Canadien; mettez-la entre les mains d'un bonze ou d'un derviche : ils en seront également étonnés. Fait qui tient du miracle ! Vingt auteurs, vivant à des époques très éloignées les unes des autres, ont travaillé aux livres saints; et quoiqu'ils aient employé vingt styles divers, ces styles, toujours inimitables, ne se rencontrent dans aucune composition. Le Nouveau-Testament, si différent de l'Ancien par le ton, partage néanmoins avec celui-ci cette étonnante originalité.

Ce n'est pas la seule chose extraordinaire que les hommes s'accordent à trouver dans l'Écriture : ceux qui ne veulent pas croire à l'authenticité de la Bible croient pourtant, en dépit d'eux-mêmes, à quelque chose dans cette même Bible. Déistes et athées, grands et petits, attirés par je ne sais quoi d'inconnu, ne laissent pas de feuilleter sans cesse l'ouvrage que les uns admirent et que les autres dénigrent. Il n'y a pas une position dans la vie pour laquelle on ne puisse rencontrer dans la Bible un verset qui semble dicté tout exprès. On nous persuadera difficilement que tous les événements possibles, heureux ou malheureux, aient été prévus avec toutes leurs conséquences dans un livre écrit de la main des hommes. Or, il est certain qu'on trouve dans l'Écriture :

L'origine du monde et l'annonce de sa fin;

La base des sciences humaines;

Les préceptes politiques depuis le gouvernement

du père de famille jusqu'au despotisme; depuis l'âge pastoral jusqu'au siècle de corruption;

Les préceptes moraux applicables à la prospérité et à l'infortune, aux rangs les plus élevés comme aux rangs les plus humbles de la vie;

Enfin, toutes les sortes de styles; styles qui, formant un corps unique de cent morceaux divers, n'ont toutefois aucune ressemblance avec les styles des hommes.

CHAPITRE II.

QU'IL Y A TROIS STYLES PRINCIPAUX DANS L'ÉCRITURE.

Entre ces styles divins, trois surtout se font remarquer :

1° Le style historique, tel que celui de la Genèse, du Deutéronome, de Job, etc.;

2° La poésie sacrée telle qu'elle existe dans les psaumes, dans les prophètes et dans les traités moraux, etc.;

3° Le style évangélique.

Le premier de ces trois styles, avec un charme plus grand qu'on ne peut dire, tantôt imite la narration de l'épopée, comme dans l'aventure de Joseph, tantôt emprunte des mouvements de l'ode, comme après le passage de la mer Rouge; ici soupire les élégies du saint Arabe; là chante avec Ruth d'attendrissantes bucoliques. Ce peuple, dont tous les pas sont marqués par des phénomènes, ce peuple pour qui le soleil s'arrête, le rocher verse des eaux, le ciel prodigue la manne; ce peuple ne pouvoit avoir des fastes ordinaires. Les formes connues changent à son égard : ses révolutions sont tour à tour racontées avec la trompette, la lyre et le chalumeau; et le style de son histoire est lui-même un continuel miracle, qui porte témoignage de la vérité des miracles dont il perpétue le souvenir.

On est merveilleusement étonné d'un bout de la Bible à l'autre. Qu'y a-t-il de comparable à l'ouverture de la Genèse ? Cette simplicité de langage, en raison inverse de la magnificence des faits, nous semble le dernier effort du génie.

In principio creavit Deus cœlum et terram.

Terra autem erat inanis et vacua, et tenebræ erant super faciem abyssi; et spiritus Dei ferebatur super aquas.

Dixitque Deus : Fiat lux. Et facta est lux. Et vidit Deus lucem quod esset bona : et divisit lucem a tenebris [1].

On ne montre pas comment un pareil style est beau; et si quelqu'un le critiquoit on ne sauroit que répondre. Nous nous contenterons d'observer que Dieu qui voit la lumière, et qui, comme un *homme* content de son ouvrage, s'applaudit lui-même et la trouve bonne, est un de ces traits qui ne sont point dans l'ordre des choses humaines; cela ne tombe point naturellement dans l'esprit. Homère et Platon, qui parlent des dieux avec tant de sublimité, n'ont

---

[1]. Voyez la note C, à la fin du volume.

rien de semblable à cette naïveté imposante : c'est Dieu qui s'abaisse au langage des hommes pour leur faire comprendre ses merveilles, mais c'est toujours Dieu.

Quand on songe que Moïse est le plus ancien historien du monde; quand on remarque qu'il n'a mêlé aucune fable à ses récits; quand on le considère comme le libérateur d'un grand peuple, comme l'auteur d'une des plus belles législations connues, et comme l'écrivain le plus sublime qui ait jamais existé; lorsqu'on le voit flotter dans son berceau sur le Nil, se cacher ensuite dans les déserts pendant plusieurs années, puis revenir pour entr'ouvrir la mer, faire couler les sources du rocher, s'entretenir avec Dieu dans la nue, et disparoître enfin sur le sommet d'une montagne, on entre dans un grand étonnement. Mais lorsque, sous les rapports chrétiens, on vient à penser que l'histoire des Israélites est non-seulement l'histoire réelle des anciens jours, mais encore la figure des temps modernes; que chaque fait est double et contient en lui-même une *vérité historique* et un *mystère;* que le peuple juif est un abrégé symbolique de la race humaine, représentant dans ses aventures tout ce qui est arrivé et tout ce qui doit arriver dans l'univers; que Jérusalem doit être toujours prise pour une autre cité, Sion pour une autre montagne, la Terre Promise pour une autre terre, et la vocation d'Abraham pour une autre vocation; lorsqu'on fait réflexion que l'homme *moral* est aussi caché sous l'homme *physique* dans cette histoire; que la chute d'Adam, le sang d'Abel, la nudité voilée de Noé, et la malédiction de ce père sur un fils, se manifestent encore aujourd'hui dans l'enfantement douloureux de la femme, dans la misère et l'orgueil de l'homme, dans les flots de sang qui inondent le globe depuis le fratricide de Caïn, dans les races maudites descendues de Cham, qui habitent une des plus belles parties de la terre[1]; enfin, quand on voit le fils promis à David venir à point nommé rétablir la vraie morale et la vraie religion, réunir les peuples, substituer le sacrifice de l'homme intérieur aux holocaustes sanglants, alors on manque de paroles, ou l'on est prêt à s'écrier avec le prophète : « Dieu est notre roi avant tous les temps. » *Deus autem rex noster ante sæcula.*

C'est dans Job que le style historique de la Bible prend, comme nous l'avons dit, le ton de l'élégie. Aucun écrivain n'a poussé la tristesse de l'âme au degré où elle a été portée par le saint Arabe, pas même Jérémie, *qui peut seul égaler les lamentations aux douleurs,* comme parle Bossuet. Il est vrai que les images empruntées de la nature du midi, les sables brûlants du désert, le palmier solitaire, la montagne stérile, conviennent singulièrement au langage et au sentiment d'un cœur malheureux ; mais il y a dans la mélancolie de Job quelque chose de surnaturel. L'homme *individuel,* si misérable qu'il soit, ne peut tirer de tels soupirs de son âme. Job est la figure de l'*humanité souffrante,* et l'écrivain inspiré a trouvé assez de plaintes pour la mul-

[1] Les Nègres.

titude des maux partagés entre la race humaine. De plus, comme dans l'Écriture tout a un rapport final avec la nouvelle alliance, on pourroit croire que les élégies de Job se préparoient aussi pour les jours de deuil de l'Église de Jésus-Christ : Dieu faisoit composer par ses prophètes des cantiques funèbres dignes des morts chrétiens, deux mille ans avant que ces morts sacrés eussent conquis la vie éternelle.

« Puisse périr le jour où je suis né, et la nuit en laquelle il a été dit : Un homme a été conçu [1] ! »

Étrange manière de gémir ! Il n'y a que l'Écriture qui ait jamais parlé ainsi.

« Je dormirois dans le silence, et je reposerois dans mon sommeil [2]. »

Cette expression, *je reposerois dans* MON *sommeil*, est une chose frappante; mettez *le* sommeil, tout disparoît. Bossuet a dit : *Dormez* VOTRE *sommeil, riches de la terre; et demeurez dans* VOTRE *poussière* [3].

« Pourquoi le jour a-t-il été donné au misérable, et la vie à ceux qui sont dans l'amertume du cœur [4] ? »

Jamais les entrailles de l'homme n'ont fait sortir de leur profondeur un cri plus douloureux.

---

[1] *Job*, chap. III, v. 3. Nous nous servons de la traduction de Sacy, à cause des personnes qui y sont accoutumées; cependant nous nous en éloignerons quelquefois lorsque l'hébreu, les Septante et la Vulgate nous donneront un sens plus fort et plus beau.
[2] *Job*, v. 13. [3] *Orais. fun. du chancelier Le Tellier.*
[4] *Job*, chap. III, v. 20.

« L'homme né de la femme vit peu de temps, et il est rempli de beaucoup de misères [1]. »

Cette circonstance, *né de la femme*, est une redondance merveilleuse; on voit toutes les infirmités de l'homme dans celles de sa mère. Le style le plus recherché ne peindroit pas la vanité de la vie avec la même force que ce peu de mots : « Il vit *peu de temps*, et il est rempli de *beaucoup* de misères. »

Au reste, tout le monde connoît ce passage où Dieu daigne justifier sa puissance devant Job en confondant la raison de l'homme; c'est pourquoi nous n'en parlons point ici.

Le troisième caractère sous lequel il nous resteroit à envisager le style *historique* de la Bible est le caractère pastoral; mais nous aurons occasion d'en traiter avec quelque étendue dans les deux chapitres suivants.

Quant au second style général des saintes lettres, à savoir la *poésie sacrée*, une foule de critiques s'étant exercés sur ce sujet, il seroit superflu de nous y arrêter. Qui n'a lu les chœurs d'*Esther* et d'*Athalie*, les odes de Rousseau et de Malherbe ? Le traité du docteur Lowth est entre les mains de tous les littérateurs, et La Harpe a donné en prose une traduction estimée du Psalmiste.

Enfin, le troisième et dernier style des livres saints est celui du *Nouveau-Testament*. C'est là que la sublimité des prophètes se change en une ten-

[1] *Job*, chap. xiv, v. 1.

dresse non moins sublime; c'est là que parle l'amour divin; c'est là que le *Verbe* s'est réellement *fait chair*. Quelle onction ! quelle simplicité !

Chaque évangéliste a un caractère particulier, excepté saint Marc, dont l'Évangile ne semble être que l'abrégé de celui de saint Matthieu. Saint Marc, toutefois, étoit disciple de saint Pierre, et plusieurs ont pensé qu'il a écrit sous la dictée de ce prince des apôtres. Il est digne de remarque qu'il a raconté aussi la faute de son maître. Cela nous semble un mystère sublime et touchant, que Jésus-Christ ait choisi pour chef de son Église précisément le seul de ses disciples qui l'eût renié. Tout l'esprit du christianisme est là : saint Pierre est l'Adam de la nouvelle loi; il est le père coupable et repentant des nouveaux Israélites ; sa chute nous enseigne en outre que la religion chrétienne est une religion de miséricorde, et que Jésus-Christ a établi sa loi parmi les hommes sujets à l'erreur, moins encore pour l'innocence que pour le repentir.

L'Évangile de saint Matthieu est surtout précieux pour la morale. C'est cet apôtre qui nous a transmis le plus grand nombre de ces préceptes en sentiments qui sortoient avec tant d'abondance des entrailles de Jésus-Christ.

Saint Jean a quelque chose de plus doux et de plus tendre. On reconnoît en lui *le disciple que Jésus aimoit*, le disciple qu'il voulut avoir auprès de lui, au jardin des Oliviers, pendant son agonie. Sublime distinction sans doute ! car il n'y a que l'ami de notre âme qui soit digne d'entrer dans le mystère de nos douleurs. Jean fut encore le seul des apôtres qui accompagna le Fils de l'homme jusqu'à la croix. Ce fut là que le Sauveur lui légua sa mère. *Mulier, ecce Filius tuus : deinde dicit discipulo : Ecce Mater tua.* Mot céleste, parole ineffable ! Le disciple bien-aimé, qui avoit dormi sur le sein de son maître, avoit gardé de lui une image ineffaçable : aussi le reconnut-il le premier après sa résurrection. Le cœur de Jean ne put se méprendre aux traits de son divin ami, et la foi lui vint de la charité.

Au reste, l'esprit de tout l'évangile de saint Jean est renfermé dans cette maxime qu'il alloit répétant dans sa vieillesse : cet apôtre, rempli de jours et de bonnes œuvres, ne pouvant plus faire de longs discours au nouveau peuple qu'il avoit enfanté à Jésus-Christ, se contentoit de lui dire : *Mes petits enfants, aimez-vous les uns les autres.*

Saint Jérôme prétend que saint Luc étoit médecin, profession si noble et si belle dans l'antiquité, et que son évangile est la médecine de l'âme. Le langage de cet apôtre est pur et élevé : on voit que c'étoit un homme versé dans les lettres, et qui connoissoit les affaires et les hommes de son temps. Il entre dans son récit à la manière des anciens historiens ; vous croyez entendre Hérodote :

« 1° Comme plusieurs ont entrepris d'écrire l'his-
« toire des choses qui se sont accomplies parmi
« nous ;

« 2° Suivant le rapport que nous en ont fait ceux
« qui dès le commencement les ont vues de leurs

« propres yeux, et qui ont été les ministres de la
« parole ;

« 3° J'ai cru que je devois aussi, très excellent
« Théophile, après avoir été exactement informé
« de toutes ces choses, depuis leur commencement,
« vous en écrire par ordre toute l'histoire. »

Notre ignorance est telle aujourd'hui, qu'il y a peut-être des *gens de lettres* qui seront étonnés d'apprendre que saint Luc est un très grand écrivain dont l'évangile respire le génie de l'antiquité grecque et hébraïque. Qu'y a-t-il de plus beau que tout le morceau qui précède la naissance de Jésus-Christ ?

« Au temps d'Hérode, roi de Judée, il y avoit un
« prêtre nommé Zacharie, du sang d'Abia : sa femme
« étoit aussi de la race d'Aaron ; elle s'appeloit Eli-
« sabeth.

« Ils étoient tous deux justes devant Dieu.... Ils
« n'avoient point d'enfants, parce que Élisabeth
« étoit stérile et qu'ils étoient tous deux avancés
« en âge. »

Zacharie offre un sacrifice ; un ange lui *apparoît debout à côté de l'autel des parfums*. Il lui prédit qu'il aura un fils, que ce fils s'appellera Jean, qu'il sera le précurseur du Messie, *et qu'il réunira le cœur des pères et des enfants*. Le même ange va trouver ensuite *une vierge qui demeuroit en Israël*, et lui dit : « Je vous salue, ô pleine de grâce ! le
« Seigneur est avec vous. » Marie *s'en va dans les montagnes de Judée ;* elle rencontre Élisabeth, et l'enfant que celle-ci portoit dans son sein tressaille

à la voix de la vierge qui devoit mettre au jour le Sauveur du monde. Élisabeth, remplie tout à coup de l'Esprit saint, élève la voix et s'écrie : « Vous « êtes bénie entre toutes les femmes, et le fruit « de votre sein sera béni.

« D'où me vient le bonheur que la mère de mon « Sauveur vienne vers moi ?

« Car, lorsque vous m'avez saluée, votre voix n'a « pas plus tôt frappé mon oreille, que mon enfant « a tressailli de joie dans mon sein. »

Marie entonne alors le magnifique cantique : « O mon âme, glorifie le Seigneur ! »

L'histoire de la crèche et des bergers vient ensuite. *Une troupe nombreuse de l'armée céleste* chante pendant la nuit : *Gloire à Dieu dans le ciel, et paix sur la terre aux hommes de bonne volonté !* mot digne des anges, et qui est comme l'abrégé de la religion chrétienne.

Nous croyons connoître un peu l'antiquité, et nous osons assurer qu'on chercheroit long-temps chez les plus beaux génies de Rome et de la Grèce avant d'y trouver rien qui soit à la fois aussi simple et aussi merveilleux.

Quiconque lira l'Évangile avec un peu d'attention y découvrira à tous moments des choses admirables, et qui échappent d'abord à cause de leur extrême simplicité. Saint Luc, par exemple, en donnant la généalogie du Christ, remonte jusqu'à la naissance du monde. Arrivé aux premières générations, et continuant à nommer les races, il dit: *Cainan qui fuit Henos, qui fuit Seth, qui fuit Adam, qui fuit* Dei. Le simple mot *qui fuit* Dei, jeté là sans commentaire et sans réflexion, pour raconter la création, l'origine, la nature, les fins et le mystère de l'homme, nous semble de la plus grande sublimité.

La religion du fils de Marie est comme l'essence des diverses religions ou ce qu'il y a de plus céleste en elles. On peut peindre en quelques mots le caractère du style évangélique : c'est un ton d'autorité paternelle mêlé à je ne sais quelle indulgence de frère, à je ne sais quelle considération d'un Dieu qui, pour nous racheter, a daigné devenir fils et frère des hommes.

Au reste, plus on lit les Épîtres des Apôtres, surtout celles de saint Paul, et plus on est étonné : on ne sait quel est cet homme qui, dans une espèce de prône commun, dit familièrement des mots sublimes, jette les regards les plus profonds sur le cœur humain, explique la nature du souverain Être, et prédit l'avenir[1].

---

[1] Voyez la note H, à la fin du volume.

CHAPITRE III.

PARALLÈLE DE LA BIBLE ET D'HOMÈRE.

TERMES DE COMPARAISON.

On a tant écrit sur la Bible, on l'a tant de fois commentée, que le seul moyen qui reste peut-être aujourd'hui d'en faire sentir les beautés, c'est de la rapprocher des poëmes d'Homère. Consacrés par les siècles, ces poëmes ont reçu du temps une espèce de sainteté qui justifie le parallèle et écarte toute idée de profanation. Si Jacob et Nestor ne sont pas de la même famille, ils sont du moins l'un et l'autre des premiers jours du monde, et l'on sent qu'il n'y a qu'un pas des palais de Pylos aux tentes d'Ismaël.

Comment la Bible est plus belle qu'Homère; quelles sont les ressemblances et les différences qui existent entre elle et les ouvrages de ce poëte: voilà ce que nous nous proposons de rechercher dans ces chapitres. Considérons ces deux monuments qui, comme deux colonnes solitaires, sont placés à la porte du temple du Génie, et en forment le simple péristyle.

Et d'abord, c'est une chose assez curieuse de voir lutter de front les deux langues les plus anciennes du monde; langues dans lesquelles Moïse et Lycurgue ont publié leurs lois, et Pindare et David chanté leurs hymnes.

L'hébreu, concis, énergique, presque sans inflexion dans ses verbes, exprimant vingt nuances de la pensée par la seule apposition d'une lettre, annonce l'idiome d'un peuple qui, par une alliance remarquable, unit à la simplicité primitive une connoissance approfondie des hommes.

Le grec montre dans ses conjugaisons perplexes, dans ses inflexions, dans sa diffuse éloquence, une nation d'un génie imitatif et sociable, une nation gracieuse et vaine, mélodieuse et prodigue de paroles.

L'hébreu veut-il composer un verbe, il n'a besoin que de connoître les trois lettres radicales qui forment au singulier la troisième personne du prétérit. Il a à l'instant même tous les temps et tous les modes, en ajoutant quelques lettres *serviles* avant, après, ou entre les trois lettres radicales.

Bien plus embarrassée est la marche du grec. Il faut considérer la *caractéristique*, la *terminaison*, l'*augment* et la *pénultième* de certaines *personnes* des *temps* des verbes; choses d'autant plus difficiles à connoître, que la *caractéristique* se perd, se transpose ou se charge d'une lettre inconnue, selon la lettre même devant laquelle elle se trouve placée.

Ces deux conjugaisons hébraïque et grecque, l'une si simple et si courte, l'autre si composée et si longue, semblent porter l'empreinte de l'esprit et des mœurs des peuples qui les ont formées : la première retrace le langage concis du patriarche qui va seul visiter son voisin au puits du palmier;

la seconde rappelle la prolixe éloquence du Pélasge qui se présente à la porte de son hôte.

Si vous prenez au hasard quelque substantif grec ou hébreu, vous découvrirez encore mieux le génie des deux langues. *Nesher*, en hébreu, signifie un *aigle* : il vient du verbe *shur, contempler*, parce que l'aigle fixe le soleil.

Aigle, en grec, se rend par αἰετός, *vol rapide*.

Israël a été frappé de ce que l'aigle a de plus sublime : il l'a vu immobile sur le rocher de la montagne, regardant l'astre du jour à son réveil.

Athènes n'a aperçu que le vol de l'aigle, sa fuite impétueuse, et ce mouvement qui convenoit au propre mouvement du génie des Grecs. Telles sont précisément ces images de *soleil*, de *feux*, de *montagnes*, si souvent employées dans la Bible, et ces peintures de *bruits*, de *courses*, de *passages*, si multipliées dans Homère [1].

Nos termes de comparaison seront :

La simplicité ;

L'antiquité des mœurs ;

La narration ;

La description ;

Les comparaisons ou les images ;

Le sublime.

Examinons le premier terme.

---

[1] Αἰετός paroit tenir à l'hébreu HAIT, s'élancer avec fureur, à moins qu'on ne le dérive d'ATE, devin ; ATH, prodige : on retrouveroit ainsi l'art de la divination dans une étymologie. L'*aquila* des Latins vient manifestement de l'hébreu *aouik, animal à serres*. L'*a* n'est qu'une terminaison latine ; *u* se doit prononcer *ou*. Quant à la transposition du *k* et son changement en *q*, c'est peu de chose.

1° *Simplicité.*

La simplicité de la Bible est plus courte et plus grave; la simplicité d'Homère plus longue et plus riante.

La première est sentencieuse, et revient aux mêmes locutions pour exprimer des choses nouvelles.

La seconde aime à s'étendre en paroles, et répète souvent dans les mêmes phrases ce qu'elle vient déjà de dire.

La simplicité de l'Écriture est celle d'un antique prêtre qui, plein des sciences divines et humaines, dicte du fond du sanctuaire les oracles précis de la sagesse.

La simplicité du poëte de Chio est celle d'un vieux voyageur qui raconte au foyer de son hôte ce qu'il a appris dans le cours d'une vie longue et traversée.

2° *Antiquité des mœurs.*

Les fils des pasteurs d'Orient gardent les troupeaux comme le fils des rois d'Ilion; mais lorsque Pâris retourne à Troie, il habite un palais parmi des esclaves et des voluptés.

Une tente, une table frugale, des serviteurs rustiques, voilà tout ce qui attend les enfants de Jacob chez leur père.

Un hôte se présente-t-il chez un prince dans Homère, des femmes, et quelquefois la fille même du roi, conduisent l'étranger au bain. On le parfume, on lui donne à laver dans des aiguières d'or et d'argent, on le revêt d'un manteau de pourpre, on le conduit dans la salle du festin, on le fait s'asseoir dans une belle chaise d'ivoire, ornée d'un beau marchepied. Des esclaves mêlent le vin et l'eau dans les coupes, et lui présentent les dons de Cérès dans une corbeille : le maître du lieu lui sert le dos succulent de la victime, dont il lui fait une part cinq fois plus grande que celle des autres. Cependant on mange avec une grande joie, et l'abondance a bientôt chassé la faim. Le repas fini, on prie l'*étranger* de raconter son histoire. Enfin, à son départ, on lui fait de riches présents, si mince qu'ait paru d'abord son équipage; car on suppose que c'est un dieu qui vient, ainsi déguisé, surprendre le cœur des rois, ou un homme tombé dans l'infortune, et par conséquent le favori de Jupiter.

Sous la tente d'Abraham, la réception se passe autrement. Le patriarche sort pour aller au-devant de son hôte, il le salue, et puis adore Dieu. Les fils du lieu emmènent les chameaux, et les filles leur donnent à boire. On lave les pieds du *voyageur*: il s'assied à terre, et prend en silence le repas de l'hospitalité. On ne lui demande point son histoire, on ne le questionne point; il demeure ou continue sa route à volonté. A son départ, on fait alliance avec lui, et l'on élève la pierre du témoignage. Cet autel doit dire aux siècles futurs que deux hommes des anciens jours se rencontrèrent dans le chemin de la vie; qu'après s'être traités comme deux frères, ils se quittèrent pour ne se revoir jamais, et pour mettre de grandes régions entre leurs tombeaux.

Remarquez que l'hôte inconnu est un *étranger* chez Homère, et un *voyageur* dans la Bible. Quelles différentes vues de l'humanité! Le grec ne porte qu'une idée politique et locale, où l'hébreu attache un sentiment moral et universel.

Chez Homère, les œuvres civiles se font avec fracas et parade : un juge, assis au milieu de la place publique, prononce à haute voix ses sentences; Nestor, au bord de la mer, fait des sacrifices ou harangue les peuples. Une noce a des flambeaux, des épithalames, des couronnes suspendues aux portes : une armée, un peuple entier, assistent aux funérailles d'un roi : un serment se fait au nom des Furies, avec des imprécations terribles, etc.

Jacob, sous un palmier, à l'entrée de sa tente, distribue la justice à ses pasteurs. « Mettez la main sur ma cuisse[1], dit Abraham à son serviteur, et jurez d'aller en Mésopotamie. » Deux mots suffisent pour conclure un mariage au bord de la fontaine. Le domestique amène l'accordée au fils de son maître, ou le fils du maître s'engage à garder pendant sept ans les troupeaux de son beau-père, pour obtenir sa fille. Un patriarche est porté par ses fils, après sa mort, à la cave de ses pères, dans le champ d'Éphron. Ces mœurs-là sont plus vieilles encore que les mœurs homériques, parce qu'elles sont plus

---

[1] *Femur meum.* Cette coutume de jurer par la génération des hommes est une naïve image des mœurs des premiers jours du monde, alors que la terre avoit encore d'immenses déserts, et que l'homme étoit pour l'homme ce qu'il y avoit de plus cher et de plus grand. Les Grecs connurent aussi cet usage, comme on le voit dans la *Vie de Cratès.* DIOG. LAERT., lib. VI.

simples ; elles ont aussi un calme et une gravité qui manquent aux premières.

3° *La narration.*

La narration d'Homère est coupée par des digressions, des discours, des descriptions de vases, de vêtements, d'armes et de sceptres; par des généalogies d'hommes ou de choses. Les noms propres y sont hérissés d'épithètes ; un héros manque rarement d'être *divin, semblable aux Immortels,* ou *honoré des peuples comme un dieu.* Une princesse a toujours *de beaux bras ;* elle est toujours comme *la tige du palmier de Délos,* et elle doit sa chevelure à la *plus jeune des Grâces.*

La narration de la Bible est rapide, sans digression, sans discours : elle est semée de sentences, et les personnages y sont nommés sans flatterie. Les noms reviennent sans fin, et rarement le pronom les remplace, circonstance qui, jointe au retour fréquent de la conjonction *et,* annonce, par cette simplicité, une société bien plus près de l'état de nature que la société peinte par Homère. Les amours-propres sont déjà éveillés dans les hommes de l'*Odyssée,* ils dorment encore chez les hommes de la Genèse.

4° *Description.*

Les descriptions d'Homère sont longues, soit qu'elles tiennent du caractère tendre ou terrible, ou triste, ou gracieux, ou fort, ou sublime.

La Bible, dans tous ses genres, n'a ordinairement qu'un seul trait; mais ce trait est frappant, et met l'objet sous les yeux.

5° *Les comparaisons.*

Les comparaisons homériques sont prolongées par des circonstances incidentes : ce sont de petits tableaux suspendus au pourtour d'un édifice, pour délasser la vue de l'élévation des dômes, en l'appelant sur des scènes de paysages et de mœurs champêtres.

Les comparaisons de la Bible sont généralement exprimées en quelques mots : c'est un lion, un torrent, un orage, un incendie, qui rugit, tombe, ravage, dévore. Toutefois elle connoît aussi les comparaisons détaillées; mais alors elle prend un tour oriental, et personnifie l'objet, comme l'orgueil dans le cèdre, etc.

6° *Le sublime.*

Enfin, le sublime dans Homère naît ordinairement de l'ensemble des parties, et arrive graduellement à son terme.

Dans la Bible il est presque toujours inattendu; il fond sur vous comme l'éclair; vous restez fumant et sillonné par la foudre, avant de savoir comment elle vous a frappé.

Dans Homère, le sublime se compose encore de la magnificence des mots en harmonie avec la majesté de la pensée.

Dans la Bible, au contraire, le plus haut sublime provient souvent d'un contraste entre la grandeur de l'idée et la petitesse, quelquefois même la trivialité du mot qui sert à la rendre. Il en résulte un ébranlement, un froissement incroyable pour l'âme: car lorsque, exalté par la pensée, l'esprit s'élance dans les plus hautes régions, soudain l'expression, au lieu de le soutenir, le laisse tomber du ciel en terre, et le précipite du sein de Dieu dans le limon de cet univers. Cette sorte de sublime, le plus impétueux de tous, convient singulièrement à un Être immense et formidable, qui touche à la fois aux plus grandes et aux plus petites choses.

CHAPITRE IV.

SUITE DU PARALLÈLE DE LA BIBLE ET D'HOMÈRE.

EXEMPLES.

Quelques exemples achèveront maintenant le développement de ce parallèle. Nous prendrons l'ordre inverse de nos premières bases; c'est-à-dire que nous commencerons par les lieux d'oraison dont on peut citer des traits courts et détachés (tels que le *sublime* et les *comparaisons*), pour finir par la *simplicité* et l'*antiquité des mœurs*.

Il y a un endroit remarquable par le sublime dans l'*Iliade* : c'est celui où Achille, après la mort de Patrocle, paroît désarmé sur le retranchement des Grecs, et épouvante les bataillons troyens par ses cris [1]. Le nuage d'or qui ceint le front du fils de Pélée, la flamme qui s'élève sur sa tête, la comparaison de cette flamme à un feu placé la nuit au

[1] *Iliad.*, liv. XVIII, v. 204.

haut d'une tour assiégée, les trois cris d'Achille, qui trois fois jettent la confusion dans l'armée troyenne : tout cela forme ce sublime homérique, qui, comme nous l'avons dit, se compose de la réunion de plusieurs beaux accidents et de la magnificence des mots.

Voici un sublime bien différent, c'est le mouvement de l'ode dans son plus haut délire.

« Prophétie contre la vallée de Vision.

« D'où vient que tu montes ainsi en foule sur les toits,

« Ville pleine de tumulte, ville pleine de peuple, ville triomphante ? Les enfants sont tués, et ils ne sont point morts par l'épée; ils ne sont point tombés par la guerre...

« Le Seigneur vous couronnera d'une couronne de maux. Il vous jettera comme une balle dans un champ large et spacieux. Vous mourrez là; et c'est à quoi se réduira le char de votre gloire [1]. »

Dans quel monde inconnu le prophète vous jette tout à coup! Où vous transporte-t-il ? Quel est celui qui parle, et à qui la parole est-elle adressée ? Le mouvement suit le mouvement, et chaque verset s'étonne du verset qui l'a précédé. La ville n'est plus un assemblage d'édifices, c'est une femme, ou plutôt un personnage mystérieux, car son sexe n'est pas désigné. Il monte sur *les toits pour gémir;* le prophète, partageant son désordre, lui dit au singulier, *pourquoi montes-tu,* et il ajoute, *en foule,*

---

[1] Is., chap. XII, v. 1-2, 18.

collectif. « Il vous jettera *comme une balle* dans *un champ spacieux, et c'est à quoi se réduira le char de votre gloire :* » voilà des alliances de mots et une poésie bien extraordinaires.

Homère a mille façons sublimes de peindre une mort violente; mais l'Écriture les a toutes surpassées par ce seul mot : « *Le premier-né de la mort dévorera sa beauté.* »

Le premier-né de la mort, pour dire *la mort la plus affreuse*, est une de ces figures qu'on ne trouve que dans la *Bible*. On ne sait pas où l'esprit humain a été chercher cela ; les routes pour arriver à ce sublime sont inconnues [1].

C'est ainsi que l'Écriture appelle encore la mort, *le roi des épouvantements;* c'est ainsi qu'elle dit, en parlant du méchant : « *Il a conçu la douleur et enfanté l'iniquité* [2]. »

Quand le même Job veut relever la grandeur de Dieu, il s'écrie : *L'enfer est nu devant ses yeux* [3] : — *c'est lui qui lie les eaux dans les nuées* [4] : — *il ôte le baudrier aux rois, et ceint leurs reins d'une corde* [5].

Le divin Théoclymène, au festin de Pénélope, est frappé des présages sinistres qui les menacent.

Ἀ δειλοί, etc. [6],

« Ah, malheureux ! que vous est-il arrivé de funeste ?

---

[1] Job, chap. xviii, v. 13. Nous avons suivi le sens de l'hébreu avec la Polyglotte de Ximenès, les versions de Sanctes Pagnin, d'Arius Montanus, etc. La Vulgate porte : *la mort aînée, primogenita mors.*

[2] *Id.*, ch. xv, v. 35.   [3] *Id.*, ch. xxvi, v. 6.   [4] *Id.*, ch. xvi, v. 12.
[5] *Id.*, chap. xii, v. 18.   [6] *Odyss.*, lib. xx, v. 351-57

quelles ténèbres sont répandues sur vos têtes, sur votre visage et autour de vos genoux débiles! Un hurlement se fait entendre, vos joues sont couvertes de pleurs. Les murs, les lambris sont teints de sang; cette salle, ce vestibule sont pleins de larves qui descendent dans l'Érèbe, à travers l'ombre. Le soleil s'évanouit dans le ciel, et la nuit des enfers se lève. »

Tout formidable que soit ce sublime, il le cède encore à la vision du livre de Job.

« Dans l'horreur d'une vision de nuit, lorsque le sommeil endort le plus profondément les hommes,

« Je suis saisi de crainte et de tremblement, et la frayeur pénétra jusqu'à mes os.

« *Un esprit passa devant ma face, et le poil de ma chair se hérissa d'horreur.*

« Je vis celui dont je ne connoissois point le visage. Un spectre parut devant mes yeux, et j'entendis une voix comme un petit souffle [1]. »

Il y a là beaucoup moins de sang, de ténèbres, de larves que dans Homère; mais ce *visage inconnu* et *ce petit souffle* sont en effet beaucoup plus terribles.

Quant à ce sublime qui résulte du choc d'une grande pensée et d'une petite image, nous allons en voir un bel exemple en parlant des comparaisons.

---

[1] Job, chap. IV, v. 13, 14, 15, 16. Les mots en italique indiquent les endroits où nous différons de Sacy. Il traduit : *Un esprit vint se présenter devant moi, et les cheveux m'en dressèrent à la tête.* On voit combien l'hébreu est plus énergique.

Si le chantre d'Ilion peint un jeune homme abattu par la lance de Ménélas, il le compare à un jeune olivier couvert de fleurs, planté dans un verger loin des feux du soleil, parmi la rosée et les zéphyrs; tout à coup un vent impétueux le renverse sur le sol natal, et il tombe au bord des eaux nourricières qui portoient la sève à ses racines. Voilà la longue comparaison homérique avec ces détails charmants :

Καλὸν, τηλεθάον, τὸ δέ τε πνοιαὶ δονέουσι
Παντοίων ἀνέμων, καί τε βρύει ἄνθεϊ λευκῷ [1].

On croit entendre les soupirs du vent dans la tige du jeune olivier. *Quam flatus motant omnium ventorum.*

La Bible, pour tout cela, n'a qu'un trait : « L'impie, dit-elle, se flétrira comme la vigne tendre, comme l'olivier qui laisse tomber sa fleur [2]. »

« La terre, s'écrie Isaïe, chancellera comme un homme ivre : elle sera transportée comme une tente dressée pour une nuit [3]. »

Voilà le sublime en contraste. Sur la phrase *elle sera transportée*, l'esprit demeure suspendu et attend quelque grande comparaison, lorsque le prophète ajoute, *comme une tente dressée pour une nuit.* On voit la terre qui nous paroît si vaste, déployée dans les airs comme un petit pavillon, ensuite emportée avec aisance par le *Dieu fort* qui l'a

---

[1] *Iliad.*, liv. XVII, v. 55-56.
[2] Job, chap. XV, v. 33.
[3] Is., chap. XXIV, v. 20.

tendue, et pour qui la durée des siècles est à peine comme une nuit rapide.

La seconde espèce de comparaison, que nous avons attribuée à la Bible, c'est-à-dire la *longue* comparaison, se rencontre ainsi dans Job :

« Vous verriez l'impie humecté avant le lever du soleil, et réjouir sa tige dans son jardin. Ses racines se multiplient dans un tas de pierres et s'y affermissent ; si on l'arrache de sa place, le lieu même où il étoit le renoncera, et lui dira : « Je ne t'ai point connu [1]. »

Combien cette comparaison, ou plutôt cette figure prolongée est admirable ! C'est ainsi que les méchants sont reniés par ces cœurs stériles, par *ces tas de pierres*, sur lesquels, dans leur coupable prospérité, ils jettent follement leurs racines. Ces cailloux, qui prennent la parole, offrent de plus une sorte de personnification presque inconnue au poëte de l'Ionie [2].

Ézéchiel, prophétisant la ruine de Tyr, s'écrie : « Les vaisseaux trembleront, maintenant que vous êtes saisie de frayeur, et les îles seront épouvantées dans la mer, en voyant que personne ne sort de vos portes [3]. »

Y a-t-il rien de plus effrayant que cette image ? On croit voir cette ville, jadis si commerçante et si peuplée, debout encore avec ses tours et ses édifices, tandis qu'aucun être vivant ne se promène

---

[1] Job, chap. VIII, v. 16, 17, 18.
[2] Homère a fait pleurer le rivage de l'Hellespont.
[3] Ézéchiel, chap. XXVI, v. 18.

dans ses rues solitaires, où ne passe sous ses portes désertes.

Venons aux exemples de narrations, où nous trouverons réunis *le sentiment, la description, l'image, la simplicité* et *l'antiquité des mœurs*.

Les passages les plus fameux, les traits les plus connus et les plus admirés dans Homère, se retrouvent presque mot pour mot dans la Bible, et toujours avec une supériorité incontestable.

Ulysse est assis au festin du roi Alcinoüs, Démodocus chante la guerre de Troie et les malheurs des Grecs.

Αὐτάρ Ὀδυσσεὺς, etc. [1].

« Ulysse, prenant dans sa forte main un pan de son superbe manteau de pourpre, le tiroit sur sa tête pour cacher son noble visage, et pour dérober aux Phéaciens les pleurs qui lui tomboient des yeux. Quand le chantre divin suspendoit ses vers, Ulysse essuyoit ses larmes, et, prenant une coupe, il faisoit des libations aux dieux. Quand Démodocus recommençoit ses chants, et que les anciens l'excitoient à continuer (car ils étoient charmés de ses paroles), Ulysse s'enveloppoit la tête de nouveau, et recommençoit à pleurer. »

Ce sont des beautés de cette nature qui, de siècle en siècle, ont assuré à Homère la première place entre les plus grands génies. Il n'y a point de honte à sa mémoire de n'avoir été vaincu dans de pareils tableaux que par des hommes écrivant sous la

[1] *Odyss.*, liv. VIII, v. 83, etc.

dictée du Ciel. Mais vaincu, il l'est sans doute, et d'une manière qui ne laisse aucun subterfuge à la critique.

Ceux qui ont vendu Joseph, les propres frères de cet homme puissant, retournent vers lui sans le reconnoître, et lui amènent le jeune Benjamin qu'il avoit demandé.

« Joseph les salua aussi en leur faisant bon visage, et il leur demanda : Votre père, ce vieillard dont vous parliez, vit-il encore, se porte-t-il bien ?

« Ils lui répondirent : Notre père, votre serviteur, est encore en vie, et il se porte bien ; et, en se baissant profondément, ils l'adorèrent.

« Joseph, levant les yeux, vit Benjamin, son frère, fils de Rachel sa mère, et il leur dit : Est-ce là le plus jeune de vos frères dont vous m'aviez parlé ? Mon fils, ajouta-t-il, je prie Dieu qu'il vous soit toujours favorable.

« Et il se hâta de sortir, parce que ses entrailles avoient été émues en voyant son frère, et *qu'il ne pouvoit plus retenir ses larmes;* passant donc dans une autre chambre, *il pleura.*

« Et après *s'être lavé le visage,* il revint, et, se faisant violence, dit à ses serviteurs : Servez à manger [1]. »

Voilà les larmes de Joseph en opposition à celles d'Ulysse ; voilà des beautés semblables, et cependant quelle différence de pathétique ! Joseph, pleurant à la vue de ses frères ingrats, et du jeune et innocent Benjamin, cette manière de demander

---

[1] *Genèse,* liv. XVI, v. 178 et suiv.

des nouvelles d'un père, cetté adorable simplicité, ce mélange d'amertume et de douceur, sont des choses ineffables; les larmes en viennent aux yeux, et l'on se sent prêt à pleurer comme Joseph.

Ulysse, caché chez Eumée, se fait reconnoître à Télémaque; il sort de la maison du pasteur, dépouille ses haillons, et, reprenant sa beauté par un coup de la baguette de Minerve, il rentre pompeusement vêtu.

Θάμϐησε δέ μιν φίλος υἱός, etc. [1].

« Son fils bien-aimé l'admire, et se hâte de détourner sa vue, dans la crainte que ce ne soit un dieu. Faisant un effort pour parler, il lui adresse rapidement ces mots : Étranger, tu me parois bien différent de ce que tu étois avant d'avoir ces habits, et tu n'es plus semblable à toi-même. Certes, tu es quelqu'un des dieux habitants du secret Olympe; mais sois-nous favorable, nous t'offrirons des victimes sacrées et des ouvrages d'or merveilleusement travaillés.

« Le divin Ulysse, pardonnant à son fils, répondit : Je ne suis point un dieu. Pourquoi me compares-tu aux dieux? *Je suis ton père*, pour qui tu supportes mille maux et les violences des hommes. Il dit, et il embrasse son fils, et les larmes qui coulent le long de ses joues viennent mouiller la terre; jusqu'alors il avoit eu la force de les retenir. »

Nous reviendrons sur cette reconnoissance, il faut voir auparavant celle de Joseph et de ses frères.

---

[1] *Odyss.*, chap. XLIII, v. 27 et suiv.

Joseph, après avoir fait mettre une coupe dans le sac de Benjamin, ordonne d'arrêter les enfants de Jacob ; ceux-ci sont consternés ; Joseph feint de vouloir retenir le coupable : Juda s'offre en otage pour Benjamin ; il raconte à Joseph que Jacob lui avoit dit, avant de partir pour l'Égypte :

« Vous savez que j'ai eu deux fils de Rachel ma femme.

« L'un d'eux étant allé aux champs, vous m'avez dit qu'une bête l'avoit dévoré, il ne paroît point jusqu'à cette heure.

« Si vous emmenez encore celui-ci, et qu'il lui arrive quelque accident dans le chemin, vous accablerez ma vieillesse d'une affliction qui la conduira au tombeau.

«Joseph ne pouvant plus se retenir, et parce qu'il étoit environné de plusieurs personnes, il commanda que l'on fît sortir tout le monde, afin que nul étranger ne fût présent lorsqu'il se feroit reconnoître de ses frères.

« Alors les larmes lui tombant des yeux, il éleva fortement sa voix, qui fut entendue des Égyptiens et de toute la maison de Pharaon.

« Il dit à ses frères : JE SUIS JOSEPH : mon père vit-il encore? Mais ses frères ne purent lui répondre, tant ils étoient saisis de frayeur.

« Il leur parla avec douceur, et leur dit : Approchez-vous de moi ; et s'étant approchés de lui, il ajouta : Je suis Joseph votre frère, que vous avez vendu pour l'Égypte.

«Ne craignez point. Ce n'est point par votre conseil que j'ai été envoyé ici, mais par la volonté de Dieu. Hâtez-vous d'aller trouver mon père.

« ..... Et s'étant jeté au cou de Benjamin son frère, il pleura, et Benjamin pleura aussi en le tenant embrassé.

« Joseph embrassa aussi tous ses frères, et il pleura sur chacun d'eux [1]. »

La voilà cette histoire de Joseph, et ce n'est point dans l'ouvrage d'un sophiste qu'on la trouve (car rien de ce qui est fait avec le cœur et des larmes n'appartient à des sophistes); on la trouve, cette histoire, dans le livre qui sert de base à une religion dédaignée des esprits forts, et qui seroit bien en droit de leur rendre mépris pour mépris. Voyons comment la reconnoissance de Joseph et de ses frères l'emporte sur celle d'Ulysse et de Télémaque.

Homère, ce nous semble, est d'abord tombé dans une erreur, en employant le *merveilleux*. Dans les scènes dramatiques, lorsque les passions sont émues, et que tous les miracles doivent sortir de l'âme, l'intervention d'une divinité refroidit l'action, donne aux sentiments l'air de la fable, et décèle le mensonge du poëte, où l'on ne pensoit trouver que la vérité. Ulysse, se faisant reconnoître sous ses haillons à quelque marque naturelle, eût été plus touchant. C'est ce qu'Homère lui-même avoit senti, puisque le roi d'Ithaque se découvre à sa nourrice Euryclée par une ancienne cicatrice, et à Laërte par la circonstance des treize poiriers que le vieillard avoit donnés à Ulysse enfant. On aime à voir que les entrailles du *destructeur des villes* sont formées comme celles du commun des

---

[1] *Genèse*, chap. XLIV, v. 27 et suiv.; chap. XLV, v. 1 et suiv.

hommes, et que les affections simples en composent le fond.

La reconnoissance est mieux amenée dans la Genèse : une coupe est mise, par la plus innocente vengeance, dans le sac d'un jeune frère innocent; des frères coupables se désolent, en pensant à l'affliction de leur père; l'image de la douleur de Jacob brise tout à coup le cœur de Joseph, et le force à se découvrir plus tôt qu'il ne l'avoit résolu. Quant au mot fameux, *je suis Joseph*, on sait qu'il faisoit pleurer d'admiration Voltaire lui-même. Le Πατὴρ τεος ειμὶ, *je suis ton père*, est bien inférieur à l'*ego sum Joseph*. Ulysse retrouve dans Télémaque un fils soumis et fidèle. Joseph parle à des frères qui l'*ont vendu;* il ne leur dit pas *je suis votre frère;* il leur dit seulement, je suis *Joseph*, et tout est pour eux dans ce nom de *Joseph*. Comme Télémaque, ils sont troublés; mais ce n'est pas la majesté du ministre de Pharaon qui les étonne, c'est quelque chose au fond de leur conscience.

Ulysse fait à Télémaque un long raisonnement pour lui prouver qu'il est son père : Joseph n'a pas besoin de tant de paroles avec les fils de Jacob. Il *les appelle auprès de lui :* car, s'il a *élevé* la voix *assez haut* pour être entendu de toute la maison de Pharaon, lorsqu'il a dit *je suis Joseph*, ses frères doivent être maintenant les *seuls* à entendre l'explication qu'il va ajouter à *voix basse* : *ego sum Joseph*, FRATER VESTER, QUEM VENDIDISTIS IN ÆGYPTUM; c'est la délicatesse, la générosité et la simplicité poussées au plus haut degré.

N'oublions pas de remarquer avec quelle bonté Joseph console ses frères, les excuses qu'il leur fournit en leur disant que, loin de l'avoir rendu misérable, ils sont au contraire la cause de sa grandeur. C'est à quoi l'Écriture ne manque jamais, de placer la Providence dans la perspective de ses tableaux. Ce grand conseil de Dieu, qui conduit les affaires humaines, alors qu'elles semblent le plus abandonnées aux lois du hasard, surprend merveilleusement l'esprit. On aime cette main cachée dans la nue, qui travaille incessamment les hommes; on aime à se croire quelque chose dans les projets de la Sagesse, et à sentir que le moment de notre vie est un dessein de l'éternité.

Tout est grand avec Dieu, tout est petit sans Dieu : cela s'étend jusque sur les sentiments. Supposez que tout se passe dans l'histoire de Joseph comme il est marqué dans la Genèse; admettez que le fils de Jacob soit aussi bon, aussi sensible qu'il l'est, mais qu'il soit *philosophe;* et qu'ainsi, au lieu de dire, je *suis ici par la volonté du* Seigneur, il dise, *fortune m'a été favorable,* les objets diminuent, le cercle se rétrécit, et le pathétique s'en va avec les larmes.

Enfin Joseph embrasse ses frères, comme Ulysse embrasse Télémaque, mais il commence par Benjamin. Un auteur moderne n'eût pas manqué de le faire se jeter de préférence au cou du frère le plus coupable, afin que son héros fût un vrai personnage de tragédie. La Bible a mieux connu le cœur humain : elle a su comment apprécier cette exagération de sentiment, par qui un homme a toujours l'air de s'efforcer d'atteindre à ce qu'il croit une grande chose, ou de dire ce qu'il pense un grand mot. Au reste, la comparaison qu'Homère a faite des sanglots de Télémaque et d'Ulysse aux cris d'un aigle et de ses aiglons (comparaison que nous avons supprimée) nous semble encore de trop dans ce lieu; « et, *s'étant jeté au cou de Benjamin pour l'embrasser, il pleura ; et Benjamin pleura aussi, en le tenant embrassé :* » c'est là la seule magnificence de style convenable en de telles occasions.

Nous trouverions dans l'Écriture plusieurs autres morceaux de narration de la même excellence que celui de Joseph; mais le lecteur peut aisément en faire la comparaison avec des passages d'Homère. Il comparera, par exemple, le livre de Ruth et le livre de la réception d'Ulysse chez Eumée. Tobie offre des ressemblances touchantes avec quelques scènes de l'*Iliade* et de l'*Odyssée :* Priam est conduit par Mercure, sous la forme d'un jeune homme, comme le fils de Tobie l'est par un ange, sous le même déguisement. Il ne faut pas oublier le chien qui court annoncer à de vieux parents le retour d'un fils chéri; et cet autre chien qui, resté fidèle parmi des serviteurs ingrats, accomplit ses destinées, dès qu'il a reconnu son maître sous les lambeaux de l'infortune. Nausicaa et la fille de Pharaon vont laver leurs robes aux fleuves : l'une y trouve Ulysse, et l'autre Moïse.

Il y a surtout dans la Bible de certaines façons

de s'exprimer, plus touchantes, selon nous, que toute la poésie d'Homère. Si celui-ci veut peindre la vieillesse, il dit :

Τοῖσι δὲ Νέςτωρ, etc.

« Nestor, cet orateur des Pyliens, cette bouche éloquente dont les paroles étoient plus douces que le miel, se leva au milieu de l'assemblée. Déjà il avoit charmé par ses discours deux générations d'hommes, entre lesquelles il avoit vécu dans la grande Pylos, et il régnoit maintenant sur la troisième [1]. »

Cette phrase est de la plus belle antiquité, comme de la plus douce mélodie. Le second vers imite la douceur du miel et l'éloquence onctueuse d'un vieillard :

Τοῦ καὶ ἀπὸ γλώσσης μέλιτος γλυκίων ῥέεν αὐδή.

Pharaon ayant interrogé Jacob sur son âge, le patriarche répond :

« Il y a cent trente ans que je suis voyageur. Mes jours ont été courts et mauvais, et ils n'ont point égalé ceux de mes pères [2]. »

Voilà deux sortes d'antiquités bien différentes : l'une est en images, l'autre en sentiments ; l'une réveille des idées riantes, l'autre des pensées tristes : l'une, représentant le chef d'un peuple, ne montre le vieillard que relativement à une position de la

[1] *Iliad.*, lib. I, v. 247-62.
[2] *Genèse*, chap. XLVII, v. 9.

vie; l'autre le considère individuellement et tout entier : en général Homère fait plus réfléchir sur les hommes, et la Bible sur l'homme.

Homère a souvent parlé des joies de deux époux; mais l'a-t-il fait de cette sorte?

« Isaac fit entrer Rébecca dans la tente de Sara sa mère, et il la prit pour épouse; et il eut tant de joie en elle, que la douleur qu'il avoit ressentie de la mort de sa mère fut tempérée [1]. »

Nous terminerons ce parallèle et notre poétique chrétienne par un essai qui fera comprendre dans un instant la différence qui existe entre le style de la Bible et celui d'Homère; nous prendrons un morceau de la première pour la peindre des couleurs du second. Ruth parle ainsi à Noémi :

« Ne vous opposez point à moi, en me forçant à vous quitter, et à m'en aller : en quelque lieu que vous alliez, j'irai avec vous. Je mourrai où vous mourrez; votre peuple sera mon peuple, et votre Dieu sera mon Dieu [2]. »

Tâchons de traduire ce verset en langue homérique.

« La belle Ruth répondit à la sage Noémi, honorée des peuples comme une déesse : Cessez de vous opposer à ce qu'une divinité m'inspire; je vous dirai la vérité telle que je la sais et sans déguisement. Je suis résolue de vous suivre. Je demeurerai avec vous, soit

---

[1] *Genèse*, chap. XXIII, v. 67.
[2] *Ruth.*, chap. I, v. 6.

que vous restiez chez les Moabites, habiles à lancer le javelot, soit que vous retourniez au pays de Juda, si fertile en oliviers. Je demanderai avec vous l'hospitalité aux peuples qui respectent les suppliants. Nos cendres seront mêlées dans la même urne, et je ferai au Dieu qui vous accompagne toujours des sacrifices agréables.

« Elle dit : et comme, lorsque le violent zéphyr amène une pluie tiède du côté de l'occident, les laboureurs préparent le froment et l'orge, et font des corbeilles de jonc très proprement entrelacées, car ils prévoient que cette ondée va amollir la glèbe, et la rendre propre à recevoir les dons précieux de Cérès, ainsi les paroles de Ruth, comme une pluie féconde, attendrirent le cœur de Noémi. »

Autant que nos foibles talents nous ont permis d'imiter Homère, voilà peut-être l'ombre du style de cet immortel génie. Mais le verset de Ruth, ainsi délayé, n'a-t-il pas perdu ce charme original qu'il a dans l'Écriture? Quelle poésie peut jamais valoir ce seul tour : « *Populus tuus populus meus, Deus tuus Deus meus.* » Il sera aisé maintenant de prendre un passage d'Homère, d'en effacer les couleurs, et de n'en laisser que le fond à la manière de la Bible.

Par-là nous espérons (du moins aussi loin que s'étendent nos lumières) avoir fait connoître aux lecteurs quelques-unes des innombrables beautés des livres saints : heureux si nous avons réussi à leur faire admirer cette grande et sublime pierre qui porte l'Église de Jésus-Christ!

« Si l'Écriture dit saint Grégoire-le-Grand, renferme des mystères capables d'exercer les plus éclairés, elle contient aussi des vérités simples propres à nourrir les humbles et les moins savants : elle porte à l'extérieur de quoi allaiter les enfants, et dans ses plus secrets replis, de quoi saisir d'admiration les esprits les plus sublimes. Semblable à un fleuve dont les eaux sont si basses en certains endroits, qu'un agneau pourroit y passer, et en d'autres si profondes, qu'un éléphant y nageroit. »

TROISIÈME PARTIE.
BEAUX ARTS ET LITTÉRATURE.

LIVRE PREMIER.
BEAUX ARTS.

CHAPITRE PREMIER.
MUSIQUE.

DE L'INFLUENCE DU CHRISTIANISME DANS LA MUSIQUE.

Frères de la poésie, les beaux arts vont être maintenant l'objet de nos études : attachés aux pas de la religion chrétienne, ils la reconnurent pour leur mère aussitôt qu'elle parut au monde ; ils lui prêtèrent leurs charmes terrestres ; elle leur donna sa divinité ; la musique nota ses chants, la peinture la représenta dans ses douloureux triomphes, la sculpture se plut à rêver avec elle sur les tombeaux, et l'architecture lui bâtit des temples sublimes et mystérieux comme sa pensée.

Platon a merveilleusement défini la nature de la musique : « On ne doit pas, dit-il, juger de la musique par le plaisir, ni rechercher celle qui n'auroit d'autre objet que le plaisir, mais celle qui contient en soi la ressemblance du beau. »

En effet, la musique, considérée comme art, est une imitation de la nature; sa perfection est donc de représenter *la plus belle nature possible*. Or le plaisir est une chose d'opinion, qui varie selon les temps, les mœurs et les peuples, et qui ne peut être le *beau*, puisque le *beau* est un, et existe absolument. De là toute institution qui sert à purifier l'âme, à en écarter le trouble et les dissonances, à y faire naître la *vertu*, est, par cette qualité même, propice à la plus *belle* musique, ou à l'imitation la plus parfaite du *beau*. Mais si cette institution est en outre de nature religieuse, elle possède alors les deux conditions essentielles à l'harmonie, le *beau* et le *mystérieux*. Le chant nous vient des anges, et la source des concerts est dans le ciel.

C'est la religion qui fait gémir, au milieu de la nuit, la vestale sous ses dômes tranquilles; c'est la religion qui chante si doucement au bord du lit de l'infortuné. Jérémie lui dut ses lamentations, et David ses pénitences sublimes. Plus fière sous l'ancienne alliance, elle ne peignit que les douleurs de monarques et de prophètes; plus modeste, et non moins royale sous la nouvelle loi, ses soupirs conviennent également aux puissants et aux foibles, parce qu'elle a trouvé dans Jésus-Christ l'humilité unie à la grandeur.

Ajoutons que la religion chrétienne est essentiellement mélodieuse, par la seule raison qu'elle aime la solitude. Ce n'est pas qu'elle soit ennemie du monde, elle s'y montre au contraire très aimable; mais cette céleste Philomèle préfère les retraites ignorées. Elle est un peu étrangère sous les toits des hommes; elle aime mieux les forêts, qui sont les palais de son père et son ancienne patrie. C'est là qu'elle élève la voix vers le firmament, au milieu des concerts de la nature: la nature publie sans cesse les louanges du Créateur, et il n'y a rien de plus religieux que les cantiques que chantent, avec les vents, les chênes et les roseaux du désert.

Ainsi le musicien qui veut suivre la religion dans ses rapports est obligé d'apprendre l'imitation des harmonies de la solitude. Il faut qu'il connoisse les sons que rendent les arbres et les eaux; il faut qu'il ait entendu le bruit du vent dans les cloîtres, et ces murmures qui règnent dans les temples gothiques, dans l'herbe des cimetières, et dans les souterrains des morts.

Le christianisme a inventé l'orgue et donné des soupirs à l'airain même. Il a sauvé la musique dans les siècles barbares: là où il a placé son trône, là s'est formé un peuple qui chante naturellement comme les oiseaux. Quand il a civilisé les Sauvages, ce n'a été que par des cantiques; et l'Iroquois, qui n'avoit point cédé à ses dogmes, a cédé à ses concerts. Religion de paix! vous n'avez pas, comme les autres cultes, dicté aux humains des préceptes de haine et de discorde, vous leur avez seulement enseigné l'amour et l'harmonie.

CHAPITRE II.

DU CHANT GRÉGORIEN.

Si l'histoire ne prouvoit pas que le chant grégorien est le reste de cette musique antique dont on raconte tant de miracles, il suffiroit d'examiner son échelle pour se convaincre de sa haute origine. Avant Gui-Arétin, elle ne s'élevoit pas au-dessus de la quinte, en commençant par l'*ut*, *ré*, *mi*, *fa*, *sol*. Ces cinq tons sont la gamme naturelle de la voix, et donnent une phrase musicale pleine et agréable.

M. Burette nous a conservé quelques airs grecs. En les comparant au plain-chant, on y reconnoît le même système. La plupart des psaumes sont sublimes de gravité, particulièrement le *Dixit Dominus Domino meo*, le *Confitebor tibi*, et le *Laudate, pueri*. L'*In exitu*, arrangé par Rameau, est d'un caractère moins ancien; il est peut-être du temps de l'*Ut queant laxis*, c'est-à-dire, du siècle de Charlemagne.

Le christianisme est sérieux comme l'homme, et son sourire même est grave. Rien n'est beau comme les soupirs que nos maux arrachent à la religion. L'office des morts est un chef-d'œuvre; on croit entendre les sourds retentissements du tombeau. Si l'on en croit une ancienne tradition, le *chant qui délivre les morts*, comme l'appelle un de nos meilleurs poëtes, est celui-là même que l'on chantoit aux pompes funèbres des Athéniens vers le temps de Périclès.

Dans l'office de la Semaine-Sainte on remarque la Passion de saint Matthieu. Le récitatif de l'historien, les cris de la populace juive, la noblesse des réponses de Jésus, forment un drame pathétique.

Pergolèze a déployé dans le *Stabat Mater* la richesse de son art; mais a-t-il surpassé le simple chant de l'Église? Il a varié la musique sur chaque strophe; et pourtant le caractère essentiel de la tristesse consiste dans la répétition du même sentiment, et, pour ainsi dire, dans la monotonie de la douleur. *Diverses* raisons peuvent faire couler les larmes; mais les larmes ont toujours une *semblable* amertume : d'ailleurs il est rare qu'on pleure à la fois pour une foule de maux; et quand les blessures sont multipliées, il y en a toujours une plus cuisante que les autres, qui finit par absorber les moindres peines. Telle est la raison du charme de nos vieilles romances françoises. Ce chant *pareil*, qui revient à chaque couplet sur des paroles variées, imite parfaitement la nature : l'homme qui souffre promène ainsi ses pensées sur différentes images, tandis que le fond de ses chagrins reste le même.

Pergolèze a donc méconnu cette vérité qui tient à la théorie des passions, lorsqu'il a voulu que pas un soupir de l'âme ne ressemblât au soupir qui l'avoit précédé. Partout où il y a variété, il y a distraction, et partout où il y a distraction, il n'y a plus de tristesse : tant l'unité est nécessaire au sentiment!

14.

tant l'homme est foible dans cette partie même où gît toute sa force, nous voulons dire dans la douleur!

La leçon des Lamentations de Jérémie porte un caractère particulier : elle peut avoir été retouchée par les modernes, mais le fond nous en paroît hébraïque; car il ne ressemble point aux airs grecs du plain-chant. Le Pentateuque se chantoit à Jérusalem, comme des bucoliques, sur un mode plein et doux; les prophéties se disoient d'un ton rude et pathétique, et les psaumes avoient un mode extatique qui leur étoit particulièrement consacré[1]. Ici nous retombons dans ces grands souvenirs que le culte catholique rappelle de toutes parts. Moïse et Homère, le Liban et le Cythéron, Solyme et Rome, Babylone et Athènes, ont laissé leurs dépouilles à nos autels.

Enfin c'est l'enthousiasme même qui inspira le *Te Deum.* Lorsque, arrêtée sur les plaines de Lens ou de Fontenoy, au milieu des foudres et du sang fumant encore, aux fanfares des clairons et des trompettes, une armée françoise, sillonnée des feux de la guerre, fléchissoit le genou et entonnoit l'hymne au Dieu des batailles; ou bien, lorsqu'au milieu des lampes, des masses d'or, des flambeaux, des parfums, aux soupirs de l'orgue, au balancement des cloches, au frémissement des serpents et des basses, cette hymne faisoit résonner les vitraux, les souterrains et les dômes d'une basilique, alors

---

[1] Bonnet, *Histoire de la Musique et de ses effets.*

il n'y avoit point d'homme qui ne se sentît transporté, point d'homme qui n'éprouvât quelque mouvement de ce délire que faisoit éclater Pindare aux bois d'Olympie, ou David au torrent de Cédron.

Au reste, en ne parlant que des chants grecs de l'Église, on sent que nous n'employons pas tous nos moyens, puisque nous pourrions montrer les Ambroise, les Damase, les Léon, les Grégoire, travaillant eux-mêmes au rétablissement de l'art musical; nous pourrions citer ces chefs-d'œuvre de la musique moderne, composés pour les fêtes chrétiennes, les Vinci, les Léo, les Hasse, les Galuppi, les Durante, élevés, formés ou protégés dans les oratoires de Venise, de Naples, de Rome, et à la cour des souverains pontifes.

CHAPITRE III.

PARTIE HISTORIQUE DE LA PEINTURE CHEZ LES MODERNES.

La Grèce raconte qu'une jeune fille, apercevant l'ombre de son amant sur un mur, dessina les contours de cette ombre. Ainsi, selon l'antiquité, une passion volage produisit l'art des plus parfaites illusions.

L'école chrétienne a cherché un autre maître; elle le reconnoît dans cet artiste qui, pétrissant un peu de limon entre ses mains puissantes, prononça ces paroles : *Faisons l'homme à notre image.* Donc, pour nous, le premier trait du dessin a existé dans l'idée éternelle de Dieu, et la première statue que vit le monde fut cette fameuse argile animée du souffle du Créateur.

Il y a une force d'erreur qui contraint au silence, comme la force de vérité : l'une et l'autre, poussées au dernier degré, emportent conviction, la première négativement, la seconde affirmativement. Ainsi, lorsqu'on entend soutenir que le Christianisme est l'ennemi des arts, on demeure muet d'étonnement, car à l'instant même on ne peut s'empêcher de se rappeler Michel-Ange, Raphaël, Carrache, Dominique, Le Sueur, Poussin, Coustou, et tant d'autres artistes, dont les seuls noms rempliroient des volumes.

Vers le milieu du quatrième siècle, l'Empire romain, envahi par les Barbares et déchiré par l'hérésie, tomba en ruine de toutes parts. Les arts ne trouvèrent plus de retraites qu'auprès des chrétiens et des empereurs orthodoxes. Théodose, par une loi spéciale *de excusatione artificium*, déchargea les peintres et leurs familles de tout tribut et du logement d'hommes de guerre. Les Pères de l'Église ne tarissent point sur les éloges qu'ils donnent à la peinture. Saint Grégoire s'exprime d'une manière remarquable : *Vidi sæpius inscriptionis imaginem, et sine lacrymis transire non potui, cum tam efficaciter ob oculos poneret historiam*[1]; c'étoit un tableau représentant le sacrifice d'Abraham. Saint Basile va plus loin, car il assure que les peintres

---

[1] *Deuxième Conc. de Nic.*, act. XL.

font autant par leurs tableaux que les orateurs par leur éloquence[1]. Un moine nommé Méthodius peignit dans le huitième siècle ce *Jugement dernier* qui convertit Bogoris, roi des Bulgares[2]. Les prêtres avoient rassemblé au collége de l'Orthodoxie, à Constantinople, la plus belle bibliothèque du monde, et les chefs-d'œuvre des arts : on y voyoit en particulier la Vénus de Praxitèle[3], ce qui prouve au moins que les fondateurs du culte catholique n'étoient pas des *barbares* sans goût, des *moines bigots*, livrés à une *absurde superstition*.

Ce collége fut dévasté par les empereurs iconoclastes. Les professeurs furent brûlés vifs, et ce ne fut qu'au péril de leurs jours que des *chrétiens* parvinrent à sauver la peau de dragon, de cent vingt pieds de longueur, où les œuvres d'*Homère* étoient écrites en lettres d'or. On livra aux flammes les tableaux des églises. De stupides et furieux hérésiarques, assez semblables aux puritains de Cromwell, hachèrent à coups de sabre les mosaïques de l'église de *Notre-Dame* de Constantinople et du palais des *Blaquernes*. Les persécutions furent poussées si loin, qu'elles enveloppèrent les peintres eux-mêmes : on leur défendit, sous peine de mort, de continuer leurs études. Le *moine* Lazare eut le courage d'être le martyr de son art. Ce fut en vain que Théophile lui fit brûler les mains pour l'empêcher de tenir le pinceau. Caché dans le souterrain

---

[1] Saint Basile, *hom.* xx.
[2] Curopal, Cedren., Zonar., Maimb., *Hist. des Iconocl.*
[3] Cedren., Zonar., Constant. et Maimb., *Hist. des Iconocl.*, etc.

de l'église de *Saint-Jean-Baptiste*, le religieux peignit avec ses doigts mutilés le grand saint dont il étoit le suppliant[1], digne sans doute de devenir le patron des peintres et d'être reconnu de cette famille sublime que le souffle de l'esprit ravit au-dessus des hommes.

Sous l'empire des Goths et des Lombards, le christianisme continua de tendre une main secourable aux talents. Ces efforts se remarquent surtout dans les églises bâties par Théodoric, Luitprand et Didier. Le même esprit de religion inspira Charlemagne; et l'église des *Apôtres*, élevée par ce grand prince à Florence, passe encore, même aujourd'hui, pour un assez beau monument[2].

Enfin, vers le treizième siècle, la religion chrétienne, après avoir lutté contre mille obstacles, ramena en triomphe le chœur des muses sur la terre. Tout se fit pour les églises, et par la protection des pontifes et des princes religieux. Bouchet, Grec d'origine, fut le premier architecte; Nicolas le premier sculpteur, et Cimabué le premier peintre, qui tirèrent le goût antique des ruines de Rome et de la Grèce. Depuis ce temps, les arts, entre diverses mains et par divers génies, parvinrent jusqu'à ce siècle de Léon X, où éclatèrent, comme des soleils, Raphaël et Michel-Ange.

On sent qu'il n'est pas de notre sujet de faire l'histoire complète de l'art. Tout ce que nous devons

---

[1] Maimb., *Hist. des Iconocl.*; Cedren, Curopal.
[2] Vasari, *Poem. del Vit.*

montrer, c'est en quoi le christianisme est plus favorable à la peinture qu'une autre religion. Or, il est aisé de prouver trois choses : 1° que la religion chrétienne, étant d'une nature spirituelle et mystique, fournit à la peinture un *beau idéal* plus parfait et plus divin que celui qui naît d'un culte matériel ; 2° que, corrigeant la laideur des passions, ou les combattant avec force, elle donne des tons plus sublimes à la figure humaine, et fait mieux sentir l'âme dans les muscles, et les liens de la matière ; 3° enfin, qu'elle a fourni aux arts des sujets plus beaux, plus riches, plus dramatiques, plus touchants que les sujets mythologiques.

Les deux premières propositions ont été amplement développées dans notre examen de la poésie : nous ne nous occuperons donc que de la troisième.

CHAPITRE IV.

DES SUJETS DE TABLEAUX.

Vérités fondamentales.

1° Les sujets antiques sont restés sous la main des peintres modernes : ainsi, avec les scènes mythologiques, ils ont de plus les scènes chrétiennes.

2° Ce qui prouve que le christianisme parle plus au génie que la fable, c'est qu'en général nos grands peintres ont mieux réussi dans les fonds sacrés que dans les fonds profanes.

3° Les costumes modernes conviennent peu aux

arts d'imitation : mais le culte catholique a fourni à la peinture des costumes aussi nobles que ceux de l'antiquité [1].

Pausanias [2], Pline [3] et Plutarque [4] nous ont conservé la description des tableaux de l'école grecque [5]. Zeuxis avoit pris pour sujet de ses trois principaux ouvrages, Pénélope, Hélène et l'Amour. Polygnote avoit figuré sur les murs du temple de Delphes le sac de Troie et la descente d'Ulysse aux enfers. Euphanor peignit les douze dieux, Thésée donnant des lois, et les batailles de Cadmée, de Leuctres et de Mantinée. Apelles représenta Vénus Anadyomène, sous les traits de Campaspe; Ætion les noces d'Alexandre et de Roxane, et Timanthe, le sacrifice d'Iphigénie.

Rapprochez ces sujets des sujets chrétiens, et vous en sentirez l'infériorité. Le sacrifice d'Abraham, par exemple, est aussi touchant, et d'un goût plus simple que celui d'Iphigénie : il n'y a là ni soldats, ni groupe, ni tumulte, ni ce mouvement qui sert à distraire de la scène. C'est le sommet d'une montagne; c'est un patriarche qui compte

---

[1] Et ces costumes des Pères et des premiers chrétiens, costumes qui sont passés à nos religieux, ne sont autres que la robe des anciens philosophes grecs, appelée περιβόλαιον ou *pallium*. Ce fut même un sujet de persécution pour les fidèles; lorsque les Romains ou les Juifs les apercevoient ainsi vêtus, ils s'écrioient : Ὁ γραικος ἐπιθετής! *ó l'imposteur grec!* (HIER., *ep.* x, *ad Furiam.*) On peut voir KORTHOLT, *de Morib. christ.*, cap. III, p. 23; et BAR., an. LVI, n° 11. TERTULLIEN a écrit un livre entier (*de Pallio*) sur ce sujet.

[2] PAUS., liv. v.   [3] PLIN., liv. xxxv, chap. VIII, IX.
[4] PLUT., *in Hipp. Pomp. Lucul.*, etc.
[5] Voyez la note 1, à la fin du volume.

ses années par siècle ; c'est un couteau levé sur un *fils-unique ;* c'est le bras de Dieu arrêtant le bras paternel. Les histoires de l'Ancien-Testament ont rempli nos temples de pareils tableaux, et l'on sait combien les mœurs patriarcales, les costumes de l'Orient, la grande nature des animaux et des solitudes de l'Asie sont favorables au pinceau.

Le Nouveau-Testament change le génie de la peinture. Sans lui rien ôter de sa sublimité, il lui donne plus de tendresse. Qui n'a cent fois admiré les *Nativités*, les *Vierges et* l'*Enfant*, les *Fuites dans le désert*, les *Couronnements d'Épines*, les *Sacrements*, les *Missions* des apôtres, les *Descentes de croix*, les *Femmes au saint Sépulcre!* Des bacchanales, des fêtes de Vénus, des rapts, des métamorphoses, peuvent-ils toucher le cœur comme les tableaux tirés de l'Écriture? Le christianisme nous montre partout la vertu et l'infortune, et le polythéisme est un culte de crimes et de prospérité. Notre religion à nous, c'est notre histoire : c'est pour nous que tant de spectacles tragiques ont été donnés au monde : nous sommes parties dans les scènes que le pinceau nous étale, et les accords les plus moraux et les plus touchants se reproduisent dans les sujets chrétiens. Soyez à jamais glorifiée, religion de Jésus-Christ, vous qui aviez représenté au Louvre *le Roi des rois crucifié*, *le Jugement dernier* au plafond de la salle de nos juges, *une Résurrection* à l'hôpital général, et *la Naissance du Sauveur* à la maison de ces orphelins délaissés de leurs pères et de leurs mères !

Au reste, nous pouvons dire ici des sujets de tableaux ce que nous avons dit ailleurs des sujets de poëmes : le christianisme a fait naître pour le peintre une partie dramatique très supérieure à celle de la mythologie. C'est aussi la religion qui nous a donné les Claude le Lorrain, comme elle nous a fourni les Delille et les Saint-Lambert [1]. Mais tant de raisonnements sont inutiles : parcourez la galerie du Louvre, et dites encore, si vous le pouvez, que le génie du christianisme est peu favorable aux beaux arts.

CHAPITRE V.

SCULPTURE.

A quelques différences près qui tiennent à la partie technique de l'art, ce que nous avons dit de la peinture s'applique également à la sculpture.

La statue de Moïse, par Michel-Ange, à Rome ; Adam et Ève, par Baccio, à Florence; le groupe du Vœu de Louis XIII, par Coustou, à Paris; le saint Denis, du même; le tombeau du cardinal de Richelieu, ouvrage du double génie de Le Brun et de Girardon; le monument de Colbert, exécuté d'après le dessin de Le Brun, par Coyzevox et Tuby; le Christ, la Mère de pitié, les huit Apôtres de Bouchardon, et plusieurs autres statues du genre

---

[1] Voyez la note K, à la fin du volume.

pieux, montrent que le christianisme ne sauroit pas moins animer le marbre que la toile.

Cependant il est à désirer que les sculpteurs bannissent à l'avenir de leurs compositions funèbres ces squelettes qu'ils ont placés au monument : ce n'est point là le génie du christianisme, qui peint le trépas si beau pour le juste.

Il faut également éviter de représenter des cadavres[1] (quel que soit d'ailleurs le mérite de l'exécution), ou l'humanité succombant sous de longues infirmités[2]. Un guerrier expirant au champ d'honneur dans la force de l'âge peut être superbe, mais un corps usé de maladies est une image que les arts repoussent, à moins qu'il ne s'y mêle un miracle, comme dans le tableau de saint Charles Borromée[3]. Qu'on place donc au monument d'un chrétien, d'un côté, les pleurs de la famille et les regrets des hommes; de l'autre, le sourire de l'espérance et les joies célestes : un tel sépulcre, des deux bords duquel on verroit ainsi les scènes du temps et de l'éternité, seroit admirable. La mort pourroit y paroître, mais sous les traits d'un ange à la fois doux et sévère; car le tombeau du juste doit toujours faire s'écrier avec saint Paul : *O mort! où est ta victoire? qu'as-tu fait de ton aiguillon*[4]?

---

[1] Comme aux mausolées de François Iᵉʳ et d'Anne de Bretagne.

[2] Comme au tombeau du duc d'Harcourt.

[3] La peinture souffre plus facilement la représentation du cadavre que la sculpture, parce que dans celle-ci le marbre, offrant des forces palpables et glacées, ressemble trop à la vérité.

[4] *I Cor.*, chap. xv, v. 55.

CHAPITRE VI.

ARCHITECTURE.

HOTEL DES INVALIDES.

En traitant de l'influence du christianisme dans les arts, il n'est besoin ni de subtilité, ni d'éloquence ; les monuments sont là pour répondre aux détracteurs du culte évangélique. Il suffit, par exemple, de nommer Saint-Pierre de Rome, Sainte-Sophie de Constantinople, et Saint-Paul de Londres, pour prouver qu'on est redevable à la religion des trois chefs-d'œuvre de l'architecture moderne.

Le christianisme a rétabli dans l'architecture, comme dans les autres arts, les véritables proportions. Nos temples, moins petits que ceux d'Athènes, et moins gigantesques que ceux de Memphis, se tiennent dans ce sage milieu où règnent le beau et le goût par excellence. Au moyen du *dôme,* inconnu des anciens, la religion a fait un heureux mélange de ce que l'ordre gothique a de hardi, et de ce que les ordres grecs ont de simple et de gracieux.

Ce dôme, qui se change en *clocher,* dans la plupart de nos églises, donne à nos hameaux et à nos villes un caractère moral que ne pouvoient avoir les cités antiques. Les yeux du voyageur viennent d'abord s'attacher sur cette flèche religieuse dont l'aspect réveille une foule de sentiments et de souvenirs : c'est la pyramide funèbre autour de laquelle dorment les aïeux ; c'est le monument de joie où l'airain sacré annonce la vie du fidèle ; c'est là que les époux s'unissent ; c'est là que les chrétiens se prosternent au pied des autels, le foible pour prier le Dieu de force, le coupable pour implorer le Dieu de miséricorde, l'innocent pour chanter le Dieu de bonté. Un paysage paroît-il nu, triste, désert, placez-y un clocher champêtre ; à l'instant tout va s'animer : les douces idées de *pasteur* et de *troupeau*, d'asile pour le voyageur, d'aumône pour le pèlerin, d'hospitalité et de fraternité chrétienne, vont naître de toutes parts.

Plus les âges qui ont élevé nos monuments ont eu de piété et de foi, plus ces monuments ont été frappants par la grandeur et la noblesse de leur caractère. On en voit un exemple remarquable dans l'hôtel des *Invalides* et dans l'*École militaire* : on diroit que le premier a fait monter ses voûtes dans le ciel à la voix du siècle religieux, et que le second s'est abaissé vers la terre à la parole du siècle athée.

Trois corps-de-logis, formant avec l'église un carré long, composent l'édifice des *Invalides*. Mais quel goût dans cette simplicité ! quelle beauté dans cette cour, qui n'est pourtant qu'un cloître militaire où l'art a mêlé les idées guerrières aux idées religieuses, et marié l'image d'un camp de vieux soldats aux souvenirs attendrissants d'un hospice ! C'est à la fois le monument du *Dieu des armées* et du *Dieu de l'Évangile*. Là rouille des siècles qui commence à le couvrir lui donne de nobles rapports avec ces vétérans, ruines animées, qui se promènent sous ses vieux portiques. Dans les avant-cours, tout retrace l'idée des combats : fossés, glacis, remparts, canons, tentes, sentinelles. Pénétrez-vous plus avant, le bruit s'affoiblit par degrés, et va se perdre à l'église, où règne un profond silence. Ce bâtiment religieux est placé derrière les bâtiments militaires, comme l'image du repos et de l'espérance, au fond d'une vie pleine de troubles et de périls.

Le siècle de Louis XIV est peut-être le seul qui ait bien connu ces convenances morales, et qui ait toujours fait dans les arts ce qu'il falloit faire, rien de moins, rien de plus. L'or du commerce a élevé les fastueuses colonnades de l'hôpital de *Greenwich*, en Angleterre; mais il y a quelque chose de plus fier et de plus imposant dans la masse des *Invalides*. On sent qu'une nation qui bâtit de tels palais pour la vieillesse de ses armées a reçu la puissance du glaive, ainsi que le sceptre des arts.

CHAPITRE VII.

VERSAILLES.

La peinture, l'architecture, la poésie et la grande éloquence ont toujours dégénéré dans les siècles philosophiques. C'est que l'esprit raisonneur, en détruisant l'imagination, sape les fondements des beaux arts. On croit être plus habile parce qu'on redresse quelques erreurs de physique (qu'on remplace par toutes les erreurs de la raison); et l'on rétrograde en effet, puisqu'on perd une des plus belles facultés de l'esprit.

C'est dans Versailles que les pompes de l'âge religieux de la France s'étoient réunies. Un siècle s'est à peine écoulé, et ces bosquets, qui retentissoient du bruit des fêtes, ne sont plus animés que par la voix de la cigale et du rossignol. Ce palais, qui lui seul est comme une grande ville, ces escaliers de marbre qui semblent monter dans les nues, ces statues, ces bassins, ces bois, sont maintenant ou croulants, ou couverts de mousse, ou desséchés, ou abattus, et pourtant cette demeure des rois n'a jamais paru ni plus pompeuse, ni moins solitaire. Tout étoit vide autrefois dans ces lieux; la petitesse de la dernière cour (avant que cette cour eût pour elle la grandeur de son infortune) sembloit trop à l'aise dans les vastes réduits de Louis XIV.

Quand le temps a porté un coup aux empires, quelque grand nom s'attache à leurs débris et les couvre. Si la noble misère du guerrier succède aujourd'hui dans Versailles à la magnificence des cours, si des tableaux de miracles et de martyrs y remplacent de profanes peintures, pourquoi l'ombre de Louis XIV s'en offenseroit-elle ? Il rendit illustres la religion, les arts et l'armée : il est beau que les ruines de son palais servent d'abri aux ruines de l'armée, des arts et de la religion.

CHAPITRE VIII.

DES ÉGLISES GOTHIQUES.

Chaque chose doit être mise en son lieu, vérité triviale à force d'être répétée, mais sans laquelle, après tout, il ne peut y avoir rien de parfait. Les Grecs n'auroient pas plus aimé un temple égyptien à Athènes que les Égyptiens un temple grec à Memphis. Ces deux monuments, changés de place, auroient perdu leur principale beauté, c'est-à-dire leurs rapports avec les institutions et les habitudes des peuples. Cette réflexion s'applique pour nous aux anciens monuments du christianisme. Il est même curieux de remarquer que, dans ce siècle incrédule, les poëtes et les romanciers, par un retour naturel vers les mœurs de nos aïeux, se plaisent à introduire dans leurs fictions des souterrains, des fantômes, des châteaux, des temples gothiques :

tant ont de charmes les souvenirs qui se lient à la religion et à l'histoire de la patrie! les nations ne jettent pas à l'écart leurs antiques mœurs comme on se dépouille d'un vieil habit. On leur en peut arracher quelques parties, mais il en reste des lambeaux qui forment avec les nouveaux vêtements une effroyable bigarrure.

On aura beau bâtir des temples grecs bien élégants, bien éclairés, pour rassembler le *bon peuple* de saint Louis, et lui faire adorer un Dieu *métaphysique*, il regrettera toujours ces *Notre-Dame* de Reims et de Paris, ces basiliques toutes moussues, toutes remplies des générations des décédés et des âmes de ses pères; il regrettera toujours la tombe de quelques messieurs de Montmorency, sur laquelle il *souloit* se mettre à genoux durant la messe, sans oublier les sacrées fontaines où il fut porté à sa naissance. C'est que tout cela est essentiellement lié à nos mœurs; c'est qu'un monument n'est vénérable qu'autant qu'une longue histoire du passé est pour ainsi dire empreinte sous ces voûtes toutes noires de siècles. Voilà pourquoi il n'y a rien de merveilleux dans un temple qu'on a vu bâtir, et dont les échos et les dômes se sont formés sous nos yeux. Dieu est la loi éternelle; son origine et tout ce qui tient à son culte doit se perdre dans la nuit des temps.

On ne pouvoit entrer dans une église gothique sans éprouver une sorte de frissonnement et un sentiment vague de la Divinité. On se trouvoit tout à coup reporté à ces temps où des cénobites, après

15.

avoir médité dans les bois de leurs monastères, se venoient prosterner à l'autel, et chanter les louanges du Seigneur dans le calme et le silence de la nuit. L'ancienne France sembloit revivre : on croyoit voir ces costumes singuliers, ce peuple si différent de ce qu'il est aujourd'hui ; on se rappeloit et les révolutions de ce peuple, et ses travaux, et ses arts. Plus ces temps étoient éloignés de nous, plus ils nous paroissoient magiques, plus ils nous remplissoient de ces pensées qui finissent toujours par une réflexion sur le néant de l'homme et la rapidité de la vie.

L'ordre gothique, au milieu de ces proportions barbares, a toutefois une beauté qui lui est particulière [1].

Les forêts ont été les premiers temples de la Divinité, et les hommes ont pris dans les forêts la première idée de l'architecture. Cet art a donc dû varier selon les climats. Les Grecs ont tourné l'élégante colonne corinthienne avec son chapiteau de feuilles sur le modèle du palmier [2]. Les énormes piliers du vieux style égyptien représentent le sycomore, le figuier oriental, le bananier et la plupart des arbres gigantesques de l'Afrique et de l'Asie.

---

[1] On pense qu'il nous vient des Arabes, ainsi que la sculpture du même style. Son affinité avec les monuments de l'Égypte nous porteroit plutôt à croire qu'il nous a été transmis par les premiers chrétiens d'Orient ; mais nous aimons mieux encore rapporter son origine à la nature.

[2] Vitruve raconte autrement l'invention du chapiteau ; mais cela ne détruit pas ce principe général, que l'architecture est née dans

Les forêts des Gaules ont passé à leur tour dans les temples de nos pères, et nos bois de chênes ont ainsi maintenu leur origine sacrée. Ces voûtes ciselées en feuillages, ces jambages qui appuient les murs et finissent brusquement comme des troncs brisés, la fraîcheur des voûtes, les ténèbres du sanctuaire, les ailes obscures, les passages secrets, les portes abaissées, tout retrace les labyrinthes des bois dans l'église gothique; tout en fait sentir la religieuse horreur, les mystères et la divinité. Les deux tours hautaines plantées à l'entrée de l'édifice surmontent les ormes et les ifs du cimetière, et font un effet pittoresque sur l'azur du ciel. Tantôt le jour naissant illumine leurs têtes jumelles; tantôt elles paroissent couronnées d'un chapiteau de nuages, ou grossies dans une atmosphère vaporeuse. Les oiseaux eux-mêmes semblent s'y méprendre et les adopter pour les arbres de leurs forêts : des corneilles voltigent autour de leurs faîtes et se perchent sur leurs galeries. Mais tout à coup des rumeurs confuses s'échappent de la cime de ces tours et en chassent les oiseaux effrayés. L'architecte chrétien, non content de bâtir des forêts, a voulu, pour ainsi dire, en imiter les murmures; et, au moyen de l'orgue et du bronze suspendu, il a at-

---

les bois. On peut seulement s'étonner qu'on n'ait pas, d'après la variété des arbres, mis plus de variété dans la colonne. Nous concevons, par exemple, une colonne qu'on pourroit appeler *palmiste*, et qui seroit la représentation naturelle du palmier. Un orbe de feuilles un peu recourbées, et sculptées au haut d'un léger fût de marbre, feroit, ce nous semble, un effet charmant dans un portique.

taché au temple gothique jusqu'au bruit des vents et des tonnerres, qui roulent dans la profondeur des bois. Les siècles, évoqués par ces sons religieux, font sortir leurs antiques voix du sein des pierres, et soupirent dans la vaste basilique : le sanctuaire mugit comme l'antre de l'ancienne Sibylle; et tandis que l'airain se balance avec fracas sur votre tête, les souterrains voûtés de la mort se taisent profondément sous vos pieds.

LIVRE DEUXIÈME.
PHILOSOPHIE.

CHAPITRE PREMIER.

ASTRONOMIE ET MATHÉMATIQUES.

Considérons maintenant les effets du christianisme dans la littérature en général. On peut la classer sous ces trois chefs principaux : philosophie, histoire, éloquence.

Par *philosophie*, nous entendons ici l'étude de toute espèce de sciences.

On verra qu'en défendant la religion, nous n'attaquons point la *sagesse* : nous sommes loin de confondre la morgue sophistique avec les saines connoissances de l'esprit et du cœur. La *vraie philosophie* est l'innocence de la vieillesse des peuples, lorsqu'ils ont cessé d'avoir des vertus par instinct, et qu'ils n'en ont plus que par raison : cette seconde innocence est moins sûre que la première ; mais, lorsqu'on y peut atteindre, elle est plus sublime.

De quelque côté qu'on envisage le culte évangélique, on voit qu'il agrandit la pensée, et qu'il est propre à l'expansion des sentiments. Dans les sciences, ses dogmes ne s'opposent à aucune vérité naturelle; sa doctrine ne défend aucune étude. Chez les anciens, un philosophe rencontroit toujours quelque divinité sur sa route; il étoit, sous peine de mort ou d'exil, condamné par les prêtres d'Apollon ou de Jupiter, à être absurde toute sa vie. Mais comme le Dieu des chrétiens ne s'est pas logé à l'étroit dans un soleil, il a livré les astres aux vaines recherches des savants; *il a jeté le monde devant eux, comme une pâture pour leurs disputes* [1]. Le physicien peut peser l'air dans son tube, sans craindre d'offenser *Junon*. Ce n'est pas des éléments de notre corps, mais des vertus de notre âme, que le souverain Juge nous demandera compte un jour.

Nous savons qu'on ne manquera pas de rappeler quelques bulles du Saint-Siége, ou quelques décrets de la Sorbonne, qui condamnent telle ou telle découverte philosophique; mais aussi combien ne pourroit-on pas citer d'arrêts de la cour de Rome en faveur de ces mêmes découvertes? Qu'est-ce donc à dire, sinon que les prêtres, qui sont hommes comme nous, se sont montrés plus ou moins éclairés, selon le cours naturel des siècles? Il suffit que le christianisme *lui-même* ne prononce rien contre les sciences pour que nous soyons fondé à soutenir notre première assertion.

Au reste, remarquons bien que l'Église a presque toujours protégé les arts, quoiqu'elle ait découragé quelquefois les études abstraites : en cela elle a montré sa sagesse accoutumée. Les hommes ont

---

[1] *Ecclésiaste*, III, v. 11.

beau se tourmenter, ils n'entendront jamais rien à la nature, parce que ce ne sont pas eux qui ont dit à la mer : *Vous viendrez jusque-là, vous ne passerez pas plus loin, et vous briserez ici l'orgueil de vos flots* [1]. Les systèmes succéderont éternellement aux systèmes, et la vérité restera toujours inconnue. *Que ne plaît-il un jour à la nature*, s'écrie Montaigne, *de nous ouvrir son sein? O Dieu! quel abus, quels mécomptes nous trouverions en notre pauvre science* [2] !

Les anciens législateurs, d'accord sur ce point comme sur beaucoup d'autres avec les principes de la religion chrétienne, s'opposoient aux philosophes [3], et combloient d'honneurs les artistes [4]. Ces prétendues persécutions du christianisme contre les sciences doivent donc être aussi reprochées aux anciens, à qui toutefois nous reconnoissons tant de sagesse. L'an de Rome 591, le sénat rendit un décret pour bannir les philosophes de la ville; et six ans après, Caton se hâta de faire renvoyer Carnéade, ambassadeur des Athéniens, « de peur, disoit-il, que la jeunesse, en prenant du goût pour les subtilités des Grecs, ne perdît la simplicité des mœurs antiques. » Si le système de Copernic fut méconnu de la cour de Rome, n'éprouva-t-il pas un pareil sort chez les Grecs? « Aristarchus, dit

---

[1] Job, xxxvii, v. 11.
[2] *Essais*, liv. ii, chap. xii.
[3] Xenoph., *Hist. Græc.*; Plut., *Mor.*; Plat., *in Phœd, in Repub.*
[4] Les Grecs poussèrent cette haine des philosophes jusqu'au crime, puisqu'ils firent mourir Socrate.

Plutarque, estimoit que les Grecs devoient mettre en justice Cléanthe le Samien, et le condamner de blasphème encontre les dieux, comme remuant le foyer du monde; d'autant que cest homme taschant à sauver les apparences, supposoit que le ciel demeuroit immobile, et que c'estoit la terre qui se mouvoit par le cercle oblique du zodiaque, tournant à l'entour de son aixieu [1]. »

Encore est-il vrai que Rome moderne se montra plus sage, puisque le même tribunal ecclésiastique qui condamna d'abord le système de Copernic permit, six ans après, de l'enseigner comme hypothèse [2]. D'ailleurs pouvoit-on attendre plus de lumières astronomiques d'un prêtre romain que de Tycho-Brahé, qui continuoit à nier le mouvement de la terre? Enfin un pape Grégoire, réformateur du calendrier, un moine Bacon, peut-être inventeur du télescope, un cardinal Cuza, un prêtre Gassendi, n'ont-ils pas été ou les protecteurs, ou les lumières de l'astronomie?

Platon, ce génie si amoureux des hautes sciences, dit formellement, dans un de ses plus beaux ouvrages, *que les hautes études ne sont pas utiles à tous, mais seulement à un petit nombre;* et il ajoute cette réflexion, confirmée par l'expérience, « qu'une ignorance absolue n'est ni le mal le plus grand, ni

---

[1] Plut., *De la face qui apparoist dedans le rond de la lune*, ch. IX. On sait qu'il y a erreur dans le texte de Plutarque, et que c'étoit, au contraire, Aristarque de Samos que Cléanthe vouloit faire persécuter pour son opinion sur le mouvement de la terre; cela ne change rien à ce que nous voulons prouver.

[2] Voyez la note L, à la fin du volume.

le plus à craindre, et qu'un amas de connaissances mal digérées est bien pis encore[1]. »

Ainsi, si la religion avoit besoin d'être justifiée à ce sujet, nous ne manquerions pas d'autorités chez les anciens, ni même chez les modernes. Hobbes a écrit plusieurs traités[2] contre l'incertitude de la science la plus certaine de toutes, celle des mathématiques. Dans celui qui a pour titre : *Contra Geometras, sive contra phastum Professorum*, il reprend une à une les définitions d'Euclide, et montre ce qu'elles ont de faux, de vague ou d'arbitraire. La manière dont il s'énonce est remarquable : *Itaque per hanc epistolam hoc ago ut ostendam tibi non minorem esse dubitandi causam in scriptis mathematicorum, quam in scriptis physicorum, ethicorum*[3], *etc*. « Je te ferai voir dans ce traité qu'il n'y a pas moins de sujets de doute en mathématiques qu'en physique, en morale, etc. »

Bacon s'est exprimé d'une manière encore plus forte contre les sciences, même en paroissant en prendre la défense. Selon ce grand homme, il est prouvé « qu'une légère teinture de philosophie peut conduire à méconnoître l'essence première; mais qu'un savoir plus plein mène l'homme à Dieu[4]. »

Si cette idée est véritable, qu'elle est terrible! car pour un seul génie capable d'arriver à cette *plénitude* de savoir demandée par Bacon, et où,

---

[1] *De Leg.*, lib. VII.
[2] *Examinatio et emendatio mathematicæ hodiernæ, Dial.* VI, contra *Geometras.*
[3] Hobb., *Opera omnia.* Amstel., edit. 1667. [4] *De Aug. scient.*, l. V.

selon Pascal, *on se rencontre dans une autre ignorance*, que d'esprits médiocres n'y parviendront jamais, et resteront dans ces nuages de la science qui cachent la Divinité!

Ce qui perdra toujours la foule, c'est l'orgueil : c'est qu'on ne pourra jamais lui persuader qu'elle ne sait rien au moment où elle croit tout savoir. Les grands hommes peuvent seuls comprendre ce dernier point des connoissances humaines, où l'on voit s'évanouir les trésors qu'on avoit amassés, et où l'on se retrouve dans sa pauvreté originelle. C'est pourquoi la plupart des sages ont pensé que les études philosophiques avoient un extrême danger pour la multitude. Locke emploie les trois premiers chapitres du quatrième livre de son *Essai sur l'entendement humain* à montrer les bornes de notre connoissance, qui sont réellement effrayantes, tant elles sont rapprochées de nous.

« Notre connoissance, dit-il, étant resserrée dans des bornes si étroites, comme je l'ai montré, pour mieux voir l'état présent de notre esprit, il ne sera peut-être pas inutile... de prendre connoissance de notre ignorance, qui... peut servir beaucoup à terminer les disputes... si, après avoir découvert jusqu'où nous avons des idées claires... nous ne nous engageons pas dans cet abîme de ténèbres (où nos yeux nous sont entièrement inutiles, et où nos facultés ne sauroient nous faire apercevoir quoi que ce soit), *entêtés de cette folle pensée, que rien n'est au-dessus de notre compréhension*[1]. »

[1] LOCKE, *Entend. hum.*, liv. IV, chap. III, art. IV, trad. de Coste.

Enfin, on sait que Newton, dégoûté de l'étude des mathématiques, fut plusieurs années sans vouloir en entendre parler; et de nos jours même, Gibbon, qui fut si long-temps l'apôtre des idées nouvelles, a écrit : « Les sciences exactes nous ont accoutumés à dédaigner l'évidence morale, si féconde en belles sensations, et qui est faite pour déterminer les opinions et les actions de notre vie. »

En effet, plusieurs personnes ont pensé que la science entre les mains de l'homme dessèche le cœur, désenchante la nature, mène les esprits foibles à l'athéisme, et de l'athéisme au crime; que les beaux arts, au contraire, rendent nos jours merveilleux, attendrissent nos âmes, nous font pleins de foi envers la Divinité, et conduisent par la religion à la pratique des vertus.

Nous ne citerons pas Rousseau, dont l'autorité pourroit être suspecte ici; mais Descartes, par exemple, s'est exprimé d'une manière bien étrange sur la science qui a fait une partie de sa gloire.

« Il ne trouvoit rien effectivement, dit le savant auteur de sa vie, qui lui parût moins solide que de s'occuper de nombres tout simples et de figures imaginaires, comme si l'on devoit s'en tenir à ces *bagatelles*, sans porter la vue au-delà. Il y voyoit même quelque chose de plus qu'inutile; il croyoit qu'il étoit dangereux de s'appliquer trop sérieusement à ces démonstrations superficielles, que l'industrie et l'expérience fournissent moins souvent que le hasard[1]. Sa maxime étoit que cette applica-

---

[1] Lettres de 1638, p. 412, CARTESII l. *de Direct. ingen. regula*, n° 5.

tion nous désaccoutume insensiblement de l'usage de notre raison, et nous expose à perdre la route que sa lumière nous trace[1]. »

Cette opinion de l'auteur de l'application de l'algèbre à la géométrie est une chose digne d'attention.

Le père Castel, à son tour, semble se plaire à rabaisser le sujet sur lequel il a lui-même écrit. « En général, dit-il, on estime trop les mathématiques... La géométrie a des vérités hautes, des objets peu développés, des points de vue qui ne sont que comme échappés. Pourquoi le dissimuler? Elle a des paradoxes, des apparences de contradiction, des conclusions de système et de concession, des opinions de sectes, des conjectures même, et même des paralogismes[2]. »

Si nous en croyons Buffon, « *ce qu'on appelle vérités mathématiques se réduit à des identités d'idées, et n'a aucune réalité*[3]. » Enfin l'abbé de Condillac, affectant pour les géomètres le même mépris qu'Hobbes, dit, en parlant d'eux : « Quand ils sortent de leurs calculs pour entrer dans des recherches d'une nature différente, on ne leur trouve plus la même clarté, la même précision, ni la même étendue d'esprit. Nous avons quatre métaphysiciens célèbres, Descartes, Malebranche, Leibnitz et Locke; le dernier est le seul qui ne fût pas géomètre, et de

---

[1] *OEuvres de Desc.*, t. 1, pag. 112.
[2] *Math. univ.*, pag. 3, 5.
[3] *Hist. nat.*, tom. 1, prem. disc., pag. 77.

combien n'est-il pas supérieur aux trois autres[1]! »

Ce jugement n'est pas exact. En métaphysique pure, Malebranche et Leibnitz ont été beaucoup plus loin que le philosophe anglois. Il est vrai que les esprits géométriques sont souvent faux dans le train ordinaire de la vie; mais cela vient même de leur extrême justesse. Ils veulent trouver partout des vérités absolues, tandis qu'en morale et en politique les vérités sont relatives. Il est rigoureusement vrai que deux et deux font quatre; mais il n'est pas de la même évidence qu'une bonne loi à Athènes soit une bonne loi à Paris. Il est de fait que la liberté est une chose excellente : d'après cela, faut-il verser des torrents de sang pour l'établir chez un peuple, en tel degré que ce peuple ne la comporte pas ?

En mathématiques on ne doit regarder que le principe, en morale que la conséquence. L'une est une vérité simple, l'autre une vérité complexe. D'ailleurs rien ne dérange le compas du géomètre, et tout dérange le cœur du philosophe. Quand l'instrument du second sera aussi sûr que celui du premier, nous pourrons espérer de connoître le fond des choses : jusque-là il faut compter sur des erreurs. Celui qui voudroit porter la rigidité géométrique dans les rapports sociaux deviendroit le plus stupide ou le plus méchant des hommes.

Les mathématiques, d'ailleurs, loin de prouver l'étendue de l'esprit dans la plupart des hommes

---

[1] *Essai sur l'origine des connoissances humaines*, tom. II, sect. II, chap. IV, pag. 239, édit. Amst. 1783.

qui les emploient, doivent être considérées, au contraire, comme l'appui de leur foiblesse, comme le supplément de leur insuffisante capacité, comme une méthode d'abréviation propre à classer des résultats dans une tête incapable d'y arriver d'elle-même. Elles ne sont en effet que des signes généraux d'idées qui nous épargnent la peine d'en avoir, des étiquettes numériques d'un trésor que l'on n'a pas compté, des instruments avec lesquels on opère, et non les choses sur lesquelles on agit. Supposons qu'une pensée soit représentée par A et une autre par B : quelle prodigieuse différence n'y aura-t-il pas entre l'homme qui développera ces deux pensées dans leurs divers rapports moraux, politiques et religieux, et l'homme qui, la plume à la main, multipliera patiemment son A et son B en trouvant des combinaisons curieuses, mais sans avoir autre chose devant l'esprit que les propriétés de deux lettres stériles ?

Mais si, exclusivement à toute autre science, vous endoctrinez un enfant dans cette science qui donne peu d'idées, vous courez les risques de tarir la source des idées mêmes de cet enfant, de gâter le plus beau naturel, d'éteindre l'imagination la plus féconde, de rétrécir l'entendement le plus vaste. Vous remplissez cette jeune tête d'un fatras de nombres et de figures qui ne lui représentent rien du tout; vous l'accoutumez à se satisfaire d'une somme donnée, à ne marcher qu'à l'aide d'une théorie, à ne faire jamais usage de ses forces, à soulager sa mémoire et sa pensée par des opérations artificielles, à ne connoître, et finalement à n'aimer que ces principes rigoureux et ces vérités absolues qui bouleversent la société.

On a dit que les mathématiques servent à rectifier dans la jeunesse les erreurs du raisonnement. Mais on a répondu très ingénieusement et très solidement à la fois que, pour classer des idées, il falloit premièrement en avoir; que prétendre arranger l'*entendement* d'un enfant, c'étoit vouloir arranger une chambre vide. Donnez-lui d'abord des notions claires de ses devoirs moraux et religieux, enseignez-lui les lettres humaines et divines : ensuite, quand vous aurez donné les soins nécessaires à l'éducation du cœur de votre élève, quand son cerveau sera suffisamment rempli d'objets de comparaison et de principes certains, mettez-y de l'ordre, si vous le voulez, avec la géométrie.

En outre, est-il bien vrai que l'étude des mathématiques soit si nécessaire dans la vie ? S'il faut des magistrats, des ministres, des classes civiles et religieuses, que font à leur état les propriétés d'un cercle ou d'un triangle ? On ne veut plus, dit-on, que des choses positives. Eh, grand Dieu ! qu'y a-t-il de moins positif que les sciences dont les systèmes changent plusieurs fois par siècle ? Qu'importe au laboureur que l'élément de la terre ne soit pas *homogène,* ou au bûcheron que le bois ait une substance *pyroligneuse?* Une page éloquente de Bossuet sur la morale est plus utile et plus difficile à écrire qu'un volume d'abstractions philosophiques.

Mais on applique, dit-on, les découvertes des sciences aux arts mécaniques; ces grandes découvertes ne produisent presque jamais l'effet qu'on en attend. La perfection de l'agriculture, en Angleterre, est moins le résultat de quelques expériences scientifiques, que celui du travail patient et de l'industrie du fermier obligé de tourmenter sans cesse un sol ingrat.

Nous attribuons faussement à nos sciences ce qui appartient au progrès naturel de la société. Les bras et les animaux rustiques se sont multipliés; les manufactures et les produits de la terre ont dû augmenter et s'améliorer en proportion. Qu'on ait des charrues plus légères, des machines plus parfaites pour les métiers, c'est un avantage; mais croire que le génie et la sagesse humaine se renferment dans un cercle d'inventions mécaniques, c'est prodigieusement errer.

Quant aux mathématiques proprement dites, il est démontré qu'on peut apprendre, dans un temps assez court, ce qu'il est utile d'en savoir pour devenir un bon ingénieur. Au-delà de cette géométrie pratique, le reste n'est plus qu'une *géométrie spéculative*, qui a ses jeux, ses inutilités, et pour ainsi dire ses romans comme les autres sciences. « Il faut bien distinguer, dit Voltaire, entre la géométrie utile et la géométrie curieuse... Carrez des courbes tant qu'il vous plaira, vous montrerez une extrême sagacité. Vous ressemblez à un arithméticien qui examine les propriétés des nombres, au lieu de calculer sa fortune. Lorsque Archimède trouva la pesanteur spécifique des corps, il rendit service au genre humain; mais de quoi vous servira de trouver trois nombres tels que la différence des carrés de deux, ajoutée au nombre trois, fasse toujours un carré, et que la somme des trois différences, ajoutée au même cube, fasse toujours un carré ? *Nugæ difficiles*[1]. »

Toute pénible que cette vérité puisse être pour les mathématiciens, il faut cependant le dire : la nature ne les a pas faits pour occuper le premier rang. Hors quelques géomètres *inventeurs*, elle les a condamnés à une triste obscurité; et ces génies inventeurs eux-mêmes sont menacés de l'oubli, si l'historien ne se charge de les annoncer au monde : Archimède doit sa gloire à Polybe, et Voltaire a créé parmi nous la renommée de Newton. Platon et Pythagore vivent comme moralistes et législateurs, Leibnitz et Descartes comme métaphysiciens, peut-être encore plus que comme géomètres. D'Alembert auroit aujourd'hui le sort de Varignon et de Duhamel, dont les noms encore respectés de l'École n'existent plus pour le monde que dans les éloges académiques, s'il n'eût mêlé la réputation de l'écrivain à celle du savant. Un poëte avec quelques vers passé à la postérité, immortalise son siècle et porte à l'avenir les hommes qu'il a daigné chanter sur sa lyre : le savant, à peine connu pendant sa vie, est oublié le lendemain de sa mort. Ingrat malgré lui, il ne peut rien pour le grand homme,

---

[1] *Quest. sur l'Encycl.*, Géom.

pour le héros qui l'aura protégé. En vain il placera son nom dans un fourneau de chimiste ou dans une machine de physicien : estimables efforts, dont pourtant il ne sortira rien d'illustre. La gloire est née sans ailes ; il faut qu'elle emprunte celles des muses quand elle veut s'envoler aux cieux. C'est Corneille, Racine, Boileau, ce sont les orateurs, les historiens, les artistes, qui ont immortalisé Louis XIV, bien plus que les savants qui brillèrent aussi dans son siècle. Tous les temps, tous les pays offrent le même exemple. Que les mathématiciens cessent donc de se plaindre, si les peuples, par un instinct général, font marcher les lettres avant les sciences ! C'est qu'en effet l'homme qui a laissé un seul précepte moral, un seul sentiment touchant à la terre, est plus utile à la société que le géomètre qui a découvert les plus belles propriétés du triangle.

Au reste, il n'est peut-être pas difficile de mettre d'accord ceux qui déclament contre les mathématiques et ceux qui les préfèrent à tout. Cette différence d'opinions vient de l'erreur commune, qui confond un *grand* avec un *habile* mathématicien. Il y a une géométrie *matérielle* qui se compose de lignes, points, d'A + B ; avec du temps et de la persévérance, l'esprit le plus médiocre peut y faire des prodiges. C'est alors une espèce de machine géométrique qui exécute d'elle-même des opérations compliquées, comme la machine arithmétique de Pascal. Dans les sciences, celui qui vient le dernier est toujours le plus instruit : voilà pourquoi tel écolier de nos jours est plus avancé que Newton en mathématiques ; voilà pourquoi tel qui passe pour savant aujourd'hui sera traité d'ignorant par la génération future. Entêtés de leurs calculs, les géomètres-manœuvres ont un mépris ridicule pour les arts d'imagination : ils sourient de pitié quand on leur parle de littérature, de morale, de religion ; ils *connoissent*, disent-ils, la nature. N'aime-t-on pas autant l'*ignorance* de Platon, qui appelle cette même nature une *poésie mystérieuse ?*

Heureusement il existe une autre géométrie, une géométrie intellectuelle. C'est celle-là qu'il falloit savoir pour entrer dans l'école des disciples de Socrate ; elle voit Dieu derrière le cercle et le triangle, et elle a créé Pascal, Leibnitz, Descartes et Newton. En général les géomètres inventeurs ont été religieux.

Mais on ne peut se dissimuler que cette géométrie des grands hommes ne soit fort rare. Pour un seul génie qui marche par les voies sublimes de la science, combien d'autres se perdent dans ses inextricables sentiers ! Observons ici une de ces réactions si communes dans les lois de la Providence : les âges irréligieux conduisent nécessairement aux sciences, et les sciences amènent nécessairement les âges irréligieux. Lorsque, dans un siècle impie, l'homme vient à méconnoître l'existence de Dieu, comme c'est néanmoins la seule vérité qu'il possède à fond, et qu'il a un besoin impérieux des vérités positives, il cherche à s'en créer de nouvelles et croit les trouver dans les abstractions des sciences. D'une autre part, il est naturel que des esprits communs ou des jeunes gens peu réfléchis, en rencontrant les vérités mathématiques dans l'univers, en les voyant dans le ciel avec Newton, dans la chimie avec Lavoisier, dans les minéraux avec Haüy; il est naturel, disons-nous, qu'ils les prennent pour le principe même des choses, et qu'ils ne voient rien au-delà. Cette simplicité de la nature qui devroit leur faire supposer, comme Aristote, un *premier mobile*, et comme Platon, un *éternel géomètre*, ne sert qu'à les égarer: Dieu n'est bientôt pour eux que les propriétés des corps; et la chaîne même des nombres leur dérobe la grande unité.

CHAPITRE II.

CHIMIE ET HISTOIRE NATURELLE.

Ce sont ces excès qui ont donné tant d'avantages aux ennemis des sciences, et qui ont fait naître les éloquentes déclamations de Rousseau et de ses sectateurs. Rien n'est plus admirable, disent-ils, que les découvertes de Spallanzani, de Lavoisier, de Lagrange; mais ce qui perd tout, ce sont les conséquences que des esprits faux prétendent en tirer. Quoi! parce qu'on sera parvenu à démontrer la simplicité des sucs digestifs, ou à déplacer ceux de la génération; parce que la chimie aura augmenté, ou, si l'on veut, diminué le nombre des éléments; parce que la loi de la gravitation sera connue du moindre écolier; parce qu'un enfant pourra barbouiller des figures de géométrie; parce que tel ou tel écrivain sera un subtil *idéologue*, il faudra nécessairement en conclure qu'il n'y a ni Dieu, ni véritable religion ? quel abus de raisonnement!

Une autre observation a fortifié chez les esprits timides le dégoût des études philosophiques. Ils disent : « Si ces découvertes étoient certaines, invariables, nous pourrions concevoir l'orgueil qu'elles inspirent, non aux hommes estimables qui les ont faites, mais à la foule qui en jouit. Cependant, dans ces sciences appelées positives, l'expérience du jour ne détruit-elle pas l'expérience de la veille? Les erreurs de l'ancienne physique ont leurs partisans et leurs défenseurs. Un bel ouvrage de littérature reste dans tous les temps; les siècles même lui ajoutent un nouveau lustre. Mais les sciences qui ne s'occupent que des propriétés des *corps* voient vieillir dans un instant leur système le plus fameux. En chimie, par exemple, on pensoit avoir une nomenclature régulière[1]; et l'on s'aperçoit maintenant qu'on s'est trompé. Encore un certain nombre de

---

[1] Par les terminaisons des acides en *eux* et en *iques :* on a démontré récemment que l'acide nitrique et l'acide sulfurique n'étoient point le résultat d'une addition d'oxigène *à l'acide nitreux et à l'acide sulfureux.* Il y avoit toujours, dès le principe, un vide dans le système par l'acide muriatique, qui n'avoit pas de positif en *eux*. M. Berthollet est, dit-on, sur le point de prouver que l'*azote*, regardé jusqu'à présent comme une simple essence combinée avec le *calorique*, est une substance composée. Il n'y a qu'un fait certain en chimie, fixé par Boerhaave, et développé par Lavoisier, savoir : que le *calorique*, ou la substance qui, unie à la lumière, compose le feu, tend sans cesse à distendre les corps, ou à écarter les unes des autres leurs molécules constitutives.

faits, et il faudra briser les cases de la chimie moderne. Qu'aura-t-on gagné à bouleverser les noms, à appeler l'air vital, *oxigène*, etc.? Les sciences sont un labyrinthe où l'on s'enfonce plus avant au moment même où l'on croyoit en sortir. »

Ces objections sont spécieuses, mais elles ne regardent pas plus la chimie que les autres sciences. Lui reprocher de se détromper elle-même par ses expériences, c'est l'accuser de sa bonne foi et de n'être pas dans le secret de l'essence des choses. Et qui donc est dans ce secret, sinon cette intelligence première qui existe de toute éternité? La brièveté de notre vie, la foiblesse de nos sens, la grossièreté de nos instruments et de nos moyens, s'opposent à la découverte de cette formule générale, que Dieu nous cache à jamais. On sait que nos sciences *décomposent* et *recomposent*, mais qu'elles ne peuvent *composer*. C'est cette impuissance de créer qui découvre le côté foible et le néant de l'homme. Quoi qu'il fasse, il ne peut rien, tout lui résiste; il ne peut plier la matière à son usage, qu'elle ne se plaigne et ne gémisse : il semble attacher ses soupirs et son cœur tumultueux à tous ses ouvrages !

Dans l'œuvre du Créateur, au contraire, tout est muet, parce qu'il n'y a point d'effort; tout est silencieux, parce que tout est soumis : il a parlé, le chaos s'est tu, les globes se sont glissés sans bruit dans l'espace. Les puissances unies de la matière sont à une seule parole de Dieu comme rien est à tout, comme les choses créées sont à la nécessité. Voyez l'homme à ses travaux; quel effrayant appareil de machines! Il aiguise le fer, il prépare le poison, il appelle les éléments à son secours; il fait mugir l'eau, il fait siffler l'air, ses fourneaux s'allument. Armé du feu, que va tenter ce nouveau Prométhée? Va-t-il créer un monde? Non; il va détruire: il ne peut enfanter que la mort!

Soit préjugé d'éducation, soit habitude d'errer dans les déserts, et de n'apporter que notre cœur à l'étude de la nature, nous avouons qu'il nous fait quelque peine de voir l'esprit d'analyse et de *classification* dominer dans les sciences aimables, où l'on ne devroit rechercher que la beauté et la bonté de la Divinité. S'il nous est permis de le dire, c'est, ce nous semble, une grande pitié que de trouver aujourd'hui l'homme *mammifère* rangé, d'après le système de Linnæus, avec les singes, les chauves-souris et les paresseux. Ne valoit-il pas autant le laisser à la tête de la création, où l'avoient placé Moïse, Aristote, Buffon et la nature? Touchant de son âme aux cieux, et de son corps à la terre, on aimoit à le voir former, dans la chaîne des êtres, l'anneau qui lie le monde visible au monde invisible, le temps à l'éternité.

« Dans ce siècle même, dit Buffon, où les sciences paroissent être cultivées avec soin, je crois qu'il est aisé de s'apercevoir que la philosophie est négligée, et peut-être plus que dans aucun siècle; les arts qu'on veut appeler scientifiques ont pris sa place; les méthodes de calcul et de géométrie, celles de botanique et d'histoire naturelle, les formules, en un mot, et les dictionnaires occupent presque tout le monde : on s'imagine savoir davantage, parce qu'on a augmenté le nombre des expressions symboliques et des phrases savantes, et on ne fait point attention que tous ces arts ne sont que des échafaudages pour arriver à la science, et non pas la science elle-même; qu'il ne faut s'en servir que lorsqu'on ne peut s'en passer, et qu'on doit toujours se défier qu'ils ne viennent à nous manquer lorsque nous voudrons les appliquer à l'édifice[1]. »

Ces remarques sont judicieuses, mais il nous semble qu'il y a dans les *classifications* un danger encore plus pressant. Ne doit-on pas craindre que cette fureur de ramener nos connoissances à des signes physiques, de ne voir dans les races diverses de la création que des doigts, des dents, des becs, ne conduise insensiblement la jeunesse au matérialisme? Si pourtant il est quelque science où les inconvénients de l'incrédulité se fassent sentir dans leur plénitude, c'est en histoire naturelle. On flétrit alors ce qu'on touche : les parfums, l'éclat des couleurs, l'élégance des formes, disparoissent dans les plantes pour le botaniste qui n'y attache ni moralité ni tendresse. Lorsqu'on n'a point de religion, le cœur est insensible et il n'y a plus de beauté : car la beauté n'est point un être existant hors de nous ; c'est dans le cœur de l'homme que sont les grâces de la nature.

Quant à celui qui étudie les animaux, qu'est-ce autre chose, s'il est incrédule, que d'étudier des

---

[1] Buff., *Hist. nat.*, tom. 1, prem. disc., pag. 79.

cadavres? A quoi ses recherches le mènent-elles? quel peut être son but? Ah! c'est pour lui qu'on a formé ces cabinets, écoles où la Mort, la faux à la main, est le démonstrateur; cimetières au milieu desquels on a placé des horloges pour compter des minutes à des squelettes, pour marquer des heures à l'éternité!

C'est dans ces tombeaux où le néant a rassemblé ses merveilles, où la dépouille du singe insulte à la dépouille de l'homme; c'est là qu'il faut chercher la raison de ce phénomène, un *naturaliste athée* : à force de se promener dans l'atmosphère de sépulcres, son âme a gagné la mort.

Lorsque la science étoit pauvre et solitaire; lorsqu'elle erroit dans la vallée et dans la forêt, qu'elle épioit l'oiseau portant à manger à ses petits, ou le quadrupède retournant à sa tanière; que son laboratoire étoit la nature, son amphithéâtre les cieux et les champs; qu'elle étoit simple et merveilleuse comme les déserts où elle passoit sa vie; alors elle étoit religieuse. Assise à l'ombre d'un chêne, couronnée de fleurs qu'elle avoit cueillies sur la montagne, elle se contentoit de peindre les scènes qui l'environnoient. Ses livres n'étoient que des catalogues de remèdes pour les infirmités du corps, ou des recueils de cantiques dont les paroles apaisoient les douleurs de l'âme. Mais quand des congrégations de savants se formèrent; quand les philosophes, cherchant la réputation et non la nature, voulurent parler des œuvres de Dieu, sans les avoir aimées, l'incrédulité naquit avec l'amour-propre;

et la science ne fut plus que le petit instrument d'une petite renommée.

L'Église n'a jamais parlé aussi sévèrement contre les études philosophiques, que les divers philosophes que nous avons cités dans ces chapitres. Si on l'accuse de s'être un peu méfiée de ces lettres *qui ne guérissent de rien,* comme parle Sénèque, il faut aussi condamner cette foule de législateurs, d'hommes d'État, de moralistes, qui se sont élevés beaucoup plus fortement que la religion chrétienne contre le danger, l'incertitude et l'obscurité des sciences.

Où découvrira-t-elle la vérité? Sera-ce dans Locke, placé si haut par Condillac? dans Leibnitz, qui trouvoit Locke si foible en *idéologie,* ou dans Kant, qui a, de nos jours, attaqué et Locke et Condillac? En croira-t-elle Minos, Lycurgue, Caton, J. J. Rousseau, qui chassent les sciences de leurs républiques, ou adoptera-t-elle le sentiment des législateurs qui les tolèrent? Quelles effrayantes leçons, si elle jette les yeux autour d'elle! Quelle ample matière de réflexions sur cette histoire de *l'arbre de science, qui produit la mort!* Toujours les siècles de philosophie ont touché aux siècles de destruction.

L'Église ne pouvoit donc prendre, dans une question qui a partagé la terre, que le parti même qu'elle a pris : retenir ou lâcher les rênes, selon l'esprit des choses et des temps; opposer la morale à l'abus que l'homme fait des lumières, et tâcher de lui conserver, pour son bonheur, un cœur simple et une humble pensée.

Concluons que le défaut du jour est de séparer un peu trop les études abstraites des études littéraires. Les unes appartiennent à l'esprit, les autres au cœur ; or, il se faut donner de garde de cultiver le premier à l'exclusion du second, et de sacrifier la partie qui aime à celle qui raisonne. C'est par une heureuse combinaison des connoissances physiques et morales, et surtout par le concours des idées religieuses, qu'on parviendra à redonner à notre jeunesse cette éducation qui jadis a formé tant de grands hommes. Il ne faut pas croire que notre sol soit épuisé. Ce beau pays de France, pour prodiguer de nouvelles moissons, n'a besoin que d'être cultivé un peu à la manière de nos pères : c'est une de ces terres heureuses où règnent ces *génies* protecteurs des hommes, et ce *souffle divin* qui, selon Platon, décèle les climats favorables à la vertu [1].

CHAPITRE III.

DES PHILOSOPHES CHRÉTIENS.

MÉTAPHYSICIENS.

Les exemples viennent à l'appui des principes; et une religion qui réclame Bacon, Newton, Bayle, Clarke, Leibnitz, Grotius, Pascal, Arnauld, Nicole, Malebranche, La Bruyère (sans parler des Pères de

---

[1] Plat., *de Leg.*, lib. v.

l'Église, ni de Bossuet, ni de Fénelon, ni de Massillon, ni de Bourdaloue, que nous voulons bien ne compter ici que comme orateurs), une telle religion peut se vanter d'être favorable à la philosophie.

Bacon doit sa célébrité à son traité, *on the Advancement of learning*, et à son *Novum organum scientiarum*. Dans le premier il examine le cercle des sciences, classant chaque objet sous sa faculté; facultés dont il reconnoît quatre : l'*âme*, ou la *sensation*, la *mémoire*, l'*imagination*, l'*entendement*. Les sciences s'y trouvent réduites à trois : la *poésie*, l'*histoire*, la *philosophie*.

Dans le second ouvrage, il rejette la manière de raisonner par syllogisme, et propose la physique expérimentale pour seul guide dans la nature. On aime encore à lire la profession de foi de l'illustre chancelier d'Angleterre, et la prière qu'il avoit coutume de dire avant de se mettre au travail. Cette naïveté chrétienne, dans un grand homme, est bien touchante. Quand Newton et Bossuet découvroient avec simplicité leurs têtes augustes, en prononçant le nom de Dieu, ils étoient peut-être plus admirables dans ce moment, que lorsque le premier pesoit ces mondes, dont l'autre enseignoit à mépriser la poussière.

Clarke, dans son *Traité de l'existence de Dieu*, Leibnitz, dans sa *Théodicée*, Malebranche, dans sa *Recherche de la vérité*, se sont élevés si haut en métaphysique, qu'ils n'ont rien laissé à faire après eux.

Il est assez singulier que notre siècle se soit cru supérieur en métaphysique et en dialectique au siècle qui l'a précédé. Les faits déposent contre nous : certainement Condillac, qui n'a rien dit de nouveau, ne peut seul balancer Locke, Descartes, Malebranche et Leibnitz. Il ne fait que démembrer le premier, et il s'égare toutes les fois qu'il marche sans lui. Au reste, la métaphysique du jour diffère de celle de l'antiquité, en ce qu'elle sépare, autant qu'il est possible, l'imagination des perceptions abstraites. Nous avons isolé les facultés de notre entendement, réservant la pensée pour telle matière, le raisonnement pour telle autre, etc. D'où il résulte que nos ouvrages n'ont plus d'ensemble, et que notre esprit, ainsi divisé par chapitres, offre les inconvénients de ces histoires où chaque sujet est traité à part. Tandis qu'on recommence un nouvel article, le précédent nous échappe ; nous cessons de voir les liaisons que les faits ont entre eux ; nous retombons dans la confusion à force de méthode, et la multitude des conclusions particulières nous empêche d'arriver à la conclusion générale.

Quand il s'agit, comme dans l'ouvrage de Clarke, d'attaquer des hommes qui se piquent de raisonnement, et auxquels il est nécessaire de prouver qu'on raisonne aussi bien qu'eux, on fait merveilleusement d'employer la manière ferme et serrée du docteur anglois ; mais, dans tout autre cas, pourquoi préférer cette sécheresse à un style clair, quoique animé ? Pourquoi ne pas mettre son cœur dans un ouvrage sérieux, comme dans un livre purement agréable ? On lit encore la métaphysique de Platon, parce qu'elle est colorée par une imagination brillante. Nos derniers *idéologues* sont tombés dans une grande erreur, en séparant l'histoire de l'esprit humain de l'histoire des choses divines, en soutenant que la dernière ne mène à rien de positif, et qu'il n'y a que la première qui soit d'un usage immédiat. Où est donc la nécessité de connoître les opérations de la pensée de l'homme, si ce n'est pour les rapporter à Dieu ? Que me revient-il de savoir que je reçois ou non mes idées par les sens ? Condillac s'écrie : « Les métaphysiciens mes devanciers se sont perdus dans les mondes chimériques, moi seul j'ai trouvé le vrai; ma science est de la plus grande utilité. Je vais vous dire ce que c'est que la conscience, l'attention, la réminiscence. » Et à quoi cela me conduira-t-il ? Une chose n'est bonne, une chose n'est positive qu'autant qu'elle renferme une intention morale; or, toute *métaphysique* qui n'est pas *théologie,* comme celle des anciens et des chrétiens, toute métaphysique qui creuse un abîme entre l'homme et Dieu, qui prétend que le dernier n'étant que ténèbres, on ne doit pas s'en occuper, cette métaphysique est futile et dangereuse, parce qu'elle manque de but.

L'autre, au contraire, en m'associant à la Divinité, en me donnant une noble idée de ma grandeur et de la perfection de mon être, me dispose à bien penser et à bien agir. Les fins morales viennent par cet anneau se rattacher à cette métaphysique, qui n'est alors qu'un chemin plus sublime pour arriver à la vertu. C'est ce que Platon appeloit par excellence *la science des dieux*, et Pythagore *la géométrie divine*. Hors de là, la métaphysique n'est qu'un microscope qui nous découvre curieusement quelques petits objets que n'auroit pu saisir la vue simple, mais qu'on peut ignorer ou connoître, sans qu'ils forment ou qu'ils remplissent un vide dans l'existence.

CHAPITRE IV.

SUITE DES PHILOSOPHES CHRÉTIENS.

PUBLICISTES.

Nous avons fait, dans ces derniers temps, un grand bruit de notre science en politique; on diroit qu'avant nous le monde moderne n'avoit jamais entendu parler de liberté ni des différentes formes sociales. C'est apparemment pour cela que nous les avons essayées les unes après les autres avec tant d'habileté et de bonheur. Cependant, Machiavel, Thomas Morus, Mariana, Bodin, Grotius, Puffendorf et Locke, philosophes chrétiens, s'étoient occupés de la nature des gouvernements bien avant Mably et Rousseau.

Nous ne ferons point l'analyse des ouvrages de ces publicistes, dont il nous suffit de rappeler les noms pour prouver que tous les genres de gloire littéraire appartiennent au christianisme: nous montrerons ailleurs ce que la liberté du genre humain doit à cette même religion qu'on accuse de prêcher l'esclavage.

Il seroit bien à désirer, si l'on s'occupe encore d'écrits de politique (ce qu'à Dieu ne plaise!), qu'on retrouvât pour ces sortes d'ouvrages les grâces que leur prêtoient les anciens. La *Cyropédie* de Xénophon, la *République* et les *Lois* de Platon sont à la fois de graves traités et des livres pleins de charmes. Platon excelle à donner un tour merveilleux aux discussions les plus stériles; il sait mettre de l'agrément jusque dans l'énoncé d'une loi. Ici ce sont trois vieillards qui discourent en allant de Gnosse à l'antre de Jupiter, et qui se reposent sous des cyprès et dans de riantes prairies; là c'est le meurtrier involontaire qui, un pied dans la mer, fait des libations à Neptune : plus loin un poëte étranger est reçu avec des chants et des parfums : on l'appelle un homme divin, on le couronne de lauriers, et on le conduit, chargé d'honneurs, hors du territoire de la république. Ainsi Platon a cent manières ingénieuses de proposer ses idées; il adoucit jusqu'aux sentences les plus sévères, en considérant les délits sous un jour religieux.

Remarquons que les publicistes modernes ont vanté le gouvernement républicain, tandis que les écrivains politiques de la Grèce ont généralement donné la préférence à la monarchie. Pourquoi cela? parce que les uns et les autres haïssoient ce qu'ils avoient, et aimoient ce qu'ils n'avoient pas : c'est l'histoire de tous les hommes.

Au reste, les sages de la Grèce envisageoient la société sous les rapports moraux, nos derniers philosophes l'ont considérée sous les rapports politiques. Les premiers vouloient que le gouvernement découlât des mœurs; les seconds que les mœurs dérivassent du gouvernement. La philosophie des uns s'appuyoit sur la religion, la philosophie des autres sur l'athéisme. Platon et Socrate crioient aux peuples : « Soyez vertueux, vous serez libres; » nous leur avons dit : « Soyez libres, vous serez vertueux. » La Grèce, avec de tels sentiments, fut heureuse. Qu'obtiendrons-nous avec les principes opposés ?

CHAPITRE V.

MORALISTES.

LA BRUYÈRE.

Les écrivains du même siècle, quelque différents qu'ils soient par le génie, ont cependant quelque chose de commun entre eux. On reconnoît ceux du bel âge de la France à la fermeté de leur style, au peu de recherche de leurs expressions, à la simplicité de leurs tours, et pourtant à une certaine construction de phrase grecque et latine qui, sans nuire au génie de la langue françoise, annonce les modèles dont ces hommes s'étoient nourris.

De plus, les littérateurs se divisent, pour ainsi dire, en partis qui suivent tel ou tel maître, telle ou telle école. Ainsi les écrivains de *Port-Royal* se distinguent des écrivains de la *Société;* ainsi Fénelon, Massillon et Fléchier se touchent par quelques points, et Pascal, Bossuet et La Bruyère par quelques autres. Ces derniers sont remarquables par une sorte de brusquerie de pensée et de style qui leur est particulière. Mais il faut convenir que La Bruyère, qui imite volontiers Pascal[1], affoiblit quelquefois les preuves et la manière de ce grand génie. Quand l'auteur des *Caractères*, voulant démontrer la petitesse de l'homme, dit : « Vous êtes placé, ô Lucile, quelque part sur cet atome, etc., » il reste bien loin de ce morceau de l'auteur des *Pensées :* « Qu'est-ce qu'un homme dans l'infini? qui le peut comprendre ? »

La Bruyère dit encore : « Il n'y a pour l'homme que trois événements : naître, vivre et mourir; il ne se sent pas naître, il souffre à mourir et il oublie de vivre. » Pascal fait mieux sentir notre néant. « Le dernier acte est toujours sanglant, quelque belle que soit la comédie en tout le reste. On jette enfin de la terre sur la tête, et en voilà pour jamais. » Comme ce dernier mot est effrayant! On voit d'abord la *comédie,* et puis la *terre,* et puis l'*éternité.* La négligence avec laquelle la phrase est jetée montre tout le peu de valeur de la vie. Quelle amère indifférence dans cette courte et froide histoire de l'homme[2] !

---

[1] Surtout dans le chapitre des *Esprits forts.*

[2] Cette pensée est supprimée dans la petite édition de Pascal avec les notes; les éditeurs n'ont pas apparemment trouvé que

Quoi qu'il en soit, La Bruyère est un des beaux écrivains du siècle de Louis XIV. Aucun homme n'a su donner plus de variété à son style, plus de formes diverses à sa langue, plus de mouvement à sa pensée. Il descend de la haute éloquence à la familiarité, et passe de la plaisanterie au raisonnement sans jamais blesser le goût ni le lecteur. L'ironie est son arme favorite : aussi philosophe que Théophraste, son coup d'œil embrasse un plus grand nombre d'objets, et ses remarques sont plus originales et plus profondes. Théophraste conjecture, La Rochefoucault devine et La Bruyère montre ce qui se passe au fond des cœurs.

C'est un grand triomphe pour la religion que de compter parmi ses philosophes un Pascal et un La Bruyère. Il faudroit peut-être, d'après ces exemples, être un peu moins prompt à avancer qu'il n'y a que de *petits esprits* qui puissent être chrétiens.

« Si ma religion étoit fausse, dit l'auteur des *Caractères*, je l'avoue, voilà le piége le mieux dressé qu'il soit possible d'imaginer : il étoit inévitable de ne pas donner tout au travers et de n'y être pas pris. Quelle majesté ! quel éclat de mystères ! quelle

---

cela fût d'un *beau style*. Nous avons entendu critiquer la prose du siècle de Louis XIV, comme manquant d'harmonie, d'élégance et de justesse dans l'expression. Nous avons entendu dire : « Si Bossuet et Pascal revenoient, ils n'écriroient plus comme cela. » C'est nous, prétend-on, qui sommes les écrivains en prose *par excellence*, et qui sommes bien plus habiles dans l'art d'arranger des mots. Ne seroit-ce point que nous exprimons des pensées communes en style recherché, tandis que les écrivains du siècle de Louis XIV disoient tout simplement de grandes choses ?

suite et quel enchaînement de toute la doctrine ! quelle raison éminente ! Quelle candeur ! quelle innocence de mœurs ! Quelle force invincible et accablante de témoignages rendus successivement et pendant trois siècles entiers par des millions de personnes les plus sages, les plus modérées qui fussent alors sur la terre, et que le sentiment d'une même vérité soutient dans l'exil, dans les fers, contre la vue de la mort et du dernier supplice ! »

Si La Bruyère revenoit au monde, il seroit bien étonné de voir cette religion, dont les grands hommes de son siècle confessoient la beauté et l'excellence, traitée d'*infâme*, de *ridicule*, d'*absurde*. Il croiroit sans doute que les *esprits forts* sont des hommes très supérieurs aux écrivains qui les ont précédés, et que, devant eux, Pascal, Bossuet, Fénelon, Racine, sont des auteurs sans génie. Il ouvriroit leurs ouvrages avec un respect mêlé de frayeur. Nous croyons le voir s'attendant à trouver à chaque ligne quelque grande découverte de l'esprit humain, quelque haute pensée, peut-être même quelque fait historique auparavant inconnu qui prouve invinciblement la fausseté du christianisme. Que diroit-il, que penseroit-il dans son second étonnement, qui ne tarderoit pas à suivre le premier ?

La Bruyère nous manque ; la révolution a renouvelé le fond des caractères. L'avarice, l'ignorance, l'amour-propre, se montrent sous un jour nouveau. Ces vices, dans le siècle de Louis XIV, se composoient avec la religion et la politesse, maintenant ils se mêlent à l'impiété et à la rudesse des formes : ils devoient donc avoir dans le dix-septième siècle des teintes plus fines, des nuances plus délicates; ils pouvoient être ridicules alors : ils sont odieux aujourd'hui.

CHAPITRE VI.

SUITE DES MORALISTES.

Il y avoit un homme qui, à douze ans, avec des *barres* et des *ronds*, avoit créé les mathématiques; qui, à seize, avoit fait le plus savant traité des coniques qu'on eût vu depuis l'antiquité; qui, à dix-neuf, réduisit en machine une science qui existe tout entière dans l'entendement; qui, à vingt-trois ans, démontra les phénomènes de la pesanteur de l'air, et détruisit une des grandes erreurs de l'ancienne physique; qui, à cet âge où les autres hommes commencent à peine de naître, ayant achevé de parcourir le cercle des sciences humaines, s'aperçut de leur néant, et tourna ses pensées vers la religion; qui, depuis ce moment jusqu'à sa mort, arrivée dans sa trente-neuvième année, toujours infirme et souffrant, fixa la langue que parlèrent Bossuet et Racine, donna le modèle de la plus parfaite plaisanterie comme du raisonnement le plus fort; enfin, qui, dans les courts intervalles de ses maux, résolut par abstraction un des plus hauts problèmes de géométrie, et jeta sur le papier des pensées qui tiennent autant du dieu que de l'homme : cet effrayant génie se nommoit *Blaise Pascal.*

Il est difficile de ne pas rester confondu d'étonnement, lorsqu'en ouvrant les *Pensées* du philosophe chrétien, on tombe sur les six chapitres où il traite de la nature de l'homme. Les sentiments de Pascal sont remarquables surtout par la profondeur de leur tristesse et par je ne sais quelle immensité : on est suspendu au milieu de ces sentiments comme dans l'infini. Les métaphysiciens parlent de cette *pensée abstraite* qui n'a aucune propriété de la matière, qui touche à tout sans se déplacer, qui vit d'elle-même, qui ne peut périr parce qu'elle est invisible, et qui prouve péremptoirement l'immortalité de l'âme : cette définition de la pensée semble avoir été suggérée aux métaphysiciens par les écrits de Pascal.

Il y a un monument curieux de la philosophie chrétienne et de la philosophie du jour : ce sont les *Pensées* de Pascal, commentées par les éditeurs[1]. On croit voir les ruines de Palmyre, restes superbes du génie et du temps, au pied desquelles l'Arabe du désert a bâti sa misérable hutte.

Voltaire a dit : « Pascal, fou sublime, né un siècle trop tôt. »

On entend ce que signifie ce *siècle trop tôt.* Une seule observation suffira pour faire voir combien Pascal *sophiste* eût été inférieur à Pascal *chrétien.*

Dans quelle partie de ses écrits le solitaire de Port-Royal s'est-il élevé au-dessus des plus grands

[1] Voyez la note M, à la fin du volume.

génies? Dans ses six chapitres sur l'homme. Or, ces six chapitres, qui roulent entièrement sur la chute originelle, *n'existeroient pas si Pascal eût été incrédule*.

Il faut placer ici une observation importante. Parmi les personnes qui ont embrassé les opinions philosophiques, les unes ne cessent de décrier le siècle de Louis XIV; les autres, se piquant d'impartialité, accordent à ce siècle *les dons de l'imagination*, et lui refusent les *facultés de la pensée*. C'est le dix-huitième siècle, s'écrie-t-on, qui est le siècle *penseur* par excellence.

Un homme impartial qui lira attentivement les écrivains du siècle de Louis XIV s'apercevra bientôt que *rien n'a échappé à leur vue;* mais que, contemplant les objets de plus haut que nous, ils ont dédaigné les routes où nous sommes entrés, et au bout desquelles leur œil perçant avoit découvert un abîme.

Nous pouvons appuyer cette assertion de mille preuves. Est-ce faute d'avoir connu les objections contre la religion que tant de grands hommes ont été religieux? Oublie-t-on que Bayle publioit à cette époque même ses doutes et ses sophismes? Ne sait-on plus que Clarke et Leibnitz n'étoient occupés qu'à combattre l'incrédulité; que Pascal *vouloit défendre* la religion; que La Bruyère faisoit son chapitre des *Esprits forts*, et Massillon son sermon de *la Vérité d'un avenir;* que Bossuet enfin lançoit ces paroles foudroyantes sur les athées : « Qu'ont-ils vu, ces *rares génies*, qu'ont-ils vu *plus que les autres?* Quelle ignorance est la leur, et qu'il seroit aisé de les confondre, si, foibles et présomptueux, ils ne craignoient point d'être instruits! car pensent-ils avoir vu mieux les difficultés à cause qu'ils y succombent, et que les autres qui LES ONT VUES les ont méprisées? Ils n'ont rien vu, ils n'entendent rien, ils n'ont pas même de quoi établir le néant auquel ils espèrent après cette vie, et ce misérable partage ne leur est pas assuré. »

Et quels rapports moraux, politiques ou religieux se sont dérobés à Pascal? quel côté de choses n'a-t-il point saisi? S'il considère la nature humaine en général, il en fait cette peinture si connue et si étonnante : « La première chose qui s'offre à l'homme quand il se regarde, c'est son corps, etc. » Et ailleurs : « L'homme n'est qu'un roseau pensant, etc. » Nous demandons si dans tout cela Pascal s'est montré un foible *penseur?*

Les écrivains modernes se sont fort étendus sur la puissance de l'opinion, et c'est Pascal qui le premier l'avoit observée. Une des choses les plus fortes que Rousseau ait hasardées en politique se lit dans le *Discours sur l'inégalité des conditions :* « Le premier, dit-il, qui, ayant clos un terrain, s'avisa de dire : *Ceci est à moi,* fut le vrai fondateur de la société civile. » Or, c'est presque mot pour mot l'effrayante idée que le solitaire de Port-Royal exprime avec une tout autre énergie : « Ce chien *est à moi,* disoient ces pauvres enfants; c'est ma place au soleil : voilà le commencement et l'image de l'usurpation de toute la terre. »

Et voilà une de ces pensées qui font trembler pour Pascal. Quel ne fût point devenu ce grand homme, s'il n'avoit été chrétien! Quel frein adorable que cette religion qui, sans nous empêcher de jeter de vastes regards autour de nous, nous empêche de nous précipiter dans le gouffre!

C'est le même Pascal qui a dit encore: «Trois degrés d'élévation du pôle renversent toute la jurisprudence. Un méridien décide de la vérité, ou de peu d'années de possession. Les lois fondamentales changent, le droit a ses époques; plaisante justice qu'une rivière ou une montagne borne; vérité au-deçà des Pyrénées, erreur au-delà.»

Certes, le penseur le plus hardi de ce siècle, l'écrivain le plus déterminé à généraliser les idées pour bouleverser le monde, n'a rien dit d'aussi fort contre la justice des gouvernements et les préjugés des nations.

Les insultes que nous avons prodiguées par philosophie à la nature humaine ont été plus ou moins puisées dans les écrits de Pascal. Mais, en dérobant à ce rare génie la *misère* de l'homme, nous n'avons pas su comme lui en apercevoir la *grandeur*. Bossuet et Fénelon, le premier dans son *Histoire universelle*, dans ses *Avertissements* et dans sa *Politique tirée de l'Écriture sainte*, le second dans son *Télémaque*, ont dit sur les gouvernements toutes les choses essentielles. Montesquieu lui-même n'a souvent fait que développer les principes de l'évêque de Meaux, comme on l'a très bien remarqué. On pourroit faire des volumes des divers passages favorables à la liberté et à l'amour de la patrie qui se trouvent dans les auteurs du dix-septième siècle.

Et que n'a-t-on point tenté dans ce siècle[1] ? L'égalité des poids et mesures, l'abolition des coutumes provinciales, la réformation du Code civil et criminel, la répartition égale de l'impôt : tous ces projets dont nous nous vantons ont été proposés, examinés, exécutés même quand les avantages de la réforme en ont paru balancer les inconvénients. Bossuet n'a-t-il pas été jusqu'à vouloir réunir l'église protestante à l'église romaine? Quand on songe que Bagnoli, Le Maître, Arnauld, Nicole, Pascal, s'étoient consacrés à l'éducation de la jeunesse, on aura de la peine à croire sans doute que cette éducation est plus belle et plus savante de nos jours. Les meilleurs livres classiques que nous ayons sont encore ceux de Port-Royal, et nous ne faisons que les répéter, souvent en cachant nos larcins, dans nos ouvrages élémentaires.

Notre supériorité se réduit donc à quelques progrès dans les études naturelles; progrès qui appartiennent à la marche du temps, et qui ne compensent pas, à beaucoup près, la perte de l'imagination qui en est la suite. La *pensée* est la même dans tous les siècles, mais elle est accompagnée plus particulièrement ou des arts, ou des sciences : elle n'a toute sa grandeur poétique et toute sa beauté morale qu'avec les premiers.

[1] Voyez la note N, à la fin du volume.

Mais si le siècle de Louis XIV a conçu les idées *libérales*[1], pourquoi donc n'en a-t-il pas fait le même usage que nous ? Certes, ne nous vantons pas de notre essai. Pascal, Bossuet, Fénelon, ont vu plus loin que nous, puisqu'en connoissant comme nous, et mieux que nous, la nature des choses, ils ont senti le danger des innovations. Quand leurs ouvrages ne prouveroient pas qu'ils ont eu des idées philosophiques, pourroit-on croire que ces grands hommes n'ont pas été frappés des abus qui se glissent partout, et qu'ils ne connoissoient pas le foible et le fort des affaires humaines? Mais tel étoit leur principe, qu'il ne *faut pas faire un petit mal, même pour obtenir un grand bien*[2], à plus forte raison pour des systèmes dont le résultat est presque toujours effroyable. Ce n'étoit pas par défaut de génie, sans doute, que ce Pascal, qui, comme nous l'avons montré, connoissoit si bien le vice des lois dans le *sens absolu*, disoit dans le *sens relatif:* « Que l'on a bien fait de distinguer les hommes par les qualités extérieures ! Qui passera de nous deux ? Qui cédera la place à l'autre ? Le moins habile ? Mais je suis aussi habile que lui; il faudra se battre pour cela. Il a quatre laquais, et je n'en ai qu'un; cela est visible, il n'y a qu'à compter : c'est à moi à céder, et je suis un sot si je le conteste. »

Cela répond à des volumes de sophismes. L'au-

---

[1] Barbarisme que la philosophie a emprunté des Anglois. Comment se fait-il que notre *prodigieux amour* de la patrie aille toujours chercher ses mots dans un dictionnaire étranger?

[2] *Hist. de Port-Royal.*

teur des *Pensées*, se soumettant aux *quatre laquais*, est bien autrement philosophe que ces *penseurs* que les quatre laquais ont révoltés.

En un mot, le siècle de Louis XIV est resté paisible, non parce qu'il n'a point aperçu telle ou telle chose, mais parce qu'en la voyant, il l'a pénétrée jusqu'au fond; parce qu'il en a considéré toutes les faces et connu tous les périls. S'il ne s'est point plongé dans les idées du jour, c'est qu'il leur a été supérieur : nous prenons sa puissance pour sa foiblesse; son secret et le nôtre sont renfermés dans cette pensée de Pascal :

« Les sciences ont deux extrémités qui se touchent : la première est la pure ignorance naturelle où se trouvent les hommes en naissant; l'autre extrémité est celle où arrivent les grandes âmes, qui, ayant parcouru tout ce que les hommes peuvent savoir, trouvent qu'ils ne savent rien, et se rencontrent dans cette même ignorance d'où ils sont partis; mais c'est une ignorance savante qui se connoît. Ceux d'entre eux qui sont sortis de l'ignorance naturelle, et n'ont pu arriver à l'autre, ont quelque teinture de cette science suffisante, et font les entendus. Ceux-là troublent le monde, et jugent plus mal que tous les autres. Le peuple et les habiles composent pour l'ordinaire le train du monde; les autres les méprisent et en sont méprisés. »

Nous ne pouvons nous empêcher de faire ici un triste retour sur nous-même. Pascal avoit entrepris de donner au monde l'ouvrage dont nous publions aujourd'hui une si petite et si foible partie. Quel chef-d'œuvre ne seroit point sorti des mains d'un tel maître! Si Dieu ne lui a pas permis d'exécuter son dessein, c'est qu'apparemment il n'est pas bon que certains doutes sur la foi soient éclaircis, afin qu'il reste matière à ces tentations et à ces épreuves qui font les saints et les martyrs.

LIVRE TROISIÈME.

HISTOIRE.

CHAPITRE PREMIER.

DU CHRISTIANISME DANS LA MANIÈRE D'ÉCRIRE L'HISTOIRE.

Si le christianisme a fait faire tant de progrès aux idées philosophiques, il doit être nécessairement favorable au génie de l'histoire, puisque celle-ci n'est qu'une branche de la philosophie morale et politique. Quiconque rejette les notions sublimes que la religion nous donne de la nature et de son auteur, se prive volontairement d'un moyen fécond d'images et de pensées.

En effet, celui-là connoîtra mieux les hommes qui aura long-temps médité les desseins de la Providence ; celui-là pourra démasquer la sagesse humaine, qui aura pénétré les *ruses* de la sagesse divine. Les desseins des rois, les abominations des cités, les voix iniques et détournées de la politique, le remuement des cœurs par le fil secret des passions, ces inquiétudes qui saisissent parfois les peuples, ces transmutations de puissance du roi au sujet, du noble au plébéien, du riche au pauvre : tous ces ressorts resteront inexplicables pour vous, si vous n'avez, pour ainsi dire, assisté au conseil du Très-Haut, avec ces divers esprits de force, de prudence, de foiblesse et d'erreur, qu'il envoie aux nations qu'il veut ou sauver ou perdre.

Mettons donc l'éternité au fond de l'histoire des temps; rapportons tout à Dieu, comme à la cause universelle. Qu'on vante tant qu'on voudra celui qui, démêlant les secrets de nos cœurs, fait sortir les plus grands événements des sources les plus misérables : Dieu attentif aux royaumes des hommes; l'impiété, c'est-à-dire l'absence des vertus morales, devenant la raison immédiate des malheurs des peuples : voilà, ce nous semble, une base historique bien plus noble, et aussi bien plus certaine que la première.

Et pour en montrer un exemple dans notre révolution, qu'on nous dise si ce furent des causes ordinaires qui, dans le cours de quelques années, dénaturèrent nos affections et affectèrent parmi nous la simplicité et la grandeur particulières au cœur de l'homme. L'esprit de Dieu s'étant retiré du milieu du peuple, il ne resta de force que dans la tache originelle qui reprit son empire, comme au jour de Caïn et de sa race. Quiconque vouloit être raisonnable sentoit en lui je ne sais quelle impuissance du bien; quiconque étendoit une main pacifique voyoit cette main subitement séchée : le drapeau rouge flotte aux remparts des cités; la guerre est déclarée aux nations : alors s'accomplissent les paroles du prophète : *Les os des rois de Juda, les os des prêtres, les os des habitans de*

Jérusalem seront jetés hors de leur sépulcre[1]. Coupable envers les souvenirs, on foule aux pieds les institutions antiques ; coupable envers les espérances, on ne fonde rien pour la postérité : les tombeaux et les enfants sont également profanés. Dans cette ligne de vie qui nous fut transmise par nos ancêtres, et que nous devons prolonger au-delà de nous, on ne saisit que le point présent; et chacun, se consacrant à sa propre corruption, comme un sacerdoce abominable, vit tel que si rien ne l'eût précédé, et que rien ne le dût suivre.

Tandis que cet esprit de perte dévore intérieurement la France, un esprit de salut la défend au dehors. Elle n'a de prudence et de grandeur que sur sa frontière; au dedans tout est abattu, à l'extérieur tout triomphe. La patrie n'est plus dans ses foyers, elle est dans un camp sur le Rhin, comme au temps de la race de Mérovée; on croit voir le peuple juif chassé de la terre de Gessen et domptant les nations barbares dans le désert.

Une telle combinaison de choses n'a point de principe naturel dans les événements humains. L'écrivain religieux peut seul découvrir ici un profond conseil du Très-Haut : si les puissances coalisées n'avoient voulu que faire cesser les violences de la révolution, et laisser ensuite la France réparer ses maux et ses erreurs, peut-être eussent-elles réussi. Mais Dieu vit l'iniquité des cours, et il dit au soldat étranger : Je briserai le glaive dans ta main, et tu ne détruiras point le peuple de saint Louis.

[1] Jérém., chap. VIII, v. 1.

Ainsi la religion semble conduire à l'explication des faits les plus incompréhensibles de l'histoire. De plus il y a dans le nom de Dieu quelque chose de superbe, qui sert à donner au style une certaine emphase merveilleuse, en sorte que l'écrivain le plus religieux est presque toujours le plus éloquent. Sans religion on peut avoir de l'esprit; mais il est difficile d'avoir du génie. Ajoutez qu'on sent dans l'historien de foi un ton, nous dirions presque un goût d'honnête homme, qui fait qu'on est disposé à croire ce qu'il raconte. On se défie au contraire de l'historien sophiste; car, représentant presque toujours la société sous un jour odieux, on est incliné à le regarder lui-même comme un méchant et un trompeur.

CHAPITRE II.

CAUSES GÉNÉRALES QUI ONT EMPÊCHÉ LES ÉCRIVAINS MODERNES DE RÉUSSIR DANS L'HISTOIRE.

PREMIÈRE CAUSE.

BEAUTÉS DES SUJETS ANTIQUES.

Il se présente ici une objection : si le christianisme est favorable au génie de l'histoire, pourquoi donc les écrivains modernes sont-ils généralement inférieurs aux anciens dans cette profonde et importante partie des lettres?

D'abord le fait supposé par cette objection n'est pas d'une vérité rigoureuse, puisqu'un des plus beaux monuments historiques qui existent chez les hommes, le *Discours sur l'Histoire universelle*, a été dicté par l'esprit du christianisme. Mais, en écartant un moment cet ouvrage, les causes de notre infériorité en histoire, si cette infériorité existe, méritent d'être recherchées.

Elles nous semblent être de deux espèces: les unes tiennent à l'*histoire*, les autres à l'*historien*.

L'histoire ancienne offre un tableau que les temps modernes n'ont point reproduit. Les Grecs ont surtout été remarquables par la grandeur des hommes, les Romains par la grandeur des choses. Rome et Athènes, parties de l'état de nature pour arriver au dernier degré de civilisation, parcourent l'échelle entière des vertus et des vices, de l'ignorance et des arts. On voit croître l'homme et sa pensée : d'abord enfant, ensuite attaqué par les passions dans la jeunesse, fort et sage dans son âge mûr, foible et corrompu dans sa vieillesse. L'état suit l'homme, passant du gouvernement royal ou paternel au gouvernement républicain, et tombant dans le despotisme avec l'âge de la décrépitude.

Bien que les peuples modernes présentent, comme nous le dirons bientôt, quelques époques intéressantes, quelques règnes fameux, quelques portraits brillants, quelques actions éclatantes, cependant il faut convenir qu'ils ne fournissent pas à l'historien cet ensemble de choses, cette hauteur de leçons qui font de l'histoire ancienne un tout complet et une peinture achevée. Ils n'ont point commencé par le premier pas; ils ne se sont point formés eux-mêmes par degrés : ils ont été transportés du fond des forêts et de l'état sauvage au milieu des cités et de l'état civil : ce ne sont que de jeunes branches entées sur un vieux tronc. Aussi tout est ténèbres dans leur origine : vous y voyez à la fois de grands vices et de grandes vertus, une grossière ignorance et des coups de lumière, des notions vagues de justice et de gouvernement, un mélange confus de mœurs et de langage : ces peuples n'ont passé ni par cet état où les bonnes mœurs font les lois, ni par cet autre où les bonnes lois font les mœurs.

Quand ces nations viennent à se rasseoir sur les débris du monde antique, un autre phénomène arrête l'historien : tout paroît subitement réglé, tout prend une face uniforme ; des monarchies partout ; à peine de petites républiques qui se changent elles-mêmes en principautés, ou qui sont absorbées par les royaumes voisins. En même temps les arts et les sciences se développent, mais tranquillement, mais dans les ombres. Ils se préparent, pour ainsi dire, des destinées humaines ; ils n'influent plus sur le sort des empires. Relégués chez une classe de citoyens, ils deviennent plutôt un objet de luxe et de curiosité qu'un sens de plus chez les nations.

Ainsi les gouvernements se consolident à la fois. Une balance religieuse et politique tient de niveau les diverses parties de l'Europe. Rien ne s'y détruit plus ; le plus petit État moderne peut se vanter d'une durée égale à celle des empires des Cyrus et des Césars. Le christianisme a été l'ancre qui a fixé tant de nations flottantes; il a retenu dans le port ces États qui se briseront peut-être s'ils viennent à rompre l'anneau commun où la religion les tient attachés.

Or, en répandant sur les peuples cette uniformité et pour ainsi dire cette monotonie de mœurs que les lois donnoient à l'Égypte, et donnent encore aujourd'hui aux Indes et à la Chine, le christianisme a rendu nécessairement les couleurs de l'histoire moins vives. Ces vertus générales, telles que l'humanité, la pudeur, la charité, qu'il a substituées aux douteuses vertus politiques; ces vertus, disons-nous, ont aussi un jeu moins grand sur le théâtre du monde. Comme elles sont véritablement des vertus, elles évitent la lumière et le bruit: il y a chez les peuples modernes un certain silence des affaires qui déconcerte l'historien. Donnons-nous de garde de nous en plaindre; l'homme moral parmi nous est bien supérieur à l'homme moral des anciens. Notre raison n'est pas pervertie par un culte abominable; nous n'adorons pas des monstres; l'impudicité ne marche pas le front levé chez les chrétiens; nous n'avons ni gladiateurs ni esclaves. Il n'y a pas encore bien long-temps que le sang nous faisoit horreur. Ah! n'envions pas aux Romains leur Tacite, s'il faut l'acheter par leur Tibère!

CHAPITRE III.

SUITE DU PRÉCÉDENT.

SECONDE CAUSE :

LES ANCIENS ONT ÉPUISÉ TOUS LES GENRES D'HISTOIRE, HORS LE GENRE CHRÉTIEN.

A cette première cause de l'infériorité de nos historiens, tirée du fond même des sujets, il en faut joindre une seconde qui tient à la manière dont les anciens ont écrit l'histoire; ils ont épuisé toutes les couleurs; et si le christianisme n'avoit pas fourni un caractère nouveau de réflexions et de pensées, l'histoire demeureroit à jamais fermée aux modernes.

Jeune et brillante sous Hérodote, elle étala aux yeux de la Grèce la peinture de la naissance de la société et des mœurs primitives des hommes. On avoit alors l'avantage d'écrire les annales de la fable en écrivant celles de la vérité. On n'étoit obligé qu'à peindre et non pas à réfléchir; les vices et les vertus des nations n'en étoient encore qu'à leur âge poétique.

Autre temps, autres mœurs. Thucydide fut privé de ces tableaux du berceau du monde, mais il entra dans un champ encore inculte de l'histoire. Il retraça avec sévérité les maux causés par les dissensions politiques, laissant à la postérité des exemples dont elle ne profite jamais.

Xénophon découvrit à son tour une route nouvelle. Sans s'appesantir, et sans rien perdre de l'élégance attique, il jeta des regards pieux sur le cœur humain, et devint le père de l'histoire morale.

Placé sur un plus grand théâtre, et dans le seul pays où l'on connût deux sortes d'éloquence, celle du barreau et celle du *Forum*, Tite-Live les transporta dans ses récits : il fut l'orateur de l'histoire comme Hérodote en est le poëte.

Enfin la corruption des hommes, les règnes de Tibère et de Néron, firent naître le dernier genre de l'histoire, le genre philosophique. Les causes des événements qu'Hérodote avoit cherchées chez les dieux, Thucydide dans les constitutions politiques, Xénophon dans la morale, Tite-Live dans ces diverses causes réunies, Tacite les vit dans la méchanceté du cœur humain.

Ce n'est pas, au reste, que ces grands historiens brillent exclusivement dans le genre que nous nous sommes permis de leur attribuer; mais il nous a paru que c'est celui qui domine dans leurs écrits. Entre ces caractères primitifs de l'histoire se trouvent des nuances qui furent saisies par les historiens d'un rang inférieur. Ainsi Polybe se place entre le politique Thucydide et le philosophe Xénophon; Salluste tient à la fois de Tacite et de Tite-Live; mais le premier le surpasse par la force de la pensée, et l'autre par la beauté de la narration. Suétone conta l'anecdote sans réflexion et sans voile; Plutarque y joignit la moralité; Velléius Paterculus apprit à généraliser l'histoire sans la défigurer;

Florus en fit l'abrégé philosophique; enfin, Diodore de Sicile, Trogue-Pompée, Denys d'Halicarnasse, Cornelius-Nepos, Quinte-Curce, Aurelius-Victor, Ammien-Marcellin, Justin, Eutrope et d'autres que nous taisons ou qui nous échappent, conduisirent l'histoire jusqu'aux temps où elle tomba entre les mains des auteurs chrétiens; époque où tout changea dans les mœurs des hommes.

Il n'en est pas des vérités comme des illusions : celles-ci sont inépuisables, et le cercle des premières est borné; la poésie est toujours nouvelle, parce que l'erreur ne vieillit jamais, et c'est ce qui fait sa grâce aux yeux des hommes. Mais, en morale et en histoire, on tourne dans le champ étroit de la vérité; il faut, quoi qu'on fasse, retomber dans des observations connues. Quelle route historique, non encore parcourue, restoit-il donc à prendre aux modernes? Ils ne pouvoient qu'imiter; et, dans ces imitations, plusieurs causes les empêchoient d'atteindre à la hauteur de leurs modèles. Comme poésie, l'origine des Cattes, des Tenctères, des Mattiaques, n'offroit rien de ce brillant Olympe, de ces villes bâties au son de la lyre, et de cette enfance enchantée des Hellènes et des Pélasges; comme politique, le régime féodal interdisoit les grandes leçons; comme éloquence, il n'y avoit que celle de la chaire; comme philosophie, les peuples n'étoient pas encore assez malheureux ni assez corrompus pour qu'elle eût commencé de paroître

Toutefois on imita avec plus ou moins de bonheur. Bentivoglio, en Italie, calqua Tite-Live, et seroit éloquent s'il n'étoit affecté. Davila, Guicciardini et Fra-Paolo eurent plus de simplicité, et Mariana, en Espagne, déploya d'assez beaux talents ; malheureusement ce fougueux jésuite déshonora un genre de littérature dont le premier mérite est l'impartialité. Hume, Robertson et Gibbon ont plus ou moins suivi ou Salluste ou Tacite ; mais ce dernier historien a produit deux hommes aussi grands que lui-même, Machiavel et Montesquieu.

Néanmoins Tacite doit être choisi pour modèle avec précaution; il y a moins d'inconvénients à s'attacher à Tite-Live. L'éloquence du premier lui est trop particulière pour être tentée par quiconque n'a pas son génie. Tacite, Machiavel et Montesquieu ont formé une école dangereuse, en introduisant ces mots ambitieux, ces phrases sèches, ces tours prompts qui, sous une apparence de brièveté, touchent à l'obscur et au mauvais goût.

Laissons donc ce style à ces génies immortels qui, par diverses causes, se sont créé un genre à part; genre qu'eux seuls pouvoient soutenir et qu'il est périlleux d'imiter. Rappelons-nous que les écrivains des beaux siècles littéraires ont ignoré cette concision affectée d'idées et de langage. Les pensées des Tite-Live et des Bossuet sont abondantes et enchaînées les unes aux autres ; chaque mot, chez eux, naît du mot qui l'a précédé, et devient le germe du mot qui va le suivre. Ce n'est pas par bonds, par intervalles et en ligne droite que coulent les grands fleuves (si nous pouvons employer cette image) : ils amènent longuement de leur source un flot qui grossit sans cesse; leurs détours sont larges dans les plaines; ils embrassent de leurs orbes immenses les cités et les forêts, et portent à l'Océan agrandi des eaux capables de combler ses gouffres.

CHAPITRE IV.

POURQUOI LES FRANÇOIS N'ONT QUE DES MÉMOIRES.

Autre question qui regarde entièrement les François : pourquoi n'avons-nous que des mémoires au lieu d'histoire, et pourquoi ces mémoires sont-ils pour la plupart excellents?

Le François a été dans tous les temps, même lorsqu'il étoit barbare, vain, léger et sociable. Il réfléchit peu sur l'ensemble des objets; mais il observe curieusement les détails, et son coup d'œil est prompt, sûr et délié : il faut toujours qu'il soit en scène, et il ne peut consentir, même comme historien, à disparoître tout-à-fait. Les mémoires lui laissent la liberté de se livrer à son génie. Là, sans quitter le théâtre, il rapporte ses observations, toujours fines et quelquefois profondes. Il aime à dire : *J'étois là, le roi me dit... J'appris du prince... Je conseillai, je prévis le bien, le mal.* Son amour-propre se satisfait ainsi; il étale son esprit devant le lecteur; et le désir qu'il a de se montrer penseur ingénieux le conduit souvent à bien penser. De plus, dans ce genre d'histoire, il n'est pas obligé de renoncer à ses passions, dont il se détache avec peine. Il s'enthousiasme pour telle ou telle cause, tel ou tel personnage ; et, tantôt insultant le parti opposé, tantôt se raillant du sien, il exerce à la fois sa vengeance et sa malice.

Depuis le sire de Joinville jusqu'au cardinal de Retz, depuis les mémoires du temps de la Ligue jusqu'aux mémoires du temps de la Fronde, ce caractère se montre partout ; il perce même jusque dans le grave Sully. Mais quand on veut transporter à l'histoire cet art des détails, les rapports changent ; les petites nuances se perdent dans de grands tableaux, comme de légères rides sur la face de l'Océan. Contraints alors de généraliser nos observations, nous tombons dans l'esprit de système. D'une autre part, ne pouvant parler de nous à découvert, nous nous cachons derrière nos personnages. Dans la narration, nous devenons secs et minutieux, parce que nous causons mieux que nous ne racontons ; dans les réflexions générales, nous sommes chétifs ou vulgaires, parce que nous ne connoissons bien que l'homme de notre société[1].

---

[1] Nous savons qu'il y a des exceptions à tout cela, et que quelques écrivains françois se sont distingués comme historiens. Nous rendrons tout à l'heure justice à leur mérite, mais il nous semble qu'il seroit injuste de nous les opposer, et de faire des objections qui ne détruiroient pas un fait général. Si l'on en venoit là, quels jugements seroient vrais en critique? Les théories générales ne sont pas de la nature de l'homme ; le vrai le plus pur a toujours

Enfin la vie privée des François est peu favorable au génie de l'histoire. Le repos de l'âme est nécessaire à quiconque veut écrire sagement sur les hommes : or, nos gens de lettres, vivant la plupart sans famille, ou hors de leur famille, portant dans le monde des passions inquiètes et des jours misérablement consacrés à des succès d'amour-propre, sont, par leurs habitudes, en contradiction directe avec le sérieux de l'histoire. Cette coutume de mettre notre existence dans un cercle borne nécessairement notre vue et rétrécit nos idées. Trop occupés d'une nature de convention, la vraie nature nous échappe; nous ne raisonnons guère sur celle-ci qu'à force d'esprit et comme au hasard; et, quand nous rencontrons juste, c'est moins un fait d'expérience qu'une chose devinée.

Concluons donc que c'est au changement des affaires humaines, à un autre ordre de choses et de temps, à la difficulté de trouver des routes nouvelles en morale, en politique et en philosophie, que l'on doit attribuer le peu de succès des modernes en histoire; et, quant aux François, s'ils n'ont en général que de bons mémoires, c'est dans leur propre caractère qu'il faut chercher le motif de cette singularité.

On a voulu la rejeter sur des causes politiques : on a dit que si l'histoire ne s'est point élevée parmi

---

en soi un mélange de faux. La vérité humaine est semblable au triangle qui ne peut avoir qu'un seul angle droit, comme si la nature avoit voulu graver une image de notre insuffisante rectitude dans la seule science réputée certaine parmi nous.

nous aussi haut que chez les anciens, c'est que son génie indépendant a toujours été enchaîné. Il nous semble que cette assertion va directement contre les faits. Dans aucun temps, dans aucun pays, sous quelque forme de gouvernement que ce soit, jamais la liberté de penser n'a été plus grande qu'en France au temps de sa monarchie. On pourroit citer sans doute quelques actes d'oppression, quelques censures rigoureuses ou injustes[1], mais ils ne balanceroient pas le nombre des exemples contraires. Qu'on ouvre nos mémoires, et l'on y trouvera à chaque page les vérités les plus dures, et souvent les plus outrageantes, prodiguées aux rois, aux nobles, aux prêtres. Le François n'a jamais ployé servilement sous le joug; il s'est toujours dédommagé, par l'indépendance de son opinion, de la contrainte que les formes monarchiques lui imposoient. Les *Contes* de Rabelais, le traité de *la Servitude volontaire* de la Béotie, les *Essais* de Montaigne, la *Sagesse* de Charron, les *Républiques* de Bodin, les écrits en faveur de la Ligue, le traité où Mariana va jusqu'à défendre le régicide, prouvent assez que ce n'est pas d'aujourd'hui seulement qu'on ose tout examiner. Si c'étoit le titre de citoyen plutôt que celui de sujet qui fît exclusivement l'historien, pourquoi Tacite, Tite-Live même, et, parmi nous, l'évêque de Meaux et Montesquieu ont-ils fait entendre leurs sévères leçons sous l'empire des maîtres les plus absolus de la terre? Sans doute, en censurant les choses déshon-

[1] Voyez la note O, à la fin du volume.

nêtes et en louant les bonnes, ces grands génies n'ont pas cru que la liberté d'écrire consistât à fronder les gouvernements et à ébranler les bases du devoir; sans doute, s'ils eussent fait un usage si pernicieux de leur talent, Auguste, Trajan et Louis les auroient forcés au silence ; mais cette espèce de dépendance n'est-elle pas plutôt un bien qu'un mal ? Quand Voltaire s'est soumis à une censure légitime, il nous a donné *Charles XII* et *le Siècle de Louis XIV;* lorsqu'il a rompu tout frein, il n'a enfanté que l'*Essai sur les Mœurs*. Il y a des vérités qui sont la source des plus grands désordres, parce qu'elles remuent les passions ; et cependant à moins qu'une juste autorité ne nous ferme la bouche, ce sont celles-là mêmes que nous nous plaisons à révéler parce qu'elles satisfont à la fois et à la malignité de nos cœurs corrompus par la chute, et notre penchant primitif à la vérité.

CHAPITRE V.

BEAU COTÉ DE L'HISTOIRE MODERNE.

Il est juste maintenant de considérer le revers des choses, et de montrer que l'histoire moderne pourroit encore devenir intéressante si elle étoit traitée par une main habile. L'établissement des Francs dans les Gaules, Charlemagne, les croisades, la chevalerie, une bataille de Bouvines, un combat de Lépante, un Conradin à Naples, un

Henri IV en France, un Charles Ier en Angleterre, sont au moins des époques mémorables, des mœurs singulières, des événements fameux, des catastrophes tragiques. Mais la grande vue à saisir pour l'historien moderne, c'est le changement que le christianisme a opéré dans l'ordre social. En donnant de nouvelles bases à la morale, l'Évangile a modifié le caractère des nations, et créé en Europe des hommes tout différents des anciens par les opinions, les gouvernements, les coutumes, les usages, les sciences et les arts.

Et que de traits caractéristiques n'offrent point ces nations nouvelles! Ici, ce sont les Germains; peuples où la corruption des grands n'a jamais influé sur les petits, où l'indifférence des premiers pour la patrie n'empêche point les seconds de l'aimer; peuples où l'esprit de révolte et de fidélité, d'esclavage et d'indépendance, ne s'est jamais démenti depuis les jours de Tacite.

Là, ce sont ces Bataves qui ont de l'esprit par bon sens, du génie par industrie, des vertus par froideur, et des passions par raison.

L'Italie aux cent princes et aux magnifiques souvenirs, contraste avec la Suisse obscure et républicaine.

L'Espagne, séparée des autres nations, présente encore à l'historien un caractère plus original : l'espèce de stagnation de mœurs dans laquelle elle repose lui sera peut-être utile un jour; et, lorsque les peuples européens seront usés par la corruption, elle seule pourra reparoître avec éclat sur la scène du monde, parce que le fond des mœurs subsiste chez elle.

Mélange du sang allemand et du sang françois, le peuple anglois décèle de toutes parts sa double origine. Son gouvernement formé de royauté et d'aristocratie, sa religion moins pompeuse que la catholique, et plus brillante que la luthérienne, son militaire à la fois lourd et actif, sa littérature et ses arts, chez lui enfin le langage, les traits même, et jusqu'aux formes du corps, tout participe des deux sources dont il découle. Il réunit à la simplicité, au calme, au bon sens, à la lenteur germanique, l'éclat, l'emportement et la vivacité de l'esprit françois.

Les Anglois ont l'esprit public, et nous l'honneur national ; nos belles qualités sont plutôt des dons de la faveur divine que des fruits d'une éducation politique : comme les demi-dieux, nous tenons moins de la terre que du ciel.

Fils aînés de l'antiquité, les François, Romains par le génie, sont Grecs par le caractère. Inquiets et volages dans le bonheur, constants et invincibles dans l'adversité, formés pour les arts, civilisés jusqu'à l'excès, durant le calme de l'État ; grossiers et sauvages dans les troubles politiques, flottants comme des vaisseaux sans lest au gré des passions ; à présent dans les cieux, l'instant d'après dans les abîmes ; enthousiastes et du bien et du mal, faisant le premier sans en exiger de reconnoissance, et le second sans en sentir de remords ; ne se souvenant ni de leurs crimes ni de leurs vertus ; amants pusillanimes de la vie pendant la paix ; prodigues de leurs jours dans les batailles ; vains, railleurs, ambitieux, à la fois routiniers et novateurs, méprisant tout ce qui n'est pas eux; individuellement les plus aimables des hommes, en corps les plus désagréables de tous; charmants, dans leur propre pays, insupportables chez l'étranger; tour à tour plus doux, plus innocents que l'agneau, et plus impitoyables, plus féroces que le tigre : tels furent les Athéniens d'autrefois, et tels sont les François d'aujourd'hui.

Ainsi, après avoir balancé les avantages et les désavantages de l'histoire ancienne et moderne, il est temps de rappeler au lecteur que si les historiens de l'antiquité sont en général supérieurs aux nôtres, cette vérité souffre toutefois de grandes exceptions. Grâce au génie du christianisme, nous allons montrer qu'en histoire, l'esprit françois a presque atteint la même perfection que dans les autres branches de la littérature.

CHAPITRE VI.

VOLTAIRE HISTORIEN.

« Voltaire, dit Montesquieu, n'écrira jamais une bonne histoire ; il est comme les moines qui n'écrivent pas pour le sujet qu'ils traitent, mais pour la gloire de leur ordre. Voltaire écrit pour son couvent. »

Ce jugement, appliqué au *Siècle de Louis XIV* et à l'*Histoire de Charles XII*, est trop rigoureux;

mais il est juste, quant à l'*Essai sur les Mœurs des nations*[1]. Deux noms surtout effrayoient ceux qui combattoient le christianisme, Pascal et Bossuet. Il falloit donc les attaquer, et tâcher de détruire indirectement leur autorité. De là l'édition de Pascal avec des notes, et l'*Essai* qu'on prétendoit opposer au *Discours sur l'Histoire universelle*. Mais jamais le parti anti-religieux, d'ailleurs trop habile, ne fit une telle faute et n'apprêta un plus grand triomphe au christianisme. Comment Voltaire, avec tant de goût et un esprit si juste, ne comprit-il pas le danger d'une lutte corps à corps avec Bossuet et Pascal? Il lui est arrivé en histoire ce qui lui arrive toujours en poésie : c'est qu'en déclamant contre la religion, ses plus belles pages sont des pages chrétiennes, témoin ce portrait de saint Louis :

« Louis IX, dit-il, paroissoit un prince destiné à réformer l'Europe, si elle avoit pu l'être, à rendre la France triomphante et policée, et à être en tout le modèle des hommes. Sa piété, qui étoit celle d'un anachorète, ne lui ôta aucune vertu du roi. Une sage économie ne déroba rien à sa libéralité. Il sut accorder une politique profonde avec une justice exacte, et peut-être est-il le seul souverain qui mérite cette louange. Prudent et ferme dans le conseil, intrépide dans les combats, sans être emporté, compatissant comme s'il n'avoit jamais été que mal-

---

[1] Un mot échappé à Voltaire, dans sa *Correspondance*, montre avec quelle vérité historique et dans quelle intention il écrivoit cet *Essai* : « J'ai pris les deux hémisphères en ridicule ; *c'est un coup sûr.* » (An 1754, *Corresp. gén.*, tom. v, pag. 94.)

heureux, il n'est pas donné à l'homme de pousser plus loin la vertu... Attaqué de la peste devant Tunis... il se fit étendre sur la cendre, et expira à l'âge de cinquante-cinq ans, avec la piété d'un religieux et le courage d'un grand homme. »

Dans ce portrait, d'ailleurs si élégamment écrit, Voltaire, en parlant d'anachorète, a-t-il cherché à rabaisser son héros? On ne peut guère se le dissimuler; mais voyez quelle méprise! C'est précisément le contraste des vertus religieuses et des vertus guerrières, de l'humanité chrétienne et de la grandeur royale, qui fait ici le dramatique et la beauté du tableau.

Le christianisme rehausse nécessairement l'éclat des peintures historiques, en détachant pour ainsi dire les personnages de la toile et faisant trancher les couleurs vives des passions sur un fond calme et doux. Renoncer à sa morale tendre et triste, ce seroit renoncer au seul moyen nouveau d'éloquence que les anciens nous aient laissé. Nous ne doutons point que Voltaire, s'il avoit été religieux, n'eût excellé en histoire; il ne lui manque que de la gravité, et, malgré ses imperfections, c'est peut-être encore, après Bossuet, le premier historien de la France.

CHAPITRE VII.

PHILIPPE DE COMMINES ET ROLLIN.

Un chrétien a éminemment les qualités qu'un ancien demande de l'historien... *un bon sens pour les choses du monde, et une agréable expression*[1].

Comme écrivain des *Vies*, Philippe de Commines ressemble singulièrement à Plutarque; sa simplicité est même plus franche que celle du biographe antique : Plutarque n'a souvent que le bon esprit d'être simple; il court volontiers après la pensée : ce n'est qu'un agréable imposteur en tours naïfs.

A la vérité il est plus instruit que Commines, et néanmoins le vieux seigneur gaulois, avec l'Évangile et sa foi dans les ermites, a laissé, tout ignorant qu'il étoit, des mémoires pleins d'enseignement. Chez les anciens il falloit être docte pour écrire; parmi nous, un simple chrétien, livré, pour seule étude, à l'amour de Dieu, a souvent composé un admirable volume; c'est ce qui a fait dire à saint Paul : « *Celui qui, dépourvu de la charité, s'imagine être éclairé, ne sait rien.* »

Rollin est le Fénelon de l'histoire, et, comme lui, il a embelli l'Égypte et la Grèce. Les premiers volumes de l'*Histoire ancienne* respirent le génie de l'antiquité : la narration du vertueux recteur est

---

[1] Lucien, *Comment il faut écrire l'histoire*, traduct. de Racine.

pleine, simple et tranquille; et le christianisme, attendrissant sa plume, lui a donné quelque chose qui remue les entrailles. Ses écrits décèlent *cet homme de bien dont le cœur est une fête continuelle*[1], selon l'expression merveilleuse de l'Écriture. Nous ne connoissons point d'ouvrages qui reposent plus doucement l'âme. Rollin a répandu sur les crimes des hommes le calme d'une conscience sans reproche, et l'onctueuse charité d'un apôtre de Jésus-Christ. Ne verrons-nous jamais renaître ces temps où l'éducation de la jeunesse et l'espérance de la postérité étoient confiées à de pareilles mains !

CHAPITRE VIII.

BOSSUET HISTORIEN.

Mais c'est dans le *Discours sur l'Histoire universelle* que l'on peut admirer l'influence du génie du christianisme sur le génie de l'histoire. Politique comme Thucydide, moral comme Xénophon, éloquent comme Tite-Live, aussi profond et aussi grand peintre que Tacite, l'évêque de Meaux a de plus une parole grave et un tour sublime dont on ne trouve ailleurs aucun exemple, hors dans le début du livre des Machabées.

---

[1] *Ecclesiast.*, cap. XXX, v. 27.

Bossuet est plus qu'un historien, c'est un Père de l'Église, c'est un prêtre inspiré, qui souvent a le rayon de feu sur le front, comme le législateur des Hébreux. Quelle revue il fait de la terre ! il est en mille lieux à la fois ! Patriarche sous le palmier de Tophel, ministre à la cour de Babylone, prêtre à Memphis, législateur à Sparte, citoyen à Athènes et à Rome, il change de temps et de place à son gré ; il passe avec la rapidité et la majesté des siècles. La verge de la loi à la main, avec une autorité incroyable, il chasse pêle-mêle devant lui et Juifs et Gentils au tombeau ; il vient enfin lui-même à la suite du convoi de tant de générations, et, marchant appuyé sur Isaïe et sur Jérémie, il élève ses lamentations prophétiques à travers la poudre et les débris du genre humain[1].

La première partie du *Discours sur l'Histoire universelle* est admirable par la narration ; la seconde par la sublimité du style et la haute métaphysique des idées ; la troisième par la profondeur des vues morales et politiques. Tite-Live et Salluste ont-ils rien de plus beau sur les anciens Romains que ces paroles de l'évêque de Meaux ?

« Le fond d'un Romain, pour ainsi parler, étoit l'amour de sa liberté et de sa patrie ; une de ces choses lui faisoit aimer l'autre ; car, parce qu'il aimoit sa liberté, il aimoit aussi sa patrie comme une mère qui le nourrissoit dans des sentiments également généreux et libres.

---

[1] Voyez la note P, à la fin du volume.

«Sous ce nom de liberté, les Romains se figuroient, avec les Grecs, un état où personne ne fût sujet que de la loi, et où la loi fût plus puissante que personne. »

A nous entendre déclamer contre la religion, on croiroit qu'un prêtre est nécessairement un esclave, et que nul, avant nous, n'a su raisonner dignement sur la liberté : qu'on lise donc Bossuet à l'article des Grecs et des Romains.

Quel autre a mieux parlé que lui et des vices et des vertus ? quel autre a plus justement estimé les choses humaines ? Il lui échappe de temps en temps quelques-uns de ces traits qui n'ont point de modèle dans l'éloquence antique, et qui naissent du génie même du christianisme. Par exemple, après avoir vanté les pyramides d'Égypte, il ajoute : « Quelque effort que fassent les hommes, leur néant paroît partout. Ces pyramides étoient des tombeaux; encore ces rois qui les ont bâties n'ont-ils pas eu le pouvoir d'y être inhumés, et ils n'ont pu jouir de leur sépulcre [1]. »

On ne sait qui l'emporte ici de la grandeur de la pensée ou de la hardiesse de l'expression. Ce mot *jouir,* appliqué à un *sépulcre,* déclare à la fois la magnificence de ce sépulcre, la vanité des pharaons qui l'élevèrent, la rapidité de notre existence, enfin l'incroyable néant de l'homme qui, ne pouvant posséder pour bien réel ici-bas qu'un tombeau, est encore privé quelquefois de ce stérile patrimoine.

[1] *Disc. sur l'Hist. univ.*, IIIe part.

Remarquons que Tacite a parlé des pyramides [1], et que sa philosophie ne lui a rien fourni de comparable à la réflexion que la religion a inspirée à Bossuet; influence bien frappante du génie du christianisme sur la pensée d'un grand homme.

Le plus beau portrait historique dans Tacite est celui de Tibère ; mais il est effacé par le portrait de Cromwell, car Bossuet est encore historien dans ses *Oraisons funèbres*. Que dirons-nous du cri de joie que pousse Tacite en parlant des Bructères, qui s'égorgeoient à la vue d'un camp romain? « Par la faveur des dieux, nous eûmes le plaisir de contempler ce combat sans nous y mêler. Simples spectateurs, nous vîmes ce qui est admirable, soixante mille hommes s'égorger sous nos yeux pour notre amusement. Puissent, puissent les nations, au défaut d'amour pour nous, entretenir ainsi dans leur cœur les unes contre les autres une haine éternelle [2] ! »

Écoutons Bossuet :

« Ce fut après le déluge que parurent ces ravageurs de provinces que l'on a nommés *conquérants*, qui, poussés par la seule gloire du commandement, ont exterminé tant d'innocents... Depuis ce temps, l'ambition s'est jouée, sans aucune borne, de la vie des hommes ; ils en sont venus à ce point de s'entretuer sans se haïr : le comble de la gloire, et le plus beau de tous les arts, a été de se tuer les uns les autres [3]. »

---

[1] *Ann.*, lib. II, 61.   [2] Tacite, *Mœurs des Germains*, XXXIII.
[3] *Disc. sur l'Hist. univ.*

Il est difficile de s'empêcher d'adorer une religion qui met une telle différence entre la morale d'un Bossuet et d'un Tacite.

L'historien romain, après avoir raconté que Thrasylle avoit prédit l'empire à Tibère, ajoute : « D'après ces faits et quelques autres, je ne sais si les choses de la vie sont... assujetties aux lois d'une immuable nécessité, ou si elles ne dépendent que du hasard [1]. »

Suivent les opinions des philosophes que Tacite rapporte gravement, donnant assez à entendre qu'il croit aux prédictions des astrologues.

La raison, la saine morale et l'éloquence nous semblent encore du côté du prêtre chrétien.

« Ce long enchaînement des causes particulières qui font et défont les empires dépend des ordres secrets de la divine Providence. Dieu tient, du plus haut des cieux, les rênes de tous les royaumes ; il a tous les cœurs en sa main. Tantôt il retient les passions, tantôt il leur lâche la bride, et par-là il remue tout le genre humain... Il connoît la sagesse humaine, toujours courte par quelque endroit ; il l'éclaire, il étend ses vues, et puis il l'abandonne à ses ignorances. Il l'aveugle, il la précipite, il la confond par elle-même : elle s'enveloppe, elle s'embarrasse dans ses propres subtilités, et ses précautions lui sont un piége... C'est lui (Dieu) qui prépare ces effets dans les causes les plus éloignées, et qui frappe ces grands coups dont le contre-coup porte

---

[1] *Ann.*, lib. vi 22.

si loin... Mais que les hommes ne s'y trompent pas, Dieu redresse, quand il lui plaît, le sens égaré ; et celui qui insultoit à l'aveuglement des autres tombe lui-même dans des ténèbres plus épaisses, sans qu'il faille souvent autre chose pour lui renverser le sens que de longues prospérités. »

Que l'éloquence de l'antiquité est peu de chose auprès de cette éloquence chrétienne !

LIVRE QUATRIÈME.
ÉLOQUENCE.

CHAPITRE PREMIER.
DU CHRISTIANISME DANS L'ÉLOQUENCE.

Le christianisme fournit tant de preuves de son excellence, que, quand on croit n'avoir plus qu'un sujet à traiter, soudain il s'en présente un autre sous votre plume. Nous parlions des philosophes, et voilà que les orateurs viennent nous demander si nous les oublions. Nous raisonnions sur le christianisme dans les sciences et dans l'histoire, et le christianisme nous appeloit pour faire voir au monde les plus grands effets de l'éloquence connus. Les modernes doivent à la religion catholique cet art du discours qui, en manquant à notre littérature, eût donné au génie antique une supériorité décidée sur le nôtre. C'est ici un des grands triomphes de notre culte; et quoi qu'on puisse dire à la louange de Cicéron et de Démosthènes, Massillon et Bossuet peuvent sans crainte leur être comparés.

Les anciens n'ont connu que l'éloquence judiciaire et politique: l'éloquence morale, c'est-à-dire l'éloquence de tout temps, de tout gouvernement, de tout pays, n'a paru sur la terre qu'avec l'Évangile. Cicéron défend un client; Démosthènes combat un adversaire, ou tâche de rallumer l'amour de la patrie chez un peuple dégénéré : l'un et l'autre ne savent que remuer les passions, et fondent leur espérance de succès sur le trouble qu'ils jettent dans les cœurs. L'éloquence de la chaire a cherché sa victoire dans une région plus élevée. C'est en combattant les mouvements de l'âme qu'elle prétend la séduire; c'est en apaisant les passions qu'elle s'en veut faire écouter. Dieu et la charité, voilà son texte, toujours le même, toujours inépuisable. Il ne lui faut ni les cabales d'un parti, ni des émotions populaires, ni de grandes circonstances, pour briller : dans la paix la plus profonde, sur le cercueil du citoyen le plus obscur, elle trouvera ses mouvements les plus sublimes; elle saura intéresser pour une vertu ignorée; elle fera couler des larmes pour un homme dont on n'a jamais entendu parler. Incapable de crainte et d'injustice, elle donne des leçons aux rois, mais sans les insulter; elle console le pauvre, mais sans flatter ses vices. La politique et les choses de la terre ne lui sont point inconnues; mais ces choses, qui faisoient les premiers motifs de l'éloquence antique, ne sont pour elle que des raisons secondaires; elle les voit des hauteurs où elle domine, comme un aigle aperçoit, du sommet de la montagne, les objets abaissés de la plaine.

Ce qui distingue l'éloquence chrétienne de l'éloquence des Grecs et des Romains, *c'est cette tristesse évangélique qui en est l'âme,* selon La Bruyère, cette majestueuse mélancolie dont elle se nourrit. On lit une fois, deux fois peut-être les *Verrines* et les *Catilinaires* de Cicéron, l'Oraison pour la *Couronne* et les *Philippiques* de Démosthènes; mais on médite sans cesse, on feuillette nuit et jour les *Oraisons funèbres* de Bossuet et les *Sermons* de Bourdaloue et de Massillon. Les discours des orateurs chrétiens sont des livres, ceux des orateurs de l'antiquité ne sont que des discours. Avec quel goût merveilleux les saints docteurs ne réfléchissent-ils point sur les vanités du monde! «Toute votre vie, disent-ils, n'est qu'une ivresse d'un jour, et vous employez cette journée à la poursuite des plus folles illusions. Vous atteindrez au comble de vos vœux; vous jouirez de tous vos désirs, vous deviendrez roi, empereur, maître de la terre : un moment encore, et la mort effacera ces néants avec votre néant. »

Ce genre de méditations, si grave, si solennel, si naturellement porté au sublime, fut totalement inconnu des orateurs de l'antiquité. Les païens se consumoient *à la poursuite des ombres de la vie*[1] ; ils ne savoient pas que la véritable existence ne commence qu'à la mort. La religion chrétienne a seule fondé cette grande école de la tombe, où s'instruit l'apôtre de l'Évangile : elle ne permet plus que l'on prodigue, comme les demi-sages de la Grèce, l'immortelle pensée de l'homme à des choses d'un moment.

[1] Job.

Au reste, c'est la religion qui, dans tous les siècles et dans tous les pays, a été la source de l'éloquence. Si Démosthènes et Cicéron ont été de grands orateurs, c'est qu'avant tout ils étoient religieux [1]. Les membres de la Convention, au contraire, n'ont offert que des talents tronqués et des lambeaux d'éloquence, parce qu'ils attaquoient la foi de leurs pères, et s'interdisoient ainsi les inspirations du cœur [2].

[1] Ils ont sans cesse le nom des dieux à la bouche; voyez l'invocation du premier aux mânes des héros de Marathon, et l'apothéose du second aux dieux dépouillés par Verrès.

[2] Qu'on ne dise pas que les François n'avoient pas eu le temps de s'exercer dans la nouvelle lice où ils venoient de descendre : l'éloquence est un fruit des révolutions; elle y croît spontanément et sans culture; le Sauvage et le Nègre ont quelquefois parlé comme Démosthènes. D'ailleurs, on ne manquoit pas de modèles, puisqu'on avoit entre les mains les chefs-d'œuvre du forum antique, et ceux de ce forum sacré, où l'orateur chrétien explique la loi éternelle. Quand M. de Montlosier s'écrioit, à propos du clergé, dans l'Assemblée constituante : « *Vous les chassez de leurs palais, ils se retireront dans la cabane du pauvre qu'ils ont nourri; vous voulez leurs croix d'or, ils prendront une croix de bois; c'est une croix de bois qui a sauvé le monde !* » ce mouvement n'a pas été inspiré par la démagogie, mais par la religion. Enfin Vergniaud ne s'est élevé à la grande éloquence, dans quelques passages de son discours pour Louis XVI, que parce que son sujet l'a entraîné dans la région des idées religieuses : les pyramides, les morts, le silence et les tombeaux.

CHAPITRE II.

DES ORATEURS.

LES PÈRES DE L'ÉGLISE.

L'éloquence des docteurs de l'Église a quelque chose d'imposant, de fort, de royal, pour ainsi parler, et dont l'autorité vous confond et vous subjugue. On sent que leur mission vient d'en haut, et qu'ils enseignent par l'ordre exprès du Tout-Puissant. Toutefois, au milieu de ces inspirations, leur génie conserve le calme et la majesté.

Saint Ambroise est le Fénelon des Pères de l'Église latine. Il est fleuri, doux, abondant, et, à quelques défauts près qui tiennent à son siècle, ses ouvrages offrent une lecture aussi agréable qu'instructive; pour s'en convaincre, il suffit de parcourir le *Traité de la Virginité*[1], et l'*Éloge des Patriarches*.

Quand on nomme un *saint* aujourd'hui, on se figure quelque moine grossier et fanatique, livré, par imbécillité ou par caractère, à une superstition ridicule. Augustin offre pourtant un autre tableau : un jeune homme ardent et plein d'esprit s'abandonne à ses passions; il épuise bientôt les voluptés, et s'étonne que les amours de la terre ne puissent remplir le vide de son cœur. Il tourne son âme inquiète vers le ciel : quelque chose lui

[1] Nous en avons cité quelques morceaux.

dit que c'est là qu'habite cette souveraine beauté après laquelle il soupire : Dieu lui parle tout bas, et cet homme du siècle, que le siècle n'avoit pu satisfaire, trouve enfin le repos et la plénitude de ses désirs dans le sein de la religion.

Montaigne et Rousseau nous ont donné leurs *Confessions*. Le premier s'est moqué de la bonne foi de son lecteur; le second a révélé de honteuses turpitudes, en se proposant, même au jugement de Dieu, pour un modèle de vertu. C'est dans les *Confessions* de saint Augustin qu'on apprend à connoître l'homme tel qu'il est. Le saint ne se confesse point à la terre, il se confesse au ciel; il ne cache rien à celui qui voit tout. C'est un chrétien à genoux dans le tribunal de la pénitence, qui déplore ses fautes, et qui les découvre, afin que le médecin applique le remède sur la plaie. Il ne craint point de fatiguer par des détails celui dont il a dit ce mot sublime : *Il est patient, parce qu'il est éternel*. Et quel portrait ne nous fait-il point du Dieu auquel il confie ses erreurs!

« Vous êtes infiniment grand, dit-il, infiniment bon, infiniment miséricordieux, infiniment juste; votre beauté est incomparable, votre force irrésistible, votre puissance sans bornes. Toujours en action, toujours en repos, vous soutenez, vous remplissez, vous conservez l'univers; vous aimez sans passion, vous êtes jaloux sans trouble; vous changez vos opérations et jamais vos desseins..... Mais que vous dis-je ici, ô mon Dieu! et que peut-on dire en parlant de vous? »

Le même homme qui a tracé cette brillante image du vrai Dieu va nous parler à présent avec la plus aimable naïveté des erreurs de sa jeunesse :

« Je partis enfin pour Carthage. Je n'y fus pas plus tôt arrivé que je me vis assiégé d'une foule de coupables amours, qui se présentoient à moi de toutes parts..... Un état tranquille me sembloit insupportable, et je ne cherchois que les chemins pleins de piéges et de précipices.

« Mais mon bonheur eût été d'être aimé aussi bien que d'aimer; car on veut trouver la vie dans ce qu'on aime... Je tombai enfin dans les filets où je désirois d'être pris : je fus aimé, et je possédai ce que j'aimois. Mais, ô mon Dieu ! vous me fîtes alors sentir votre bonté et votre miséricorde, en m'accablant d'amertume ; car, au lieu des douceurs que je m'étois promises, je ne connus que jalousie, soupçons, craintes, colère, querelles et emportements. »

Le ton simple, triste et passionné de ce récit, ce retour vers la Divinité et le calme du ciel, au moment où le saint semble le plus agité par les illusions de la terre et par le souvenir des erreurs de sa vie : tout ce mélange de regrets et de repentir est plein de charmes. Nous ne connoissons point de mot de sentiment plus délicat que celui-ci : « Mon bonheur eût été d'être aimé aussi bien que d'aimer, *car on veut trouver la vie dans ce qu'on aime.* » C'est encore saint Augustin qui a dit cette parole : « Une âme contemplative se fait à elle-même une solitude. » *La Cité de Dieu,* les épîtres et quelques traités du même Père sont pleins de ces sortes de pensées.

Saint Jérôme brille par une imagination vigoureuse, que n'avoit pu éteindre chez lui une immense érudition. Le recueil de ses lettres est un des monuments les plus curieux de la littérature des Pères. Ainsi que saint Augustin, il trouva son écueil dans les voluptés du monde.

Il aime à peindre la nature et la solitude. Du fond de sa grotte de Bethléem, il voyoit la chute de l'empire romain : vaste sujet de réflexions pour un saint anachorète ! Aussi, la mort et la vanité de nos jours sont-elles sans cesse présentes à saint Jérôme !

« Nous mourons et nous changeons à toute heure, écrit-il à un de ses amis, et cependant nous vivons comme si nous étions immortels. Le temps même que j'emploie ici à dicter, il le faut retrancher de mes jours. Nous nous écrivons souvent, mon cher Héliodore ; nos lettres passent les mers, et à mesure que le vaisseau fuit, notre vie s'écoule : chaque flot en emporte un moment[1]. »

De même que saint Ambroise est le Fénelon des Pères, Tertullien en est le Bossuet. Une partie de son plaidoyer en faveur de la religion pourroit encore servir aujourd'hui dans la même cause. Chose étrange, que le christianisme soit maintenant obligé de se défendre devant ses enfants, comme il se défendoit autrefois devant ses bourreaux ; et que l'*Apologétique aux* GENTILS soit devenue l'*Apologétique aux* CHRÉTIENS !

[1] HIERON, *Epist.*

Ce qu'on remarque de plus frappant dans cet ouvrage, c'est le développement de l'esprit humain : on entre dans un nouvel ordre d'idées ; on sent que ce n'est plus la première antiquité ou le bégaiement de l'homme qui se fait entendre.

Tertullien parle comme un moderne ; ses motifs d'éloquence sont pris dans le cercle des vérités éternelles, et non dans les raisons de passion et de circonstance employées à la tribune romaine ou sur la place publique des Athéniens. Ces progrès du génie philosophique sont évidemment le fruit de notre religion. Sans le renversement des faux dieux et l'établissement du vrai culte, l'homme auroit vieilli dans une enfance interminable ; car étant toujours dans l'erreur par rapport au premier principe, ses autres notions se fussent plus ou moins ressenties du vice fondamental.

Les autres traités de Tertullien, en particulier ceux *de la Patience, des Spectacles, des Martyrs, des Ornements des femmes, et de la Résurrection de la chair,* sont semés d'une foule de beaux traits. « Je ne sais (dit l'orateur en reprochant le luxe aux femmes chrétiennes), je ne sais si des mains accoutumées aux bracelets pourront supporter le poids des chaînes ; si des pieds, ornés de bandelettes, s'accoutumeront à la douleur des entraves. Je crains bien qu'une tête couverte de réseaux de perles et de diamants ne laisse aucune place à l'épée [1]. »

---

[1] *Locum spathæ non det.* On peut traduire, *ne plie sous l'épée.* J'ai préféré l'autre sens comme plus littéral et plus énergique. *Spatha,* emprunté du grec, est l'étymologie de notre mot *épée.*

Ces paroles, adressées à des femmes qu'on conduisoit tous les jours à l'échafaud, étincellent de courage et de foi.

Nous regrettons de ne pouvoir citer tout entière l'épître aux Martyrs, devenue plus intéressante pour nous depuis la persécution de Robespierre : « Illustres confesseurs de Jésus-Christ, s'écrie Tertullien, un chrétien trouve dans la prison les mêmes délices que les prophètes trouvoient au désert........ Ne l'appelez plus un cachot, mais une solitude. Quand l'âme est dans le ciel le corps ne sent point la pesanteur des chaînes ; elle emporte avec soi tout l'homme ! »

Ce dernier trait est sublime.

C'est du prêtre de Carthage que Bossuet a emprunté ce passage si terrible et si admiré : « Notre chair change bientôt de nature, notre corps prend un autre nom ; *même celui de cadavre, dit Tertullien, parce qu'il nous montre encore quelque forme humaine, ne lui demeure pas long-temps ; il devient un je ne sais quoi qui n'a plus de nom dans aucune langue* [1] ; tant il est vrai que tout meurt en lui, jusqu'à ces termes funèbres par lesquels on exprime ses malheureux restes ! »

Tertullien étoit fort savant, bien qu'il s'accuse d'ignorance, et l'on trouve dans ses écrits des détails sur la vie privée des Romains qu'on chercheroit vainement ailleurs. De fréquents barbarismes, une latinité africaine, déshonorent les ouvrages de

[1] *Orais. fun. de la duch. d'Orl.*

ce grand orateur. Il tombe souvent dans la déclamation, et son goût n'est jamais sûr. « Le style de Tertullien est de fer, disoit Balzac, mais avouons qu'avec ce fer il a forgé d'excellentes armes. »

Selon Lactance, surnommé le Cicéron chrétien, saint Cyprien est le premier Père *éloquent de l'Église latine*. Mais saint Cyprien imite presque partout Tertullien, *en affoiblissant également les défauts et les beautés de son modèle*. C'est le jugement de La Harpe, dont il faut toujours citer l'autorité en critique.

Parmi les Pères de l'Église grecque deux seuls sont très éloquents, saint Chrysostome et saint Basile. Les homélies du premier sur *la Mort* et sur *la Disgrâce d'Eutrope* sont des chefs-d'œuvre [1]. La diction de saint Chrysostome est pure, mais laborieuse ; il fatigue son style à la manière d'Isocrate : aussi Libanius lui destinoit-il sa chaire de rhétorique avant que le jeune orateur fût devenu chrétien.

Avec plus de simplicité, saint Basile a moins d'élévation que saint Chrysostome. Il se tient presque toujours dans le ton mystique, et dans la paraphrase de l'Écriture [2].

Saint Grégoire de Nazianze [3], surnommé le Théologien, outre ses ouvrages en prose, nous a laissé quelques poëmes sur les mystères du christianisme.

« Il étoit toujours en sa solitude d'Arianze, dans

---

[1] Voyez la note Q, à la fin du volume.

[2] On a de lui une lettre fameuse sur la solitude, c'est la première de ses épîtres ; elle a servi de fondement à sa règle.

[3] Il avoit un fils du même nom et de la même sainteté que lui.

son pays natal, dit Fleury : un jardin, une fontaine, des arbres qui lui donnoient du couvert, faisoient toutes ses délices. Il jeûnoit, il prioit avec abondance de larmes... Ces saintes poésies furent les occupations de saint Grégoire dans sa dernière retraite. Il y fait l'histoire de sa vie et de ses souffrances... Il prie, il enseigne, il explique les mystères, et donne des règles pour les mœurs.... Il vouloit donner à ceux qui aiment la poésie et la musique des sujets utiles pour se divertir, et ne pas laisser aux païens l'avantage de croire qu'ils fussent les seuls qui pussent réussir dans les belles lettres[1]. »

Enfin, celui qu'on appeloit le dernier des Pères avant que Bossuet eût paru, saint Bernard, joint à beaucoup d'esprit une grande doctrine. Il réussit surtout à peindre les mœurs ; et il avoit reçu quelque chose du génie de Théophraste et de La Bruyère.

« L'orgueilleux, dit-il, a le verbe haut et le silence boudeur ; il est dissolu dans la joie, furieux dans la tristesse, déshonnête au dedans, honnête au dehors ; il est roide dans sa démarche, aigre dans ses réponses, toujours fort pour attaquer, toujours foible pour se défendre ; il cède de mauvaise grâce, il importune pour obtenir ; il ne fait pas ce qu'il peut et ce qu'il doit faire ; mais il est prêt à faire ce qu'il ne doit pas et ce qu'il ne peut pas[2]. »

N'oublions pas cette espèce de phénomène du treizième siècle, le livre de l'*Imitation de Jésus-Christ*. Comment un moine, renfermé dans son

---

[1] Fleury, *Hist. Eccl.*, tom. IV, liv. XIX, pag. 557, chap. IX.
[2] *De Mor.*, lib. XXXIV, cap. XVI.

cloître, a-t-il trouvé cette mesure d'expression, a-t-il acquis cette fine connoissance de l'homme, au milieu d'un siècle où les passions étoient grossières, et le goût plus grossier encore? Qui lui avoit révélé, dans sa solitude, ces mystères du cœur et de l'éloquence? Un seul maître : Jésus-Christ.

CHAPITRE III.

MASSILLON.

Si nous franchissons maintenant plusieurs siècles, nous arriverons à des orateurs dont les seuls noms embarrassent beaucoup certaines gens; car ils sentent que des sophismes ne suffisent pas pour détruire l'autorité qu'emportent avec eux Bossuet, Fénelon, Massillon, Bourdaloue, Fléchier, Mascaron, l'abbé Poulle.

Il nous est dur de courir rapidement sur tant de richesses, et de ne pouvoir nous arrêter à chacun de ces orateurs. Mais comment choisir au milieu de ces trésors? Comment citer au lecteur des choses qui lui soient inconnues? Ne grossirions-nous pas trop ces pages en les chargeant de ces illustres preuves de la beauté du christianisme? Nous n'emploierons donc pas toutes nos armes; nous n'abuserons pas de nos avantages, de peur de jeter, en pressant trop l'évidence, les ennemis du christianisme dans l'obstination, dernier refuge de l'esprit de sophisme poussé à bout.

Ainsi nous ne ferons paroître à l'appui de nos raisonnements, ni Fénelon, si plein d'onction dans les méditations chrétiennes, ni Bourdaloue, force et victoire de la doctrine évangélique : nous n'appellerons à notre secours ni les savantes compositions de Fléchier, ni la brillante imagination du dernier des orateurs chrétiens, l'abbé Poulle. O religion, quels ont été tes triomphes! qui pouvoit douter de ta beauté lorsque Fénelon et Bossuet occupoient tes chaires, lorsque Bourdaloue instruisoit d'une voix grave un monarque alors heureux, à qui, dans ses revers, le ciel miséricordieux réservoit le doux Massillon!

Non toutefois que l'évêque de Clermont n'ait en partage que la tendresse du génie ; il sait aussi faire entendre des sons mâles et vigoureux. Il nous semble qu'on a vanté trop exclusivement son *Petit Carême :* l'auteur y montre sans doute une grande connoissance du cœur humain, des vues fines sur les vices des cours, des moralités écrites avec une élégance qui ne bannit pas la simplicité ; mais il y a certainement une éloquence plus pleine, un style plus hardi, des mouvements plus pathétiques et des pensées plus profondes dans quelques-uns de ses autres sermons, tels que ceux sur la *mort*, sur l'*impénitence finale*, sur le *petit nombre des élus*, sur la *mort du pécheur*, sur la *nécessité d'un avenir*, sur la *Passion de Jésus-Christ*. Lisez, par exemple, cette peinture du pécheur mourant :

« Enfin, au milieu de ces tristes efforts, ses yeux se fixent, ses traits changent, son visage se défigure, sa bouche livide s'entr'ouvre d'elle-même, tout son esprit frémit, et, par ce dernier effort, son âme s'arrache avec regret de ce corps de boue, et se trouve seule au pied du tribunal de la pénitence [1]. »

A ce tableau de l'homme impie dans la mort, joignez celui des choses du monde dans le néant.

« Regardez le monde tel que vous l'avez vu dans vos premières années, et tel que vous le voyez aujourd'hui; une nouvelle cour a succédé à celle que vos premiers ans ont vue; de nouveaux personnages sont montés sur la scène, les grands rôles sont remplis par de nouveaux acteurs : ce sont de nouveaux événements, de nouvelles intrigues, de nouvelles passions, de nouveaux héros, dans la vertu comme dans le vice, qui sont le sujet des louanges, des dérisions, des censures publiques. Rien ne demeure, tout change, tout s'use, tout s'éteint : Dieu seul demeure toujours le même. Le torrent des siècles qui entraîne tous les siècles coule devant ses yeux, et il voit avec indignation de foibles mortels emportés par ce cours rapide l'insulter en passant. »

L'exemple de la vanité des choses humaines, tiré du siècle de Louis XIV, qui venoit de finir (et cité peut-être devant des vieillards qui en avoient vu la gloire), est bien pathétique ! le mot qui termine la période semble être échappé à Bossuet, tant il est franc et sublime.

[1] Mass., *Avent, Mort du Pécheur*, prem. part.

Nous donnerons encore un exemple de ce genre ferme d'éloquence qu'on paroît refuser à Massillon, en ne parlant que de son abondance et de sa douceur. Pour cette fois, nous prendrons un passage où l'orateur abandonne son style favori, c'est-à-dire le sentiment et les images, pour n'être qu'un simple argumentateur. Dans le sermon sur la *vérité d'un avenir*, il presse ainsi l'incrédule :

« Que dirai-je encore ? Si tout meurt avec nous, les soins du nom et de la prospérité sont donc frivoles ; l'honneur qu'on rend à la mémoire des hommes illustres une erreur puérile, puisqu'il est ridicule d'honorer ce qui n'est plus ; la religion des tombeaux une illusion vulgaire ; les cendres de nos pères et de nos amis une vile poussière qu'il faut jeter au vent et qui n'appartient à personne ; les dernières intentions des mourants, si sacrées parmi les peuples les plus barbares, le dernier son d'une machine qui se dissout ; et, pour tout dire en un mot, si tout meurt avec nous, les lois sont donc une servitude insensée ; les rois et les souverains des fantômes que la foiblesse des peuples a élevés ; la justice une usurpation sur la liberté des hommes ; la loi des mariages un vain scrupule ; la pudeur un préjugé ; l'honneur et la probité, des chimères ; les incestes, les parricides, les perfidies noires, des jeux de la nature, et des noms que la politique des législateurs a inventés.

« Voilà où se réduit la philosophie sublime des impies ; voilà cette force, cette raison, cette sagesse qu'ils nous vantent éternellement. Convenez de leurs maximes, et l'univers entier retombe dans un affreux chaos, et tout est confondu sur la terre, et toutes les idées du vice et de la vertu sont renversées, et les lois les plus inviolables de la société s'évanouissent, et la discipline des mœurs périt, et le gouvernement des États et des empires n'a plus de règle, et toute l'harmonie des corps politiques s'écroule, et le genre humain n'est plus qu'un assemblage d'insensés, de barbares, de fourbes, de dénaturés, qui n'ont plus d'autres lois que la force, plus d'autre frein que leurs passions et la crainte de l'autorité, plus d'autre lien que l'irréligion et l'indépendance, plus d'autres dieux qu'eux-mêmes : voilà le monde des impies; et si ce plan de république vous plaît, formez, si vous le pouvez, une société de ces hommes monstrueux : tout ce qui nous reste à vous dire, c'est que vous êtes dignes d'y occuper une place. »

Que l'on compare Cicéron à Massillon, Bossuet à Démosthènes, et l'on trouvera toujours entre leur éloquence les différences que nous avons indiquées; dans les orateurs chrétiens, un ordre d'idées plus général, une connoissance du cœur humain plus profonde, une chaîne de raisonnements plus claire, enfin une éloquence religieuse et triste, ignorée de l'antiquité.

Massillon a fait quelques oraisons funèbres; elles sont inférieures à ses autres discours. Son Éloge de Louis XIV n'est remarquable que par la première phrase : « Dieu seul est grand, mes frères ! »

C'est un beau mot que celui-là, prononcé en regardant le cercueil de *Louis-le-Grand* [1].

CHAPITRE IV.

BOSSUET ORATEUR.

Mais que dirons-nous de Bossuet comme orateur? à qui le comparerons-nous? et quels discours de Cicéron et de Démosthènes ne s'éclipsent point devant ses *Oraisons funèbres?* C'est pour l'orateur chrétien que ces paroles d'un roi semblent avoir été écrites : *L'or et les perles sont assez communs, mais les lèvres savantes sont un vase rare et sans prix* [2]. Sans cesse occupé du tombeau, et comme penché sur les gouffres d'une autre vie, Bossuet aime à laisser tomber de sa bouche ces grands mots de *temps* et de *mort*, qui retentissent dans les abîmes silencieux de l'éternité. Il se plonge, il se noie dans des tristesses incroyables, dans d'inconcevables douleurs. Les cœurs, après plus d'un siècle, retentissent encore du fameux cri : *Madame se meurt, Madame est morte.* Jamais les rois ont-ils reçu de pareilles leçons? jamais la philosophie s'exprima-t-elle avec autant d'indépendance? Le diadème n'est rien aux yeux de l'orateur; par lui le pauvre est égalé au monarque, et le potentat le

---

[1] Voyez la note R, à la fin du volume.
[2] *Prov.*, cap. xx, v. 15.

plus absolu du globe est obligé de s'entendre dire devant des milliers de témoins, que ses grandeurs ne sont que vanité, que sa puissance n'est que songe, et qu'il n'est lui-même que poussière.

Trois choses se succèdent continuellement dans les discours de Bossuet : le trait de génie ou d'éloquence ; la citation, si bien fondue avec le texte, qu'elle ne fait plus qu'un avec lui ; enfin, la réflexion ou le coup d'œil d'aigle sur les causes de l'événement rapporté. Souvent aussi cette lumière de l'Église porte la clarté dans la discussion de la plus haute métaphysique ou de la théologie la plus sublime ; rien ne lui est ténèbres. L'évêque de Meaux a créé une langue que lui seul a parlée, où souvent le terme le plus simple et l'idée la plus relevée, l'expression la plus commune et l'image la plus terrible servent, comme dans l'Écriture, à se donner des dimensions énormes et frappantes.

Ainsi, lorsqu'il s'écrie, en montrant le cercueil de Madame : *La voilà, malgré ce grand cœur, cette princesse si admirée et si chérie ! la voilà telle que la mort nous l'a faite !* Pourquoi frissonne-t-on à ce mot si simple, *telle que la mort nous l'a faite ?* C'est par l'opposition qui se trouve entre ce *grand cœur*, cette *princesse si admirée*, et cet accident inévitable de la mort, qui lui est arrivé comme à la plus misérable des femmes ; c'est parce que ce verbe *faire*, appliqué à la mort qui *défait* tout, produit une contradiction dans les mots et un choc dans les pensées, qui ébranlent l'âme ; comme si, pour peindre cet événement malheureux, les termes avoient changé d'acception, et que le langage fût bouleversé comme le cœur.

Nous avons remarqué qu'à l'exception de Pascal, de Bossuet, de Massillon, de La Fontaine, les écrivains du siècle de Louis XIV, faute d'avoir assez vécu dans la retraite, ont ignoré cette espèce de sentiment mélancolique dont on fait aujourd'hui un si étrange abus.

Mais comment donc l'évêque de Meaux, sans cesse au milieu des pompes de Versailles, a-t-il connu cette profondeur de rêverie? C'est qu'il a trouvé dans la religion une solitude; c'est que son corps étoit dans le monde et son esprit au désert; c'est qu'il avoit mis son cœur à l'abri dans les tabernacles secrets du Seigneur; c'est, comme il l'a dit lui-même de Marie-Thérèse d'Autriche, « qu'on *le voyoit* courir aux autels pour y goûter avec David un humble repos, et s'enfoncer dans son oratoire, où, malgré le tumulte de la cour, *il* trouvoit le Carmel d'Élie, le désert de Jean, et la montagne si souvent témoin des gémissements de Jésus. »

Les *Oraisons funèbres* de Bossuet ne sont pas d'un égal mérite, mais toutes sont sublimes par quelque côté. Celle de la reine d'Angleterre est un chef-d'œuvre de style et un modèle d'écrit philosophique et politique.

Celle de la duchesse d'Orléans est la plus étonnante, parce qu'elle est entièrement créée de génie. Il n'y avoit là ni ces tableaux de troubles des nations, ni ces développements des affaires publiques qui soutiennent la voix de l'orateur. L'intérêt que peut inspirer une princesse expirant à la fleur de son âge semble se devoir épuiser vite. Tout consiste en quelques oppositions vulgaires de la beauté, de la jeunesse, de la grandeur et de la mort; et c'est pourtant sur ce fonds stérile que Bossuet a bâti un des plus beaux monuments de l'éloquence; c'est de là qu'il est parti pour montrer la misère de l'homme par son côté périssable, et sa grandeur par son côté immortel. Il commence par le ravaler au-dessous des vers qui le rongent au sépulcre, pour le peindre ensuite glorieux avec la vertu dans des royaumes incorruptibles.

On sait avec quel génie, dans l'oraison funèbre de la princesse Palatine, il est descendu, sans blesser la majesté de l'art oratoire, jusqu'à l'interprétation d'un songe, en même temps qu'il a déployé dans ce discours sa haute capacité pour les abstractions philosophiques.

Si, pour Marie-Thérèse et pour le chancelier de France, ce ne sont plus les mouvements des premiers éloges, les idées du panégyriste sont-elles prises dans un cercle moins large, dans une nature moins profonde? — « Et maintenant, dit-il, ces deux âmes pieuses (Michel Le Tellier et Lamoignon), touchées sur la terre du désir de faire régner les lois, contemplent ensemble à découvert les lois éternelles d'où les nôtres sont dérivées; et si quelque légère trace de nos foibles distinctions paroît encore dans une si simple et si claire vision, elles adorent Dieu en qualité de justice et de règle. »

Au milieu de cette théologie, combien d'autres

genres de beautés, ou sublimes, ou gracieuses, ou tristes, ou charmantes ! Voyez le tableau de la Fronde : « La monarchie ébranlée jusqu'aux fondements, la guerre civile, la guerre étrangère, le feu au dedans et au dehors... Étoit-ce là de ces tempêtes par où le ciel a besoin de se décharger quelquefois ?... ou bien étoit-ce comme un travail de la France, prête à enfanter le règne miraculeux de Louis[1] ? » Viennent des réflexions sur l'illusion des amitiés de la terre, qui « s'en vont avec les années et les intérêts, » et sur l'obscurité du cœur de l'homme, « qui ne sait jamais ce qu'il voudra, qui souvent ne sait pas bien ce qu'il veut, et qui n'est pas moins caché ni moins trompeur à lui-même qu'aux autres[2]. »

Mais la trompette sonne, et Gustave paroît : « Il paroît à la Pologne surprise et trahie, comme un lion qui tient sa proie dans ses ongles, tout prêt à la mettre en pièces. Qu'est devenue cette redoutable cavalerie qu'on voit fondre sur l'ennemi avec la vitesse d'un aigle ? Où sont ces armes guerrières, ces marteaux d'armes tant vantés, et ces arcs qu'on ne vit jamais tendus en vain ? Ni les chevaux ne sont vites, ni les hommes ne sont adroits que pour fuir devant le vainqueur[3]. »

Je passe, et mon oreille retentit de la voix d'un prophète. Est-ce Isaïe, est-ce Jérémie qui apostrophe l'île de la Conférence, et les pompes nuptiales de Louis ?

---

[1] *Orais. fun. d'Anne de Gonz.*
[2] *Ibid.* [3] *Ibid.*

« Fêtes sacrées, mariage fortuné, voile nuptial, bénédiction, sacrifice, puis-je mêler aujourd'hui vos cérémonies, vos pompes avec ces pompes funèbres, et le comble des grandeurs avec leurs ruines[1]? »

Le poëte (on nous pardonnera de donner à Bossuet un titre qui fait la gloire de David), le poëte continue de se faire entendre; il ne touche plus la corde inspirée; mais, baissant sa lyre d'un ton jusqu'à ce mode dont Salomon se servit pour chanter les troupeaux du mont Galaad, il soupire ces paroles paisibles : « Dans la solitude de Sainte-Fare, autant éloignée des voix du siècle, que sa bienheureuse situation la sépare de tout commerce du monde; dans cette sainte montagne que Dieu avoit choisie depuis mille ans; où les épouses de Jésus-Christ faisoient revivre la beauté des anciens jours; où les joies de la terre étoient inconnues; où les vestiges des hommes du monde, des curieux et des vagabonds ne paroissoient pas; sous la conduite de la sainte Abbesse, qui savoit donner le lait aux enfants aussi bien que le pain aux forts, les commencements de la princesse Anne étoient heureux[2]. »

Cette page, que l'on diroit extraite du livre de Ruth, n'a point épuisé le pinceau de Bossuet; il lui reste encore assez de cette antique et douce couleur pour peindre une mort heureuse. « Michel Le Tellier, dit-il, commença l'hymne des divines *miséricordes* : MISERICORDIAS DOMINI IN ÆTERNUM

---

[1] *Orais. fun. de Marie-Thér. d'Autr.*
[2] *Orais. fun. d'Anne de Gonz.*

CANTABO : *Je chanterai éternellement les miséricordes du Seigneur.* Il expire en disant ces mots, et il continue avec les anges le sacré cantique. »

Nous avions cru pendant quelque temps que l'oraison funèbre du prince de Condé, à l'exception du mouvement qui la termine, étoit généralement trop louée; nous pensions qu'il étoit plus aisé, comme il l'est en effet, d'arriver aux formes d'éloquence du commencement de cet éloge, qu'à celles de l'oraison de madame Henriette : mais quand nous avons lu ce discours avec attention; quand nous avons vu l'orateur emboucher la trompette épique pendant une moitié de son récit, et donner, comme en se jouant, un chant d'Homère; quand, se retirant à Chantilly avec Achille en repos, il rentre dans le ton évangélique, et retrouve les grandes pensées, les vues chrétiennes qui remplissent les premières oraisons funèbres; lorsque après avoir mis Condé au cercueil, il appelle les peuples, les princes, les prélats, les guerriers au catafalque du héros; lorsque, enfin, s'avançant lui-même avec ses cheveux blancs, il fait entendre les accents du cygne, montre Bossuet un pied dans la tombe, et le siècle de Louis, dont il a l'air de faire les funérailles, prêt à s'abîmer dans l'éternité, à ce dernier effort de l'éloquence humaine, les larmes de l'admiration ont coulé de nos yeux, et le livre est tombé de nos mains.

NOTES
ET ÉCLAIRCISSEMENTS.

Note A, page 4.

Comme la philosophie du jour loue précisément le polythéisme d'avoir fait cette séparation, et blâme le christianisme d'avoir uni les forces morales aux forces religieuses, je ne croyois pas que cette proposition pût être attaquée. Cependant un homme de beaucoup d'esprit et de goût, et à qui l'on doit toute déférence, a paru douter de l'assertion. Il m'a objecté la personnification des êtres moraux, comme la sagesse dans Minerve, etc.

Il me semble, sauf erreur, que les personnifications ne prouvent pas que la morale fût unie à la religion dans le polythéisme. Sans doute, en adorant tous les vices divinisés, on adoroit aussi les vertus; mais le prêtre enseignoit-il la morale dans les temples et chez les pauvres? Son ministère consistoit-il à consoler les malheureux par l'espoir d'une autre vie, à inviter le pauvre à la vertu, le riche à la charité? Que s'il y avoit quelque morale attachée au culte de la déesse de *la Justice,* de *la Sagesse,* cette morale n'étoit-elle pas presque absolument détruite, et surtout pour le peuple, par le culte des plus infâmes divinités? Tout ce qu'on pourroit dire, c'est qu'il y avoit quelques sentences gravées sur le frontispice et sur les murs des temples, et qu'en général le prêtre et le législateur recommandoient au peuple la crainte des dieux. Mais cela ne suffit pas pour prouver que *la profession de la morale* fût essentiellement liée au polythéisme, quand tout démontre au contraire qu'elle en étoit séparée.

Les moralités qu'on trouve dans Homère sont presque toujours indépendantes de l'action céleste : c'est une simple réflexion que le poëte fait sur l'événement qu'il raconte, ou la catastrophe qu'il décrit. S'il personnifie les remords, la colère divine, etc., s'il peint le coupable au Tartare et le juste aux Champs-Élysées, ce sont sans doute de belles fictions, mais qui ne constituent pas un code moral attaché au polythéisme comme l'Évangile l'est à la religion chrétienne. Otez l'Évangile à Jésus-Christ, et le christianisme n'existe plus ; enlevez aux anciens l'allégorie de Minerve, de Thémis, de Némésis, et le polythéisme existe encore. Il est certain, d'ailleurs, qu'un culte qui n'admet qu'un seul Dieu doit s'unir étroitement à la morale, parce qu'il est uni à la vérité ; tandis qu'un culte qui reconnoît la pluralité des dieux s'écarte nécessairement de la morale, en se rapprochant de l'erreur.

Quant à ceux qui font un crime au christianisme d'avoir ajouté la force morale à la force religieuse, ils trouveront ma réponse dans le dernier chapitre de cet ouvrage, où je montre qu'*au défaut de l'esclavage antique, les peuples modernes doivent avoir un frein puissant dans leur religion.*

Note B, page 83.

Voici quelques fragments que nous avons retenus de mémoire, et qui semblent être échappés à un poëte grec, tant ils sont pleins du goût de l'antiquité.

> Accours, jeune Chromis, je t'aime, et je suis belle,
> Blanche comme Diane, et légère comme elle ;
> Comme elle grande et fière ; et les bergers, le soir,
> Lorsque, les yeux baissés, je passe sans les voir,
> Doutent si je ne suis qu'une simple mortelle,
> Et, me suivant des yeux, disent : Comme elle est belle !
> Néère, ne va point te confier aux flots,
> De peur d'être déesse, et que les matelots
> N'invoquent, au milieu de la tourmente amère,
> La blanche Galatée et la blanche Néère.

Une autre idylle intitulée *le Malade,* trop longue pour être citée, est pleine des beautés les plus touchantes. Le fragment qui suit est d'un genre différent : par la mélancolie dont il est empreint, on diroit qu'André Chénier, en le composant, avoit un pressentiment de sa destinée :

>Souvent, las d'être esclave et de boire la lie
>De ce calice amer que l'on nomme la vie;
>Las du mépris des sots qui suit la pauvreté,
>Je regarde la tombe, asile souhaité;
>Je souris à la mort volontaire et prochaine;
>Je la prie, en pleurant, d'oser rompre ma chaîne.
>Le fer libérateur qui perceroit mon sein
>Déjà frappe mes yeux, et frémit sous ma main.
>..
>Et puis mon cœur s'écoute et s'ouvre à la foiblesse :
>Mes parents, mes amis, l'avenir, ma jeunesse,
>Mes écrits imparfaits ; car à ses propres yeux
>L'homme sait se cacher d'un voile spécieux.
>A quelque noir destin qu'elle soit asservie,
>D'une étreinte invincible il embrasse la vie,
>Et va chercher bien loin, plutôt que de mourir,
>Quelque prétexte ami pour vivre et pour souffrir.
>Il a souffert, il souffre : aveugle d'espérance,
>Il se traîne au tombeau de souffrance en souffrance;
>Et la mort, de nos maux ce remède si doux,
>Lui semble un nouveau mal, le plus cruel de tous.

Les écrits de ce jeune homme, ses connoissances variées, son courage, sa noble proposition à M. de Malesherbes, ses malheurs et sa mort, tout sert à répandre le plus vif intérêt sur sa mémoire. Il est remarquable que la France a perdu, sur la fin du dernier siècle, trois beaux talents à leur aurore : Malfilâtre, Gilbert et André Chénier ; les deux premiers sont morts de misère, le troisième a péri sur l'échafaud.

Note C, page 104.

Nous ne voulons qu'éclaircir ce mot *descriptif*, afin qu'on ne l'interprète pas dans un sens différent de celui que nous lui donnons. Quelques personnes ont été choquées de notre assertion, faute d'avoir bien compris ce que nous voulions dire. Certainement les poëtes de l'antiquité ont des morceaux *descriptifs;* il seroit absurde de le nier, surtout si l'on donne la plus grande extension à l'expression, et qu'on entende par-là des descriptions de vêtemens, de repas, d'armées, de cérémonies, etc., etc.; mais ce genre de *description* est totalement différent du nôtre; en général, les anciens ont peint les *mœurs*, nous peignons les *choses :* Virgile décrit la *maison rustique*, Théocrite les *bergers*, et Thomson les *bois* et les *déserts*. Quand les Grecs et les Latins ont dit quelques mots d'un paysage, ce n'a jamais été que pour y placer des personnages et faire rapidement un fond de tableau; mais ils n'ont jamais représenté nuement, comme nous, les fleuves, les montagnes et les forêts : c'est tout ce que nous prétendons dire ici. Peut-être objectera-t-on que les anciens avoient raison de regarder la poésie descriptive comme l'objet *accessoire*, et non comme l'objet *principal* du tableau ; je le pense aussi, et l'on a fait de nos jours un étrange abus du genre descriptif; mais il n'en est pas moins vrai que c'est un moyen de plus entre nos mains, et qu'il a étendu la sphère des images poétiques, sans nous priver de la peinture des mœurs et des passions, telle qu'elle existoit pour les anciens.

NOTE D, page 112.

POÉSIES SANSKRITES. *Sacontala.*

Écoutez, ô vous arbres de cette forêt sacrée! écoutez, et pleurez le départ de Sacontala pour le palais de l'époux! Sacontala, celle qui ne buvoit point l'onde pure avant d'avoir arrosé vos tiges; celle qui, par tendresse pour vous, ne détacha jamais une seule feuille de votre aimable verdure, quoique ses beaux cheveux en demandassent une guirlande; celle qui mettoit le plus grand de tous ses plaisirs dans cette saison qui entremêle de fleurs vos flexibles rameaux!

Chœur des Nymphes des bois.

Puissent toutes les prospérités accompagner ses pas! puissent les brises légères disperser, pour ses délices, la poussière odorante des fleurs! puissent les lacs d'une eau claire et verdoyante sous les feuilles du lotos, la rafraîchir dans sa marche! puissent de doux ombrages la défendre des rayons brûlants du soleil! (*Robertson's Indie.*)

POÉSIE ERSE.

CHANT DES BARDES; *First Bard.*

Night is dull and dark; the clouds rest on the hills; no star with green trembling beam : no moon looks from the sky. I hear the blast in the wood; but I hear it distant far. The stream of the valley murmurs, but its murmur is sullen and sad. From the tree at the grave of the dead, the long-howling owl is heard. I see a dim form on the plain! It is a ghost! It fades, it flies. Some funeral shall pass this way. The meteor marks the path.

The distant dog is howling from the but of the hill; the stag lies on the mountain moss : the hind is at his side. She hears the wind in his branchy horns. She starts, but lies again.

The roe is in the clift of the rock. The heathcock's head is beneath his wing. No beast, no bird is abroad, but the owl and the howling fox. She on a leafless tree, he in a cloud on the hill.

Dark, panting, trembling, sad, the traveller has lost his way. Through shrubs, through thorns, he goes, along the gurgling rill; he fears the rocks and the fen. He fears the ghost of night. The old tree groans to the blast. The falling branch resounds. The wind drives the withered burs, clung together, along the grass. It is the light tread of a ghost! he trembles amidst the night.

Dark, dusky, howling is night, cloudy, windy and full of ghosts! the dead are abroad! my friends, receive me from the night. (*Ossian.*)

Note E, page 137.

IMITATION DE VOLTAIRE.

« Toi sur qui mon tyran prodigue ses bienfaits,
Soleil! astre de feu, jour heureux que je hais,
Jour qui fais mon supplice, et dont mes yeux s'étonnent,
Toi qui sembles le dieu des cieux qui t'environnent,
Devant qui tout éclat disparoît et s'enfuit,
Qui fais pâlir le front des astres de la nuit;
Image du Très-Haut qui régla ta carrière,
Hélas! j'eusse autrefois éclipsé ta lumière!
Sur la voûte des cieux élevé plus que toi,
Le trône où tu t'assieds s'abaissoit devant moi;
Je suis tombé : l'orgueil m'a plongé dans l'abîme.
Hélas! je suis ingrat, c'est là mon plus grand crime;
J'osai me révolter contre mon Créateur :
C'est peu de me créer, il fut mon bienfaiteur.
Il m'aimoit; j'ai forcé sa justice éternelle
D'appesantir son bras sur ma tête rebelle :
Je l'ai rendu barbare en sa sévérité;
Il punit à jamais, et je l'ai mérité.
Mais si le repentir pouvoit obtenir grâce!...
Non, rien ne fléchira ma haine et mon audace;
Non, je déteste un maître, et sans doute il vaut mieux
Régner dans les enfers qu'obéir dans les cieux.

Note F, page 160.

Le Dante a répandu quelques beaux traits dans son *Purgatoire;* mais son imagination, si féconde dans les tourments de *l'Enfer,* n'a plus la même abondance quand il faut peindre des peines mêlées de quelques joies. Cependant cette aurore qu'il trouve au sortir du Tartare, cette lumière qu'il voit passer rapidement sur la mer, ont du vague et de la fraîcheur :

> Dolce color d' oriental zaffiro,
> Che s' accoglieva nel sereno aspetto
> Dell' aer puro infino al primo giro,
>
> Agli occhi miei ricominciò diletto
> Tosto ch' io usci' fuor dell' aura morta
> Che m' avea contristati gli occhi e 'l petto.
>
> Lo bel pianeta ch' ad amar conforta
> Faceva tutto rider l' oriente,
> Velando i pesci ch' erano in sua scorta.
>
> Io mi volsi a man destra e posi mente
> All' altro polo, e vidi quattro stelle
> Non viste mai fuor ch' alla prima gente.
>
> Goder pareva 'l ciel di lor fiammelle.
> O settentrional vedovo sito,
> Poi che privato se' di mirar quelle!
>
> Com' io da loro sguardo fui partito
> Un poco me volgendo all' altro pol
> Là onde 'l Carro già era sparito;
>
> Vidi presso di me un veglio solo
> Degno di tanta reverenza in vista,
> Che più non dee a padre alcun figliuolo.
>
> Lunga la barba e di pel bianco mista
> Portava a' suoi capegli simigliante
> De' quai cadeva al petto doppia lista.

Li raggi delle quattro luci sante
Fregiavan sì la sua faccia di lume
Ch' io 'l vedea come 'l sol fosse davante.

. . . .
. . . .
. . . .

Venimmo poi in sul lito diserto
Che mai non vide navicar sue acque
Uom che di ritornar sia poscia sperto.

. . . .
. . . .
. . . .

Già era il sole all' orizzonte giunto
Lo cui meridian cerchio coverchia
Gerusalem col suo più alto punto;

E la notte, ch' opposita a lui cerchia
Uscia di Gange fuor con le bilance
Che le caggion di man quando soverchia;

Sì che le bianche e le vermiglie guance,
Là, dov' io era, della bella Aurora
Per troppa etade divenivan rance,

Noi eravam lunghesso 'l mare ancora
Come gente che pensa a suo cammino,
Che va col cuore e col corpo dimora :

Ed ecco, qual su 'l presso del mattino
Per li grossi vapor Marte rosseggia
Giù nel ponente sopra 'l suol marino,

Cotal m' apparve, s' io ancor lo veggia,
Un lume per lo mar venir sì ratto
Che 'l muover suo nessun volar pareggia;

Dal qual com' io un poco ebbi ritratto
L' occhio per dimandar lo duca mio,
Rividil più lucente e maggior fatto.

Purgatorio di DANTE, canto I e II.

NOTE G, page 171.

Fragment du sermon de Bossuet sur le bonheur du ciel.

Si l'apôtre saint Paul a dit[1] que les fidèles sont un spectacle au monde, aux anges et aux hommes, nous pouvons encore ajouter qu'ils sont un spectacle à Dieu même. Nous apprenons de Moïse que ce grand et sage architecte, diligent contemplateur de son propre ouvrage, à mesure qu'il bâtissoit ce bel édifice du monde, en admiroit toutes les parties[2] : *Vidit Deus lucem quod esset bona :* « Dieu vit que la « lumière étoit bonne : » qu'en ayant composé le tout, parce qu'en effet la beauté de l'architecture paroît dans le tout, et dans l'assemblage plus encore que dans les parties détachées, il avoit encore enchéri et l'avoit trouvé parfaitement beau[3] : *Et erant valde bona :* et enfin, qu'il s'étoit contenté lui-même en considérant dans ses créatures les traits de sa sagesse et l'effusion de sa bonté. Mais comme le juste et l'homme de bien est le miracle de sa grâce et le chef-d'œuvre de sa main puissante, il est aussi le spectacle le plus agréable à ses yeux[4] : *Oculi Domini super justos :* « Les yeux de Dieu, dit le saint psalmiste, sont attachés sur les justes, » non-seulement parce qu'il veille sur eux pour les protéger, mais encore parce qu'il aime à les regarder du plus haut des cieux comme le plus cher objet de ses complaisances[5]. « N'avez-vous point vu, dit-il, mon servi-« teur Job, comme il est droit et juste, et craignant Dieu, « comme il évite le mal avec soin, et n'a point son sem-« blable sur la terre ? »

Que le soldat est heureux qui combat ainsi sous les yeux de son capitaine et de son roi, à qui sa valeur invincible prépare un si beau spectacle ! Que si les justes sont le spectacle de Dieu, il veut aussi à son tour être leur spectacle :

[1] *Cor.*, IV, 6.
[2] *Gen.*, I, 4.   [3] *Id.*, I, 31.
[4] *Psalm.*, XXXIII, 15.   [5] Job, I, 8.

comme il se plaît à les voir, il veut aussi qu'ils le voient : il les ravit par la claire vue de son éternelle beauté, et leur montre à découvert sa vérité même dans une lumière si pure qu'elle dissipe toutes les ténèbres et tous les nuages.

. . . .

Mais, mes frères, ce n'est pas à moi de publier ces merveilles, pendant que le Saint-Esprit nous représente si vivement la joie triomphante de la céleste Jérusalem par la bouche du prophète Isaïe. «Je créerai, dit le Seigneur, «un nouveau ciel et une nouvelle terre, et toutes les an-«goisses seront oubliées, et ne reviendront jamais : mais «vous vous réjouirez, et votre âme nagera dans la joie «durant toute l'éternité dans les choses que je crée pour «votre bonheur : car je ferai que Jérusalem sera toute «transportée d'allégresse, et que son peuple sera dans le «ravissement : et moi-même je me réjouirai en Jérusalem, «et je triompherai de joie dans la félicité de mon peuple[1].»

Voilà de quelle manière le Saint-Esprit nous représente les joies de ses enfants bienheureux. Puis, se tournant à ceux qui sont sur la terre, à l'Église militante, il les invite, en ces termes, à prendre part aux transports de la sainte et triomphante Jérusalem. «Réjouissez-vous, dit-il, avec «elle, ô vous qui l'aimez! réjouissez-vous avec elle d'une «grande joie, et sucez avec elle par une foi vive la mamelle «de ses consolations divines, afin que vous abondiez en «délices spirituelles, parce que le Seigneur a dit : Je ferai «couler sur elle un fleuve de paix; et ce torrent se débor-«dera avec abondance : toutes les nations de la terre y «auront part; et avec la même tendresse qu'une mère ca-«resse son enfant, ainsi je vous consolerai, dit le Seigneur[2].»

---

[1] Oblivioni traditæ sunt angustiæ priores, et non ascendent super cor. Gaudebitis et exaltabitis usque in sempiternum, in his quæ ego creo. Quia ecce ego creo Jerusalem exultationem, et populum ejus gaudium. Et exaltabo in Jerusalem, et gaudebo in populo meo.
(Is., LXIII, 17 et suiv.)

[2] Lætamini cum Jerusalem, et exultate in ea omnes qui diligitis eam : gaudete cum ea gaudio... Ut sugatis et repleamini ab ubere

Quel cœur seroit insensible à ses divines tendresses ? Aspirons à ces joies célestes, qui seront d'autant plus touchantes qu'elles seront accompagnées d'un parfait repos, parce que nous ne les pouvons jamais perdre. (*Sermons de Bossuet,* tom. III.) (*Note de l'Éditeur.*)

NOTE H, page 180.

On sera bien aise de trouver ici le beau morceau de Bossuet sur saint Paul... « Afin que vous compreniez quel est donc ce prédicateur, destiné par la Providence pour confondre la sagesse humaine, écoutez la description que j'en ai tirée de lui-même dans la première épître aux Corinthiens.

« Trois choses contribuent ordinairement à rendre un orateur agréable et efficace : la personne de celui qui parle, la beauté des choses qu'il traite, la manière ingénieuse dont il les explique : et la raison en est évidente ; car l'estime de l'orateur prépare une attention favorable, les belles choses nourrissent l'esprit, et l'adresse de les expliquer d'une manière qui plaise les fait doucement entrer dans le cœur ; mais de la manière que se représente le prédicateur dont je parle, il est bien aisé de juger qu'il n'a aucun de ces avantages.

«Et premièrement, chrétiens, si vous regardez son extérieur, il avoue lui-même que sa mine n'est pas relevée [1] : *Præsentia corporis infirma ;* et si vous considérez sa condition, il est méprisable, et réduit à gagner sa vie par l'exercice d'un art mécanique. De là vient qu'il dit aux Corinthiens, «J'ai été au milieu de vous avec beaucoup de crainte et d'in-

consolationis ejus ; ut mulgeatis et deliciis affluatis ab omnimoda gloria ejus. Quia hæc dicit Dominus : Ecce ego declinabo super eam quasi fluvium pacis, et quasi torrentem inundantem gloriam gentium... Quomodo si cui mater blandiatur, ita ego consolabor vos. (Is., LXVI, 10 et suiv.)

[1] *Cor.* x, 10.

firmité[1] ; » d'où il est aisé de comprendre combien sa personne étoit méprisable. Chrétiens, quel prédicateur pour convertir tant de nations !

« Mais peut-être que sa doctrine sera si plausible et si belle, qu'elle donnera du crédit à cet homme si méprisé. Non, il n'en est pas de la sorte : « Il ne sait, dit-il, autre chose que son maître crucifié [2] : » *Non judicavi me scire aliquid inter vos, nisi Jesum Christum, et hunc crucifixum,* c'est-à-dire qu'il ne sait rien que ce qui choque, que ce qui scandalise, que ce qui paroît folie et extravagance. Comment donc peut-il espérer que ses auditeurs soient persuadés ? Mais, grand Paul ! si la doctrine que vous annoncez est si étrange et si difficile, cherchez du moins des termes polis, couvrez des fleurs de la rhétorique cette face hideuse de votre Évangile, et adoucissez son austérité par les charmes de votre éloquence. A Dieu ne plaise, répond ce grand homme, que je mêle la sagesse humaine à la sagesse du Fils de Dieu ; c'est la volonté de mon maître, que mes paroles ne soient pas moins rudes que ma doctrine paroît incroyable [3] : *Non in persuasibilibus humanæ sapientiæ verbis...* Saint Paul rejette tous les artifices de la rhétorique. Son discours, bien loin de couler avec cette douceur agréable, avec cette égalité tempérée que nous admirons dans les orateurs, paroît inégal et sans suite à ceux qui ne l'ont pas assez pénétré ; et les délicats de la terre, qui ont, disent-ils, les oreilles fines, sont offensés de la dureté de son style irrégulier. Mais, mes frères, n'en rougissons pas. Le discours de l'apôtre est simple, mais ses pensées sont toutes divines. S'il ignore la rhétorique, s'il méprise la philosophie, Jésus-Christ lui tient lieu de tout ; et son nom, qu'il a toujours à la bouche, ses mystères, qu'il traite si divinement, rendront sa simplicité toute-puissante. Il ira, cet ignorant dans l'art de bien dire, avec cette locution

---

[1] Et ego in infirmitate, et timore et tremore multo fui apud vos. (1 *Cor.*, 2, 3.)

[2] *Cor.* II.   [3] *Ibid.*, IV.

rude, avec cette phrase qui sent l'étranger, il ira en cette Grèce polie, la mère des philosophes et des orateurs : et, malgré la résistance du monde, il y établira plus d'églises que Platon n'y a gagné de disciples par cette éloquence qu'on a crue divine. Il prêchera Jésus dans Athènes, et le plus savant de ses sénateurs passera de l'Aréopage en l'école de ce barbare. Il poussera encore plus loin ses conquêtes, il abattra aux pieds du Sauveur la majesté des faisceaux romains en la personne d'un proconsul, et il fera trembler dans leurs tribunaux les juges devant lesquels on le cite. Rome même entendra sa voix ; et un jour cette ville maîtresse se tiendra bien plus honorée d'une lettre du style de Paul adressée à ses citoyens, que de tant de fameuses harangues qu'elle a entendues de son Cicéron.

« Et d'où vient cela, chrétiens ? c'est que Paul a des moyens pour persuader, que la Grèce n'enseigne pas, et que Rome n'a pas appris. Une puissance surnaturelle, qui se plaît de relever ce que les superbes méprisent, s'est répandue et mêlée dans l'auguste simplicité de ses paroles. De là vient que nous admirons dans ses admirables épîtres une certaine vertu plus qu'humaine, qui persuade contre les règles, ou plutôt qui ne persuade pas tant qu'elle captive les entendements, qui ne flatte pas les oreilles, mais qui porte ses coups droit au cœur. De même qu'on voit un grand fleuve qui retient encore, coulant dans la plaine, cette force violente et impétueuse qu'il avoit acquise aux montagnes d'où il tire son origine ; ainsi cette vertu céleste, qui est contenue dans les écrits de saint Paul, même dans cette simplicité de style, conserve toute la vigueur qu'elle apporte du ciel, d'où elle descend.

« C'est par cette vertu divine que la simplicité de l'apôtre a assujetti toutes choses. Elle a renversé les idoles, établi la croix de Jésus, persuadé à un million d'hommes de mourir pour en défendre la gloire : enfin, dans ses admirables épîtres elle a expliqué de si grands secrets, qu'on a vu les plus sublimes esprits, après s'être exercés longtemps dans les plus hautes spéculations où pouvoit aller la philosophie, descendre de cette vaine hauteur où ils se croyoient élevés, pour apprendre à bégayer humblement dans l'école de Jésus-Christ, sous la discipline de Paul...»

NOTE I, pages 112 et 218.

Voici le catalogue de Pline :

Peintres des trois grandes Écoles, IONIQUE, SICILIENNE *et* ATTIQUE.

Polygnote de Thasos peignit un Guerrier avec son bouclier. Il peignit, de plus, le temple de Delphes, et le portique d'Athènes, en concurrence avec Mylon.

Apollodore d'Athènes : Un Prêtre en adoration ; Ajax tout enflammé des feux de la foudre.

Zeuxis : Une Alcmène ; un dieu Pan ; une Pénélope ; un Jupiter assis sur son trône, et entouré des dieux, qui sont debout ; Hercule enfant, étouffant deux serpents, en présence d'Amphitryon et d'Alcmène, qui pâlit d'effroi ; Junon Lacinienne ; le Tableau des Raisins ; une Hélène et un Marsyas.

Parrhasius : Le Rideau ; le peuple d'Athènes personnifié ; le Thésée ; Méléagre ; Hercule et Persée ; le Grand-Prêtre de Cybèle ; une Nourrice crétoise avec son enfant ; un Philoctète ; un dieu Bacchus ; deux Enfants accompagnés de la Vertu ; un Pontife assisté d'un jeune garçon qui tient une boîte d'encens, et qui a une couronne de fleurs sur la tête ; un Coureur armé, courant dans la lice ; un autre Coureur armé, déposant ses armes à la fin de la course ; un Énée ; un Achille ; un Agamemnon ; un Ulysse ; un Ajax disputant à Ulysse l'armure d'Achille.

Timanthe : Sacrifice d'Iphigénie ; Polyphème endormi, dont de petits satyres mesurent le pouce avec un thyrse.

Pamphile : Un Combat devant la ville de Phlius ; une Victoire des Athéniens ; Ulysse dans son vaisseau.

Échion : Un Bacchus ; la Tragédie et la Comédie personnifiées ; une Sémiramis ; une Vieille qui porte deux lampes devant une nouvelle Mariée.

Apelles : Campaspe nue, sous les traits de Vénus Anadyomène; le roi Antigone; Alexandre tenant un foudre; la Pompe de Mégabyse, pontife de Diane; Clitus partant pour la guerre, et prenant son casque des mains de son écuyer; un Habron, ou homme efféminé; un Ménandre, roi de Carie; un Ancée; un Gorgosthènes le tragédien; les Dioscures; Alexandre et la Victoire; Bellone enchaînée au char d'Alexandre; un Héros nu; un Cheval; un Néoptolème combattant à cheval contre les Perses; Archéloüs avec sa femme et sa fille; Antigonus armé; Diane dansant avec de jeunes filles; les trois tableaux connus sous les noms de l'*Éclair*, du *Tonnerre*, de la *Foudre*.

Aristide de Thèbes : Une Ville prise d'assaut, et pour sujet une Mère blessée et mourante: Bataille contre les Perses; des Quadriges en course; un Suppliant; des Chasseurs avec leur gibier; le Portrait du peintre Léontion; Biblis; Bacchus et Ariane; un Tragédien accompagné d'un jeune garçon; un Vieillard qui montre à un enfant à jouer de la lyre; un Malade.

Protogène : Le Lialyssus: un Satyre mourant d'amour; un Cydippe; un Tlépolème; un Philisque méditant; un Athlète; le Roi Antigonus; la Mère d'Aristote; un Alexandre; un Pan.

Asclépiodore : Les douze grands Dieux.

Nicomaque : L'Enlèvement de Proserpine; une Victoire s'élevant dans les airs sur un char: un Ulysse; un Apollon; une Diane; une Cybèle assise sur un lion; des Bacchantes et des Satyres; la Scylla.

Philoxène d'Érétrie : La Bataille d'Alexandre contre Darius; trois Silènes.

Genre grotesque et peinture à fresque.

Ici Pline parle de Pyréicus, qui peignit, dans une grande perfection, des boutiques de barbiers, de cordonniers, des ânes, etc. C'est l'École flamande. Il dit ensuite qu'Auguste fit représenter sur les murs des palais et des temples des paysages et des marines. Parmi les peintures à fresque, de ce genre, la plus célèbre étoit connue sous le nom de,

Maraichers. C'étoient des paysans à l'entrée d'un village, faisant prix avec des femmes pour les porter sur leurs épaules à travers une mare, etc. Ce sont les seuls paysages dont il soit fait mention dans l'antiquité, et encore n'étoit-ce que des peintures à fresque. Nous reviendrons dans une autre note sur ce sujet.

Peinture encaustique.

Pausanias de Sicyone : L'Hémérésios, ou l'Enfant; Glycère assise et couronnée de fleurs; une Hécatombe.

Euphranor : Un Combat équestre; les douze Dieux; Thésée; un Ulysse contrefaisant l'insensé: un Guerrier remettant son épée dans le fourreau.

Cydias : Les Argonautes.

Antidotas : Le Champion armé du bouclier; le Lutteur et le Joueur de flûte.

Nicias Athénien : Une Forêt; Némée personnifiée; un Bacchus; l'Hyacinthe; une Diane; le Tombeau de Mégabyze: la Nécromancie d'Homère; Calypso, Io et Andromède; Alexandre; Calypso assise.

Athénion : Un Philarque; un Syngénicon; un Achille déguisé en fille; un Palefrenier avec un cheval.

Limonaque de Byzance : Ajax; Médée; Oreste; Iphigénie en Tauride; un Lécythion, ou maître à voltiger; une Famille noble; une Gorgone.

Aristolaüs : Un Épaminondas; un Périclès; une Médée; la Vertu; Thésée; le Peuple Athénien personnifié; une Hécatombe.

Socrate : Les Filles d'Esculape, Higie, Églé, Panacée, Laso; OEnos, ou le Cordier fainéant.

Antiphile : L'Enfant soufflant le feu; les Fileuses au fuseau; la Chasse du roi Ptolémée, et le Satyre aux aguets.

Aristophon : Ancée blessé par le sanglier de Calydon; un tableau allégorique de Priam et d'Ulysse.

Artemon : Danaé et les Corsaires; la reine Stratonice; Hercule et Déjanire; Hercule au mont Oéta; Laomédon.

Pline continue à nommer environ une quarantaine de

22.

peintres inférieurs, dont il ne cite que quelques tableaux.

(PLINE, liv. 35.)

Nous n'avons à opposer à ce catalogue que celui que tous les lecteurs peuvent se procurer au *Muséum*. Nous observerons seulement que la plupart de ces tableaux antiques sont des portraits ou des tableaux d'histoire; et que, pour être impartial, il ne faut mettre en parallèle avec des sujets chrétiens que des sujets mythologiques.

NOTE K, page 220.

Le catalogue que Pline nous a laissé des tableaux de l'antiquité n'offre pas un seul tableau de paysage, si l'on en excepte les peintures à fresque. Il se peut faire que quelques-uns des tableaux des grands maîtres eussent un arbre, un rocher, un coin de vallon ou de forêt, un courant d'eau dans le second ou troisième plan; mais cela ne constitue pas le paysage proprement dit, et tel que nous l'ont donné les Lorrain et les Berghem.

Dans les antiquités d'Herculanum on n'a rien trouvé qui pût porter à croire que l'ancienne École de peinture eût des paysagistes. On voit seulement, dans le *Téléphe*, une femme assise, couronnée de guirlandes, appuyée sur un panier rempli d'épis, de fruits et de fleurs. Hercule est vu par le dos, debout devant elle, et une biche allaite un enfant à ses pieds. Un Faune joue de la flûte dans l'éloignement, et une femme ailée fait le fond de la figure d'Hercule. Cette composition est gracieuse; mais ce n'est pas là encore le véritable paysage, le paysage *nu*, représentant seulement un accident de la nature.

Quoique Vitruve prétende qu'Anaxagore et Démocrite avoient parlé de la perspective en traitant de la scène grecque, on peut encore douter que les anciens connussent cette partie de l'art, sans laquelle toutefois il ne peut y avoir de paysage. Le dessin des sujets d'Herculanum est sec, et tient beaucoup de la sculpture et des bas-reliefs. Les ombres, d'un rouge mêlé de noir, sont également épaisses depuis le haut jusqu'au bas de la figure, et conséquemment ne font point fuir les objets. Les fruits même, les fleurs et les vases manquent de perspective, et le contour supérieur de ces derniers ne répond pas au même horizon que leur base. Enfin, tous ces sujets, tirés de la fable, que l'on trouve dans les ruines d'Herculanum, prouvent que la mythologie déroboit aux peintres le vrai paysage, comme elle cachoit aux poëtes la vraie nature.

Les voûtes des thermes de Titus, dont Raphaël étudia les peintures, ne représentoient que des personnages.

Quelques empereurs iconoclastes avoient permis de dessiner des *fleurs* et des *oiseaux* sur les murs des églises de Constantinople. Les Égyptiens, qui avoient la mythologie grecque et latine, avec beaucoup d'autres divinités, n'ont point su rendre la nature. Quelques-unes de leurs peintures, que l'on voit encore sur les murailles de leurs temples, ne s'élèvent guère, pour la composition, au-delà du *faire* des Chinois.

Le père Sicard, parlant d'un petit temple situé au milieu des grottes de la Thébaïde, dit: «La voûte, les murailles, le dedans, le dehors, tout est peint; mais avec des couleurs si brillantes et si douces, qu'il faut les avoir vues pour le croire.

«Au côté droit, on voit un homme debout, avec une canne de chaque main, appuyé sur un crocodile, et une fille auprès de lui, ayant une canne à la main.

«On voit, à gauche de la porte, un homme pareillement debout, et appuyé sur un crocodile, tenant une épée de la main droite, et de la gauche une torche allumée. Au dedans du temple des fleurs de toutes couleurs, des instruments de différents arts, et d'autres figures grotesques et emblématiques, y sont dépeints. On y voit aussi d'un autre côté une chasse, où tous les oiseaux qui aiment le Nil sont pris d'un seul coup de rets; et de l'autre on y voit une pêche, où les poissons de cette rivière sont enveloppés dans un seul filet, etc.» (*Lett. édif.*, tom. V, pag. 144.)

Pour trouver des *paysages* chez les anciens, il faudroit

avoir recours aux mosaïques; encore ces paysages sont-ils tous historiés. La fameuse mosaïque du palais des princes Barberins à Palestrine représente dans sa partie supérieure un pays de montagnes, avec des chasseurs et des animaux; dans la partie inférieure, le Nil qui serpente autour de plusieurs petites îles. Des Égyptiens poursuivent des crocodiles; des Égyptiennes sont couchées sous des berceaux; une femme offre une palme à un guerrier, etc.

Il y a bien loin de tout cela aux paysages de Claude le Lorrain.

Note L, page 234.

L'abbé Barthélemy trouva le prélat Baïardi occupé à répondre à des moines de Calabre, qui l'avoient consulté sur le système de Copernic. « Le prélat répondoit longuement et savamment à leurs questions, exposoit les lois de la gravitation, s'élevoit contre l'imposture de nos sens, et finissoit par conseiller aux moines de ne pas troubler les cendres de Copernic. » (*Voyage en Italie.*)

Note M, page 264.

On se refuse presque à croire que quelques-unes de ces notes soient de Voltaire, tant elles sont au-dessous de lui. Mais on ne peut s'empêcher d'être révolté à chaque instant de la mauvaise foi des éditeurs, et des louanges qu'ils se donnent entre eux. Qui croiroit, à moins de l'avoir vu imprimé, que dans une *notule*, faite sur une *note*, on appelle le commentateur, *le Secrétaire de Marc-Aurèle*, et Pascal, *le Secrétaire de Port-Royal*? Dans cent autres endroits on force les idées de Pascal, pour le faire passer pour athée. Par exemple, lorsqu'il dit que *la raison de l'homme seule ne peut arriver à une démonstration parfaite de l'existence de Dieu*, on triomphe, on s'écrie qu'il est beau de voir Voltaire prendre le parti de Dieu contre Pascal. En vérité, c'est bien se jouer du sens commun, et compter sur la bonhomie du lecteur.

N'est-il pas évident que Pascal raisonne en *chrétien* qui veut presser l'argument de la *nécessité d'une révélation ?* Il y a d'ailleurs quelque chose de pis que tout cela dans cette édition commentée. Il ne nous est pas démontré que les *Pensées nouvelles* qu'on y a ajoutées ne soient pas au moins dénaturées, pour ne rien dire de plus. Ce qui autorise à le croire, c'est qu'on s'est permis de retrancher plusieurs des anciennes, et qu'on a souvent divisé les autres, sous prétexte que le premier ordre étoit arbitraire, de manière à ce qu'elles ne donnent plus le même sens. On conçoit combien il est aisé d'altérer un passage en rompant la chaîne des idées, et en séparant deux membres de phrase, pour en faire deux sens complets. Il y a une adresse, une ruse, une intention cachée dans cette édition, qui l'auroient rendue dangereuse, si les notes n'avoient heureusement détruit tout le fruit qu'on s'en étoit promis.

NOTE N, page 268.

Outre les projets de réforme et d'amélioration qui sont venus à la connoissance du public, on prétend que l'on a trouvé depuis la révolution, dans les anciens papiers du ministère, une foule de projets proposés dans le conseil de Louis XIV, entre autres celui de reculer les frontières de la France jusqu'au Rhin, et de s'emparer de l'Égypte. Quant aux monuments et aux travaux pour l'embellissement de Paris, ils paroissent avoir tous été discutés. On vouloit achever le Louvre, faire venir des eaux, découvrir les quais de la Cité, etc., etc.

Des raisons d'économie ou quelque autre motif arrêtèrent apparemment les entreprises. Ce siècle avoit tant fait, qu'il falloit bien qu'il laissât quelque chose à faire à l'avenir.

NOTE O, page 286.

Je répondrai par un seul fait à toutes les objections qu'on peut me faire contre l'ancienne censure. N'est-ce pas en

France que tous les ouvrages contre la religion ont été composés, vendus et publiés, et souvent même imprimés?. et les grands eux-mêmes n'étoient-ils pas les premiers à les faire valoir et à les protéger? Dans ce cas, la censure n'étoit donc qu'une mesure dérisoire, puisqu'elle n'a jamais pu empêcher un livre de paroître, ni un auteur d'écrire librement sa pensée sur toute espèce de sujets : après tout, le plus grand mal qui pouvoit arriver à un écrivain, étoit d'aller passer quelques mois à la Bastille, d'où il sortoit bientôt avec les honneurs d'une persécution, qui quelquefois étoit son seul titre à la célébrité.

NOTE P, page 295.

L'auteur du *Génie de l'homme*, M. de Chènedollé, a reproduit en très beaux vers quelques traits de ce chapitre, dans un des plus brillants morceaux de ses *Études poétiques*, intitulé BOSSUET.

    Ainsi quand, défenseur d'Athène,
    Au plus redoutable des rois,
Jadis l'impétueux et libre Démosthène
Lançoit, brûlant d'éclairs, les foudres de sa voix :
    Ou quand, par l'art de la vengeance,
    Armé d'une double puissance,
Il réclamoit le prix de la couronne d'or,
Et pressant son rival du poids de son génie,
    Sous son éloquence infinie,
    L'accabloit plus terrible encor ;

    Bouillant de verve et de pensée,
    Et fort de ses expressions,
L'orateur, sur la foule autour de lui pressée,
Promenoit à son gré toutes les passions.
    A la Grèce entière assemblée,
    Muette, et ravie et troublée,
De sa foudre il faisoit sentir les traits vainqueurs ;
Et de l'art agrandi redoublant les miracles,
    Tonnoit, renversoit les obstacles,
    Et triomphoit de tous les cœurs.

Tel, et plus éloquent encore,
Bossuet parut parmi nous,
Quand, s'annonçant au nom du grand Dieu qu'il adore,
De sa parole aux rois il fit sentir les coups.
Dès qu'à la tribune sacrée,
De ses vieux défauts épurée,
Il monte étincelant de génie et d'ardeur ;
Des grands talents soudain la palme ceint sa tête ;
Et l'art dont il fait sa conquête
Luit d'une plus vive splendeur.

Toujours sublime et magnifique,
Soit que, plein de nobles douleurs,
Il nous montre un abime où fut un trône antique,
Et d'une grande reine étale les malheurs ;
Soit lorsqu'entr'ouvrant le ciel même,
Il peint le monarque suprême
Courbant tous les États sous d'immuables lois ;
Et de sa main terrible ébranlant les couronnes,
Secouant et brisant les trônes,
Et donnant des leçons aux rois !

Mais de quelle mélancolie
Il frappe et saisit tous les cœurs,
Lorsqu'attristant notre âme et sombre et recueillie,
Au cercueil d'Henriette il invoque nos pleurs !
Et comme il peint cette princesse :
Riche de grâce et de jeunesse,
Tout à coup arrêtée au sein du plus beau sort,
Et des sommets riants d'une gloire croissante
Et d'une santé florissante,
Tombant dans les bras de la mort !

Voyez, *à ce coup de tonnerre* [1],
Comme il méprise nos grandeurs,
De ce qu'on crut pompeux sur notre triste terre
Comme il voit en pitié les trompeuses splendeurs !
Du plus haut des cieux élancée
Sa vaste et sublime pensée
Redescend et s'assied sur les bords d'un cercueil :
Et là, dans la muette et commune poussière,
D'une voix redoutable et fière,
Des rois il terrasse l'orgueil.

[1] Expression même de Bossuet.

Castillan si fier de tes armes,
Quoi ! tu fuis aux champs de Rocroi !
Ton intrépide cœur, étranger aux alarmes,
Vient donc aussi d'apprendre à connoître l'effroi !
Quel précoce amant de la gloire,
Dans ses yeux portant la victoire,
Rompt tes vieux bataillons jusqu'alors si vaillants,
Et de tant de soldats, en ce combat funeste,
Laisse à peine échapper un reste
Qu'il promet aux plaines de Lens [1] ?

C'est Condé qui, dans la carrière
Entre pour la première fois ;
C'est lui dont Bossuet peint la fougue guerrière,
Couronné à vingt ans par les plus hauts exploits.
Oh ! comme l'orateur s'enflamme !
Du jeune Enghien à la grande âme
Comme il suit tous les pas, de carnage fumants !
Ce n'est plus un tableau, c'est la bataille même,
Bossuet, dont ton art suprême
Reproduit tous les mouvements !

Comme une aigle aux ailes immenses
Agile habitante des cieux,
Franchit en un instant les plus vastes distances,
Parcourt tout de son vol et voit tout de ses yeux,
Tel à son gré changeant de place,
Bossuet à notre œil retrace
Sparte, Athènes, Memphis aux destins éclatants ;
Tel il passe, escorté de leurs grandes images,
Avec la majesté des âges
Et la rapidité du temps [2].

Oui, s'il parut jamais sublime,
C'est lorsqu'armé de son flambeau,
Interprète inspiré des siècles qu'il ranime,
Des États écroulés il sonde le tombeau ;
C'est lorsqu'en sa douleur profonde,
Pour fermer le convoi du monde,
Il scelle le cercueil de l'empire romain,
Et qu'il élève alors ses accents prophétiques
A travers les débris antiques
Et la foudre du genre humain !

(*Note de l'Éditeur.*)

[1] *Oraison funèbre du grand Condé.*
[2] *Disc. sur l'Hist. univ.*, 3ᵉ partie, intitulée *les Empires.*

NOTE Q, page 310.

On jugera de l'éloquence de saint Chrysostome par ces deux morceaux traduits ou extraits par Rollin, dans son *Traité des Études*, tom. II, ch. II, pag. 493.

Extrait du discours de saint Chrysostome, sur la disgrâce d'Eutrope.

Eutrope étoit un favori tout-puissant auprès de l'empereur Arcade, et qui gouvernoit absolument l'esprit de son maître. Ce prince, aussi foible à soutenir ses ministres qu'imprudent à les élever, se vit obligé malgré lui d'abandonner son favori. En un moment Eutrope tomba du comble de la grandeur dans l'extrémité de la misère. Il ne trouva de ressource que dans la pieuse générosité de saint Jean Chrysostome, qu'il avoit souvent maltraité, et dans l'asile sacré des autels, qu'il s'étoit efforcé d'abolir par diverses lois, et où il se réfugia dans son malheur. Le lendemain, jour destiné à la célébration des saints mystères, le peuple accourut en foule à l'église pour y voir dans Eutrope une image éclatante de la foiblesse des hommes, et du néant des grandeurs humaines. Le saint évêque parla sur ce sujet d'une manière si vive et si touchante, qu'il changea la haine et l'aversion qu'il avoit pour Eutrope en compassion, et fit fondre en larmes tout son auditoire. Il faut se souvenir que le caractère de saint Chrysostome étoit de parler aux grands et aux puissants, même dans le temps de leur plus grande prospérité, avec une force et une liberté vraiment épiscopales.

« Si l'on a dû jamais s'écrier : *Vanité des vanités, et tout
« n'est que vanité*, certainement c'est dans la conjoncture
« présente. Où est maintenant cet éclat des plus hautes di-
« gnités ? Où sont ces marques d'honneur et de distinction ?
« Qu'est devenu cet appareil des festins et des jours de ré-
« jouissances ? Où se sont terminées ces acclamations si

«fréquentes et ces flatteries si outrées de tout un peuple
«assemblé dans le Cirque pour assister au spectacle? Un
«seul coup de vent a dépouillé cet arbre superbe de toutes
«ses feuilles, et, après l'avoir ébranlé jusque dans ses ra-
«cines, l'a arraché en un moment de la terre. Où sont ces
«faux amis, ces vils adulateurs, ces parasites si empressés
«à faire leur cour, et à témoigner par leurs actions et leurs
«paroles un servile dévouement? Tout cela a disparu et
«s'est évanoui comme un songe, comme une fleur, comme
«une ombre. Nous ne pouvons donc trop répéter cette sen-
«tence du Saint-Esprit : *Vanité des vanités, et tout n'est que*
«*vanité*. Elle devroit être écrite en caractères éclatants
«dans toutes les places publiques, aux portes des maisons,
«dans toutes nos chambres : mais elle devroit encore bien
«plus être gravée dans nos cœurs, et faire le continuel
«sujet de nos entretiens.

«N'avois-je pas raison, dit saint Chrysostome en s'adres-
«sant à Eutrope, de vous représenter l'inconstance et la
«fragilité de vos richesses? Vous connoissez, maintenant,
«par votre expérience, que comme des esclaves fugitifs
«elles vous ont abandonné, et qu'elles sont même, en
«quelque sorte, devenues perfides et homicides à votre
«égard, puisqu'elles sont la principale cause de votre dé-
«sastre. Je vous répétois souvent que vous deviez faire
«plus de cas de mes reproches, quelque amers qu'ils vous
«parussent, que de ces fades louanges dont vos flatteurs ne
«cessoient de vous accabler, parce que *les blessures que fait*
«*celui qui aime valent mieux que les baisers trompeurs de celui*
«*qui hait*. Avois-je tort de vous parler ainsi? Que sont de-
«venus tous ces courtisans? Ils se sont retirés : ils ont re-
«noncé à votre amitié : ils ne songent qu'à leur sûreté, à
«leurs intérêts, aux dépens même des vôtres. Il n'en est
«pas ainsi de nous. Nous avons souffert vos emportements
«dans votre élévation; et, dans votre chute, nous vous
«soutenons de tout notre pouvoir. L'Église, à qui vous
«avez fait la guerre, ouvre son sein pour vous recevoir; et
«les théâtres, objet éternel de vos complaisances, qui nous

« ont si souvent attiré votre indignation, vous ont aban-
« donné et trahi.

« Je ne parle pas ainsi pour insulter au malheur de celui
« qui est tombé, ni pour rouvrir et aigrir des plaies encore
« toutes sanglantes, mais pour soutenir ceux qui sont de-
« bout, et leur faire éviter de pareils maux. Et le moyen de
« les éviter, c'est de se bien convaincre de la fragilité et de
« la vanité des grandeurs humaines. De les appeler une
« fleur, une herbe, une fumée, un songe, ce n'est pas en-
« core en dire assez, puisqu'elles sont au-dessous même du
« néant. Nous en avons une preuve bien sensible devant les
« yeux. Qui jamais est parvenu à une plus haute élévation?
« N'avoit-il pas des biens immenses? Lui manquoit-il quel-
« que dignité? N'étoit-il pas craint et redouté de tout l'Em-
« pire? Et maintenant, plus abandonné et plus tremblant
« que les derniers des malheureux, que les plus vils escla-
« ves, que les prisonniers enfermés dans de noirs cachots,
« n'ayant devant les yeux que les épées préparées contre
« lui, que les tourments et les bourreaux, privé de la lu-
« mière du jour au milieu du jour même, il attend à chaque
« moment la mort, et ne la perd point de vue.

« Vous fûtes témoins, hier, quand on vint du palais pour
« le tirer d'ici par force, comment il courut aux vases sa-
« crés, tremblant de tout le corps, le visage pâle et défait,
« faisant à peine entendre une foible voix entrecoupée de
« sanglots, et plus mort que vif. Je le répète encore, ce
« n'est point pour insulter à sa chute que je dis tout ceci,
« mais pour vous attendrir sur ses maux, et pour vous ins-
« pirer des sentiments de clémence et de compassion à son
« égard.

« Mais, disent quelques personnes dures et impitoyables,
« qui même nous savent mauvais gré de lui avoir ouvert
« l'asile de l'Église, n'est-ce pas cet homme-là qui en a été
« le plus cruel ennemi, et qui a fermé cet asile sacré par
« diverses lois? Cela est vrai, répond saint Chrysostome;
« et ce doit être pour nous un motif bien pressant de glorifier
« Dieu de ce qu'il oblige un ennemi si formidable de venir

« rendre lui-même hommage, et à la puissance de l'Église,
« et à sa clémence : à sa puissance, puisque c'est la guerre
« qu'il lui a faite qui lui a attiré sa disgrâce ; à sa clé-
« mence, puisque, malgré tous les maux qu'elle en a reçus,
« oubliant tout le passé, elle lui ouvre son sein, elle le
« cache sous ses ailes, elle le couvre de sa protection comme
« d'un bouclier, et le reçoit dans l'asile sacré des autels, que
« lui-même avoit plusieurs fois entrepris d'abolir. Il n'y a
« point de victoires, point de trophées, qui pussent faire
« tant d'honneur à l'Église. Une telle générosité, dont elle
« seule est capable, couvre de honte et les Juifs et les in-
« fidèles. Accorder hautement sa protection à un ennemi
« déclaré, tombé dans la disgrâce, abandonné de tous,
« devenu l'objet du mépris et de la haine publique ; montrer
« à son égard une tendresse plus que maternelle ; s'opposer
« en même temps et à la colère du prince et à l'aveugle fu-
« reur du peuple : voilà ce qui fait la gloire de notre sainte
« religion.

« Vous dites avec indignation qu'il a fermé cet asile par
« diverses lois. O homme, qui que vous soyez, vous est-il
« donc permis de vous souvenir des injures qu'on vous a
« faites ? Ne sommes-nous pas les serviteurs d'un Dieu cru-
« cifié, qui dit en expirant : *Mon père, pardonnez-leur, car ils
« ne savent ce qu'ils font ?* Et cet homme, prosterné au pied
« des autels, et exposé en spectacle à tout l'univers, ne
« vient-il pas lui-même abroger ses lois, et en reconnoître
« l'injustice ? Quel honneur pour cet autel, et combien est-il
« devenu terrible et respectable, depuis qu'à nos yeux il
« tient ce lion enchaîné ! C'est ainsi que ce qui rehausse
« l'éclat et l'image d'un prince n'est pas qu'il soit assis sur
« un trône, revêtu de pourpre et ceint du diadème ; mais
« qu'il foule aux pieds les barbares vaincus et captifs.

« Je vois dans notre temple une assemblée aussi nom-
« breuse qu'à la grande fête de Pâques. Quelle leçon pour
« tous que le spectacle qui vous occupe maintenant, et
« combien le silence même de cet homme, réduit en l'état
« où vous le voyez, est-il plus éloquent que tous nos dis-

« cours ! Le riche, en entrant ici, n'a qu'à ouvrir les yeux
« pour reconnoître la vérité de cette parole : *Toute chair
« n'est que de l'herbe, et toute sa gloire est comme la fleur des
« champs. L'herbe s'est séchée, la fleur est tombée, parce que
« le Seigneur l'a frappée de son souffle.* Et le pauvre apprend
« ici à juger de son état tout autrement qu'il ne fait, et,
« loin de se plaindre, à savoir même bon gré à sa pauvreté,
« qui lui tient lieu d'asile, de port, de citadelle, en le met-
« tant en repos et en sûreté, et le délivrant des craintes et
« des alarmes dont il voit que les richesses sont la cause
« et l'origine. »

Le but qu'avoit saint Chrysostome en tenant tout ce discours n'étoit pas seulement d'instruire son peuple, mais de l'attendrir par le récit des maux dont il lui faisoit une peinture si vive. Aussi eut-il la consolation, comme je l'ai dit, de faire fondre en larmes tout son auditoire, quelque aversion qu'on eût pour Eutrope, qu'on regardoit avec raison comme l'auteur de tous les maux publics et particuliers. Quand il s'en aperçut il continua ainsi : « Ai-je
« calmé vos esprits ? Ai-je chassé la colère ? Ai-je éteint
« l'inhumanité ? Ai-je excité la compassion ? Oui, sans
« doute ; et l'état où je vous vois, et ces larmes qui coulent
« de vos yeux en sont de bons garants. Puisque vos cœurs
« sont attendris, et qu'une ardente charité en a fondu la
« glace et amolli la dureté, allons donc tous ensemble nous
« jeter aux pieds de l'Empereur ; ou plutôt prions le Dieu
« de miséricorde de l'adoucir, en sorte qu'il nous accorde
« la grace entière. »

Ce discours eut son effet, et saint Chrysostome sauva la vie à Eutrope. Mais quelques jours après, ayant eu l'imprudence de sortir de l'église pour se sauver, il fut pris et banni en Chypre, d'où on le tira dans la suite pour lui faire son procès à Chalcédoine, et il fut décapité.

Extrait tiré du premier livre du Sacerdoce.

Saint Chrysostome avoit un ami intime, nommé Basile, qui lui avoit persuadé de quitter la maison de sa mère pour mener avec lui une vie solitaire et retirée. «Dès que cette mère désolée eut appris cette nouvelle, elle me prit la main, dit saint Chrysostome, me mena dans sa chambre; et m'ayant fait asseoir auprès d'elle sur le même lit où elle m'avoit mis au monde; elle commença à pleurer, et à me parler en des termes qui me donnèrent encore plus de pitié que ses larmes. «Mon fils, me dit-elle, Dieu n'a pas
«voulu que je jouisse long-temps de la vertu de votre père.
«Sa mort, qui suivit de près les douleurs que j'avois en-
«durées pour vous mettre au monde, vous rendit orphe-
«lin, et me laissa veuve plus tôt qu'il n'eût été utile à l'un
«et à l'autre. J'ai souffert toutes les peines et toutes les
«incommodités du veuvage, lesquelles, certes, ne peuvent
«être comprises par les personnes qui ne les ont point
«éprouvées. Il n'y a point de discours qui puisse repré-
«senter le trouble et l'orage où se voit une jeune femme
«qui ne vient que de sortir de la maison de son père, qui
«ne sait point les affaires, et qui, étant plongée dans l'afflic-
«tion, doit prendre de nouveaux soins, dont la foiblesse de
«son âge et celle de son sexe sont peu capables. Il faut
«qu'elle supplée à la négligence de ses serviteurs, et se
«garde de leur malice; qu'elle se défende des mauvais des-
«seins de ses proches; qu'elle souffre constamment les in-
«jures des partisans, et l'insolence et la barbarie qu'ils
«exercent dans la levée des impôts.

«Quand un père en mourant laisse des enfants, si c'est
«une fille, je sais que c'est beaucoup de peine et de soin
«pour une veuve: ce soin néanmoins est supportable, en
«ce qu'il n'est pas mêlé de crainte ni de dépense. Mais si
«c'est un fils, l'éducation en est bien plus difficile, et c'est
«un sujet continuel d'appréhensions et de soins, sans
«parler de ce qu'il coûte pour le faire bien instruire. Tous

« ces maux pourtant ne m'ont point portée à me remarier.
« Je suis demeurée ferme parmi ces orages et ces tempêtes;
« et, me confiant surtout en la grâce de Dieu, je me suis
« résolue de souffrir tous ces troubles que le veuvage ap-
« porte avec soi.

« Mais ma seule consolation dans ces misères a été de
« vous voir sans cesse, et de contempler dans votre visage
« l'image vivante et le portrait fidèle de mon mari mort :
« consolation qui a commencé dès votre enfance, lorsque
« vous ne saviez pas encore parler, qui est le temps où les
« pères et les mères reçoivent plus de plaisirs de leurs en-
« fants.

« Je ne vous ai point aussi donné sujet de me dire que,
« à la vérité, j'ai soutenu avec courage les maux de ma
« condition présente, mais aussi que j'ai diminué le bien de
« votre père pour me tirer de ces incommodités, qui est un
« malheur que je sais arriver souvent aux pupilles ; car je
« vous ai conservé tout ce qu'il vous a laissé, quoique je
« n'aie rien épargné de tout ce qui vous a été nécessaire
« pour votre éducation. J'ai pris ces dépenses sur mon
« bien, et sur ce que j'ai eu de mon père en mariage : ce
« que je ne vous dis pas, mon fils, dans la vue de vous
« reprocher les obligations que vous m'avez. Pour tout cela
« je ne vous demande qu'une grâce : ne me rendez pas
« veuve une seconde fois. Ne rouvrez pas une plaie qui
« commençoit à se fermer. Attendez au moins le jour de ma
« mort; peut-être n'est-il pas éloigné. Ceux qui sont jeunes
« peuvent espérer de vieillir ; mais, à mon âge, je n'ai plus
« que la mort à attendre. Quand vous m'aurez ensevelie
« dans le tombeau de votre père, et que vous aurez réuni
« mes os à ses cendres, entreprenez alors d'aussi longs
« voyages, et naviguez sur telle mer que vous voudrez, per-
« sonne ne vous en empêchera. Mais, pendant que je res-
« pire encore, supportez ma présence, et ne vous ennuyez
« point de vivre avec moi. N'attirez pas sur vous l'indigna-
« tion de Dieu, en causant une douleur si sensible à une
« mère qui ne l'a point méritée. Si je songe à vous engager

«dans les soins du monde, et que je veuille vous obliger
«de prendre la conduite de mes affaires, qui sont les vô-
«tres, n'ayez plus d'égard, j'y consens, ni aux lois de la
«nature, ni aux peines que j'ai essuyées pour vous élever,
«ni au respect que vous devez à une mère, ni à aucun
«autre motif pareil : fuyez-moi comme l'ennemi de votre
«repos, comme une personne qui vous tend des piéges
«dangereux. Mais si je fais tout ce qui dépend de moi afin
«que vous puissiez vivre dans une parfaite tranquillité,
«que cette considération pour le moins vous retienne, si
«toutes les autres sont inutiles. Quelque grand nombre
«d'amis que vous ayez, nul ne vous laissera vivre avec au-
«tant de liberté que je fais. Aussi n'y en a-t-il point qui
«ait la même passion que moi pour votre avancement et
«pour votre bien.»

Saint Chrysostome ne put résister à un discours si touchant; et quelque sollicitation que Basile son ami continuât toujours à lui faire, il ne put se résoudre à quitter une mère si pleine de tendresse pour lui, et si digne d'être aimée.

L'antiquité païenne peut-elle nous fournir un discours plus beau, plus vif, plus tendre, plus éloquent que celui-ci, mais de cette éloquence simple et naturelle, qui passe infiniment tout ce que l'art le plus étudié pourroit avoir de plus brillant? Y a-t-il dans tout ce discours aucune pensée recherchée, aucun tour extraordinaire ou affecté? Ne voit-on pas que tout y coule de source, et que c'est la nature même qui l'a dicté? Mais ce que j'admire le plus, c'est la retenue inconcevable d'une mère affligée à l'excès, et pénétrée de douleur, à qui, dans un état si violent, il n'échappe pas un seul mot ni d'emportement, ni même de plainte contre l'auteur de ses peines et de ses alarmes, soit par respect pour la vertu de Basile, soit par la crainte d'irriter son fils, qu'elle ne songeoit qu'à gagner et à attendrir.

Note R, page 317.

«C'est au grand talent, dit M. de La Harpe, qu'il est donné de réveiller la froideur et de peindre l'indifférence; et lorsque l'exemple s'y joint (heureusement encore tous nos prédicateurs illustres ont eu cet avantage), il est certain que le ministère de la parole n'a nulle part plus de puissance et de dignité que dans la chaire. Partout ailleurs, c'est un homme qui parle à des hommes : ici, c'est un être d'une autre espèce : élevé entre le ciel et la terre, c'est un médiateur que Dieu place entre la créature et lui. Indépendant des considérations du siècle, il annonce les oracles de l'éternité. Le lieu même d'où il parle, celui où on l'écoute, confond et fait disparoître toutes les grandeurs pour ne laisser sentir que la sienne. Les rois s'humilient comme le peuple devant son tribunal, et n'y viennent que pour être instruits. Tout ce qui l'environne ajoute un nouveau poids à sa parole : sa voix retentit dans l'étendue d'une enceinte sacrée, et dans le silence d'un recueillement universel. S'il atteste Dieu, Dieu est présent sur les autels; s'il annonce le néant de la vie, la mort est auprès de lui pour lui rendre témoignage, et montre à ceux qui l'écoutent qu'ils sont assis sur des tombeaux.

«Ne doutons pas que les objets extérieurs, l'appareil des temples et des cérémonies, n'influent beaucoup sur les hommes, et n'agissent sur eux avant l'orateur, pourvu qu'il n'en détruise pas l'effet. Représentons-nous Massillon dans la chaire, prêt à faire l'oraison funèbre de Louis XIV, jetant d'abord les yeux autour de lui, les fixant quelque temps sur cette pompe lugubre et imposante qui suit les rois jusque dans ces asiles de mort où il n'y a que des cercueils et des cendres, les baissant ensuite un moment avec l'air de la méditation, puis les relevant vers le ciel, et prononçant ces mots d'une voix ferme et grave : *Dieu seul est grand, mes frères!* Quel exorde renfermé dans une seule parole accompagnée de cette action! comme elle devient sublime par le spectacle qui entoure l'orateur! comme ce seul mot anéantit tout ce qui n'est pas Dieu!»

L'auteur d'une *Épître à M. de Chateaubriand*, publiée en 1809, avoit placé dans ses vers un tableau du siècle de Louis-le-Grand, où l'on reconnoîtra une imitation de ce passage : *Comme on voit le soleil,* disoit-il,

>Comme on voit le soleil, ce monarque des mondes,
>A l'approche du soir s'incliner vers les ondes,
>Des forêts et des monts colorer le penchant,
>Et de ses feux encore embraser le couchant;
>Tel Louis, atteignant la vieillesse glacée,
>Conservoit les débris de sa gloire passée,
>Et de la royauté déposant le fardeau,
>Grand par ses souvenirs, descendoit au tombeau.
>Turenne n'étoit plus; mais, rival de sa gloire,
>Villars, sous nos drapeaux, ramenoit la victoire,
>Et Denain avoit vu du haut de ses remparts
>L'Anglois épouvanté s'enfuir de toutes parts.
>Corneille avoit fini sa brillante carrière,
>Melpomène aux douleurs se livroit tout entière;
>Mais Rousseau, n'écoutant que ses nobles transports,
>Enfantoit chaque jour de plus brillants accords,
>Et savoit allier, dans son heureuse audace,
>La harpe de David et la lyre d'Horace.
>Fénelon, sage aimable, et rival de Nestor,
>Instruisoit Télémaque aux leçons de Mentor;
>Bossuet adressoit, dans sa mâle éloquence,
>A l'ombre de Condé les regrets de la France,
>Et dans nos temples saints sa redoutable voix,
>Au nom seul du Seigneur faisoit trembler les rois :
>Fléchier, moins énergique et non moins plein de charmes,
>Sur Turenne au tombeau faisoit verser des larmes;
>Et lorsqu'en des instants de regrets et de deuil,
>Les chrétiens de Louis entouroient le cercueil,
>Quand la nef des lieux saints répétoit leurs cantiques,
>Massillon écoutoit ces chœurs mélancoliques,
>Et sa voix s'animant à ce lugubre chant,
>Faisoit tonner ces mots : Chrétiens! Dieu seul est grand!

(Note de l'Éditeur.)

TABLE.

GÉNIE DU CHRISTIANISME.

SECONDE PARTIE.
POÉTIQUE DU CHRISTIANISME.

LIVRE SECOND.
POÉSIE DANS SES RAPPORTS AVEC LES HOMMES. CARACTÈRES.

Chapitre premier. Caractères naturels .... Page	3
Chap. II. Suite des Époux. Ulysse et Pénélope	5
Chap. III. Suite des Époux. Adam et Ève...........	11
Chap. IV. Le Père. Priam.....................	20
Chap. V. Suite du Père. Lusignan	24
Chap. VI. La Mère. Andromaque.................	27
Chap. VII. Le Fils. Guzman...................	31
Chap. VIII. La Fille. Iphigénie...................	35
Chap. IX. Caractères sociaux. Le Prêtre............	40
Chap. X. Suite du Prêtre. — La Sibylle. — Joad......	42
Chap. XI. Le Guerrier. Définition du beau idéal......	49
Chap. XII. Suite du Guerrier	53

LIVRE TROISIÈME.
SUITE DE LA POÉSIE DANS SES RAPPORTS AVEC LES HOMMES. PASSIONS.

Chapitre premier. Que le Christianisme a changé les rapports des passions en changeant les bases du vice et de la vertu......................................	59
Chap. II. Amour passionné. Didon.................	63
Chap. III. Suite du précédent. La Phèdre de Racine...	68
Chap. IV. Suite des précédents. Julie d'Étange ; Clémentine..	71

Chap. V. Suite des précédents. Héloïse et Abeilard. Page 74
Chap. VI. Amour champêtre. Le Cyclope et Galatée... 80
Chap. VII. Suite du précédent. Paul et Virginie....... 84
Chap. VIII. La Religion chrétienne considérée elle-même comme passion........................ 89
Chap. IX. Du vague des Passions.................. 98

LIVRE QUATRIÈME.

DU MERVEILLEUX, OU DE LA POÉSIE DANS SES RAPPORTS AVEC LES ÊTRES SURNATURELS.

Chapitre premier. Que la Mythologie rapetissoit la nature; que les Anciens n'avoient point de poésie proprement dite descriptive........................ 103
Chap. II. De l'Allégorie......................... 109
Chap. III. Partie historique de la Poésie descriptive chez les modernes............................ 113
Chap. IV. Si les divinités du paganisme ont poétiquement la supériorité sur les divinités chrétiennes...... 118
Chap. V. Caractère du vrai Dieu.................. 123
Chap. VI. Des Esprits de ténèbres................. 126
Chap. VII. Des Saints.......................... 128
Chap. VIII. Des Anges......................... 133
Chap. IX. Application des principes établis dans les chapitres précédents. Caractère de Satan............ 135
Chap. X. Machines poétiques. Vénus dans les bois de Carthage; Raphaël au berceau d'Éden........... 140
Chap. XI. Suite des machines poétiques. Songe d'Énée; Songe d'Athalie............................ 143
Chap. XII. Suite des machines poétiques. Voyage des dieux homériques; Satan allant à la découverte de la création. 149
Chap. XIII. L'Enfer chrétien..................... 152
Chap. XIV. Parallèle de l'Enfer et du Tartare. Entrée de l'Averne; Porte de l'Enfer du Dante; Didon; Françoise de Rimini; Tourments des coupables......... 154
Chap. XV. Du Purgatoire....................... 160
Chap. XVI. Le Paradis......................... 162

LIVRE CINQUIÈME.

LA BIBLE ET HOMÈRE.

Chapitre premier. De l'Écriture et de son excellence.. 168

Chap. II. Qu'il y a trois styles principaux dans l'Écriture...................................... Page 170
Chap. III. Parallèle de la Bible et d'Homère. Termes de comparaison................................ 181
Chap. IV. Suite du parallèle de la Bible et d'Homère. Exemples.. 189

TROISIÈME PARTIE.
BEAUX ARTS ET LITTÉRATURE.

LIVRE PREMIER.
BEAUX ARTS.

Chapitre premier. Musique. De l'influence du Christianisme dans la musique............................ 207
Chap. II. Du Chant grégorien........................ 210
Chap. III. Partie historique de la Peinture chez les modernes.. 213
Chap. IV. Des sujets de Tableaux.................... 217
Chap. V. Sculpture.................................. 220
Chap. VI. Architecture. Hôtel des Invalides......... 222
Chap. VII. Versailles............................... 225
Chap. VIII. Des Églises gothiques................... 226

LIVRE SECOND.
PHILOSOPHIE.

Chapitre premier. Astronomie et Mathématiques...... 231
Chap. II. Chimie et Histoire naturelle.............. 246
Chap. III. Des Philosophes chrétiens. Métaphysiciens.. 253
Chap. IV. Suite des Philosophes chrétiens. Publicistes.. 257
Chap. V. Moralistes. La Bruyère.................... 259
Chap. VI. Suite des Moralistes...................... 263

LIVRE TROISIÈME.
HISTOIRE.

Chapitre premier. Du Christianisme dans la manière d'écrire l'histoire.................................. 272

Chap. II. Causes générales qui ont empêché les écrivains modernes de réussir dans l'histoire. Première cause : Beautés des sujets antiques............... Page 275
Chap. III. Suite du précédent. Seconde cause : Les Anciens ont épuisé tous les genres d'histoire, hors le genre chrétien... 279
Chap. IV. Pourquoi les François n'ont que des Mémoires. 283
Chap. V. Beau côté de l'Histoire moderne........... 287
Chap. VI. Voltaire historien....................... 290
Chap. VII. Philippe de Commines et Rollin.......... 293
Chap. VIII. Bossuet historien..................... 294

LIVRE QUATRIÈME.

ÉLOQUENCE.

Chapitre premier. Du Christianisme dans l'éloquence... 300
Chap. II. Des Orateurs. Les Pères de l'Église........ 304
Chap. III. Massillon............................. 312
Chap. IV. Bossuet orateur........................ 315

Notes et Éclaircissements....................... 324

FIN DE LA TABLE DU TOME SECOND.

www.ingramcontent.com/pod-product-compliance
Lightning Source LLC
Chambersburg PA
CBHW070903170426
43202CB00012B/2168